O PROCESSO DE MUDANÇA
E O NOVO MODELO
DA GESTÃO PÚBLICA MUNICIPAL

ANTÓNIO REBORDÃO MONTALVO
ADVOGADO
E CONSULTOR JURÍDICO

O PROCESSO DE MUDANÇA E O NOVO MODELO DA GESTÃO PÚBLICA MUNICIPAL

Dissertação de Mestrado em Administração e Políticas Públicas no Instituto Superior de Ciências do Trabalho e da Empresa – ISCTE

ALMEDINA

TÍTULO:	O PROCESSO DE MUDANÇA E O NOVO MODELO DA GESTÃO PÚBLICA MUNICIPAL
AUTOR:	ANTÓNIO REBORDÃO MONTALVO
EDITOR:	LIVRARIA ALMEDINA – COIMBRA www.almedina.net
LIVRARIAS:	LIVRARIA ALMEDINA ARCO DE ALMEDINA, 15 TELEF. 239 851900 FAX 239 851901 3004-509 COIMBRA – PORTUGAL livraria@almedina.net LIVRARIA ALMEDINA ARRÁBIDA SHOPPING, LOJA 158 PRACETA HENRIQUE MOREIRA AFURADA 4400-475 V. N. GAIA – PORTUGAL arrabida@almedina.net LIVRARIA ALMEDINA – PORTO R. DE CEUTA, 79 TELEF. 22 2059773 FAX 22 2039497 4050-191 PORTO – PORTUGAL porto@almedina.net EDIÇÕES GLOBO, LDA. R. S. FILIPE NERY, 37-A (AO RATO) TELEF. 21 3857619 FAX 21 3844661 1250-225 LISBOA – PORTUGAL globo@almedina.net LIVRARIA ALMEDINA ATRIUM SALDANHA LOJAS 71 A 74 PRAÇA DUQUE DE SALDANHA, 1 TELEF. 213712690 1050-094 LISBOA atrium@almedina.net LIVRARIA ALMEDINA – BRAGA CAMPUS DE GUALTAR, UNIVERSIDADE DO MINHO, 4700-320 BRAGA TELEF. 253678822 braga@almedina.net
EXECUÇÃO GRÁFICA:	G.C. – GRÁFICA DE COIMBRA, LDA. PALHEIRA – ASSAFARGE 3001-453 COIMBRA E-mail: producao@graficadecoimbra.pt OUTUBRO, 2003
DEPÓSITO LEGAL:	200626/03

Toda a reprodução desta obra, por fotocópia ou outro qualquer processo, sem prévia autorização escrita do Editor, é ilícita e passível de procedimento judicial contra o infractor.

À minha Mãe.

À memória de meu Pai
*que me despertou e estimulou para o estudo
da gestão municipal
e que, ao longo de anos, me deu informações
preciosas para este trabalho.*

ÍNDICE

Págs.

Prefácio 11

Agradecimentos 15

Introdução 17

PARTE I
OS MUNICÍPIOS E O SISTEMA ADMINISTRATIVO CENTRAL

Cap. I. **Os municípios do Antigo Regime ao Estado Corporativo** 23

    1. A centralização do poder e o declínio da autonomia municipal........... 23
    2. A ruptura com o Antigo Regime.. 26
    3. O Estado Liberal e o municipalismo.. 28
    4. Os municípios na 1ª República e no Estado Novo 33

Cap. II. **Os municípios e o Estado Providência** 37

    1. Os fundamentos do Estado Providência.. 37
    2. A construção da cidadania 40
    3. A fundação do Estado Providência em Portugal e o intervencionismo
       municipal 42
    4. A reforma do Estado Providência e da sua administração: a emer-
       gência do Estado *franchising* 47

8   *O Processo de Mudança na Gestão Pública Municipal*

PARTE II
A AUTONOMIA LOCAL E A EVOLUÇÃO DO MODELO DA GESTÃO PÚBLICA MUNICIPAL

Cap. I. **O quadro político-constitucional do Poder Local** 55

     1. Enquadramento analítico... 55
     2. O conteúdo da autonomia local.. 57
     3. A Carta Europeia da Autonomia Local.. 59
     4. Os impactos da integração europeia... 64
     5. O papel do Comité das Regiões 66

Cap. II. **A descentralização administrativa**... 71

     1. Enquadramento analítico... 71
     2. O princípio da subsidiariedade... 76
     3. Os níveis da descentralização: a questão da regionalização adminis-
        trativa... 78
     4. A cooperação intermunicipal 88
     5. Evolução e tendências da descentralização.. 89

Cap. III. **Competência e financiamento dos Municípios** 95

     1. Competência e legitimidade 95
     2. Os sistemas da cláusula geral e da enunciação taxativa 97
     3. O sistema dos blocos de competências 100
     4. O intervencionismo municipal... 101
     5. As políticas públicas locais: estudos de casos..................................... 105
        5.1. Desenvolvimento económico.. 106
        5.2. Gestão urbana 108
        5.3. Acção social.. 109
        5.4. Cultura e ensino.. 111
        5.5. Turismo e lazer... 112
        5.6. Modernização administrativa.. 113
     6. Sector público e finanças locais... 115
     7. As finanças locais no Estado Novo.. 117
     8. As finanças locais na 3ª República 124
        8.1. A lógica centralista do financiamento autárquico....................... 125
        8.2. O período da crise financeira do Estado 128
        8.3. Os efeitos da integração europeia.. 130
        8.4. O reforço da autonomia financeira... 132
     9. Estrutura das receitas municipais: estudos de casos 134
     10. A cooperação financeira Estado-municípios....................................... 139

Índice

Cap. IV. **A organização municipal** 143

    1. A estrutura política 143
        1.1. O modelo do Estado Novo 143
        1.2. A 3ª República e a implosão do modelo autoritário 145
        1.3. O sistema de governo municipal 147
        1.4. As candidaturas de independentes 152
        1.5. O regime de permanência e a funcionalização dos eleitos 153
    2. A estrutura administrativa e a sua relação com a estrutura política 158
        2.1. Administração e Política 158
        2.2. A Administração municipal e o Poder político local: colocação do problema 163
        2.3. O período do Estado Novo 164
        2.4. O período da 3ª República 167
    3. A administração municipal indirecta 177
        3.1. Formas de administração municipal indirecta 177
        3.2. Os serviços municipalizados 178
        3.3. As empresas públicas municipais 179

Cap. V. **A sociedade local** 183

    1. Participação e associativismo 183
    2. O serviço público e as parcerias público-privado-social 191
    3. A descentralização infra-municipal 194

CONCLUSÃO
Elementos estruturantes do novo modelo da gestão pública municipal

   1. A alteração do paradigma 199
   2. A natureza política do Poder municipal 201
   3. A descentralização e a crise do Estado Providência 202
   4. O sistema de governo e o presidencialismo municipal 203
   5. A expansão das estruturas administrativas e o incremento da tecnicidade 205
   6. A politização dos altos funcionários municipais 207
   7. O fim do isolacionismo municipal e o contratualismo vertical e horizontal... 208
   8. A fraca participação dos cidadãos 210
   9. As redes e a *governance* local 211
  10. Do Município Providência ao Município Regulador 214

Bibliografia 219

Índice analítico 227

PREFÁCIO

A descentralização de competências e o desenvolvimento da autonomia local são elementos importantes no processo de reorganização política e institucional do sistema político local. As colectividades locais – as estruturas políticas, os agentes económicos, as associações sócio-profissionais e as associações de desenvolvimento local – desempenham um papel dinamizador ao nível intermediário entre a macro e a micro política. O território local e regional é, nesse sentido, uma rede de actores políticos, sociais, económicos e culturais.

Este papel dinamizador apresenta-se como um instrumento de dupla dimensão. Por um lado, favorece o desenvolvimento local e regional e a mobilização social e espacial dos recursos locais. As obras municipais, as políticas e as acções administrativas são os seus instrumentos. Por outro, é um mecanismo que potencia a autonomia da sociedade e da instância política local e, ao mesmo tempo, propicia a definição de um novo modelo de gestão política local e de modernização dos procedimentos administrativos de regulação social. A descentralização e a política de devolução de competências e de recursos de gestão política prefiguram, a médio prazo, a criação de novos centros de poder ou de novos modelos de gestão. Centros de poder estes que, nas suas formas de articulação entre as instâncias locais e supramunicipais e os diferentes actores locais, podem actuar como um conjunto de interesses, recursos e estratégias de modificação das fronteiras entre o público e o privado.

Trata-se, em suma, da institucionalização de mecanismos de articulação entre o sistema produtivo e social local e as formas de gestão e de regulação mais abrangente, ou seja, formas de regulação e de administração política de uma unidade territorial. Este novo processo de reorganização das formas de regulação local, ou de *gouvenance*, é – tal como se assinala neste estudo jurídico e socio-político sobre «o novo modelo da gestão pública municipal" – um processo necessário, mas complexo.

O Processo de Mudança na Gestão Pública Municipal

Complexo porque, em primeiro lugar, está inserido na tradição centralista do Estado, da administração e das práticas políticas. Este processo de reorganização da estrutura política local e regional pressupõe, evidentemente, um processo de modernização da gestão e da administração pública, central e local. Modernização não apenas nos procedimentos administrativos, na eficiência e na racionalização dos recursos públicos, mas igualmente nos métodos – públicos, democráticos, consensuais – de definição, decisão e de aplicação das políticas públicas. Em segundo lugar, porque as elites políticas e partidárias, os agentes económicos e sociais locais, as expectativas e a cultura política individual estão, em geral, muito próximas da administração central, através, nomeadamente dos recursos financeiros, da mobilização dos programas de desenvolvimento económicos e sociais e, ainda, da rede de influência e de clientelas centrais e locais. Significa isto que, em matéria de legitimidade política, o confronto e a comparação por parte dos cidadãos e agentes locais entre os efeitos da gestão central e local não podem ser negligenciados.

Necessário, por outro lado, porque o processo de expansão da autonomia local e da descentralização – que até agora tem revelado resultados positivos ao nível dos equipamentos colectivos, do ambiente, das infra-estruturas de base, das políticas de valorização do património e de apoio à cultura e à formação – não parece ser suficiente para responder aos novos problemas e desafios que actualmente se colocam na vida local com base no modelo de gestão até agora praticado.

Os novos problemas sociais – concorrência internacional e competitividade, marginalização e exclusão social, desemprego e desertificação regional e degradação ambiental e territorial – condicionam, nesta nova fase, as actividades que as câmaras enfrentam nas suas políticas de desenvolvimento local. Podemos dizer que há indícios suficientes de que entramos agora numa fase caracterizada por uma maior margem de manobra, com maiores condições técnicas, maiores possibilidades de liderança pragmática, em articulação com os sectores privados mais dinâmicos – empresários e associações locais de desenvolvimento –, em actividades que visam a reconversão industrial, a instalação de instituições de ensino técnico-profissional, as actividades culturais diversificadas, a reconversão ambiental, etc.

Contudo, as orientações institucionais e as políticas e os instrumentos de desenvolvimento até agora implementados nem sempre têm tido, no contexto da descentralização, o melhor dos resultados para o desenvolvimento local e regional. É em oposição às práticas de um certo tipo de modernização económica que origina formas de exclusão social que o papel das colectividades territoriais, como protagonistas do desenvolvimento, deve ser equacionado. A importância deste enfoque é que a autarquia é valorizada como um nível intermédio, com uma função de definição e aplicação de políticas públicas locais com maior pertinência na adequação aos problemas das comunidades locais.

Em síntese, parece-nos pertinente considerar que, neste contexto, a descentralização não limitará facilmente as insuficiências de gestão democrática e as assimetrias locais e regionais. No entanto, a descentralização e a autonomia local podem ser pensadas como instrumentos adequados de afectação e de redistribuição mais equilibrada dos recursos públicos. A questão central é a de institucionalizar um espaço político local e regional que permita que as questões de integração social e de crescimento económico apropriado sejam resolvidas através de meios políticos, em vez de tratadas apenas com base nas decisões administrativas e burocráticas. A redefinição das fronteiras entre o público e o privado, abordadas neste estudo, implicam novas formas de parceria intermediária, integrando protagonismos vindo das instituições autárquicas, das associações de municípios, das associações de desenvolvimento local, bem como das associações empresariais regionais. O reforço das instituições locais e intermunicipais, orientadas por uma vontade política de reforma, por um projecto de desenvolvimento e de melhoria das condições de vida e de trabalho das populações e pela definição de estratégias públicas de médio prazo, pode contribuir para o aprofundamento dos mecanismos democráticos e para a autonomia e dinamização das comunidades locais.

02.05.2003

JUAN MOZZICAFREDDO

AGRADECIMENTOS

Este estudo corresponde, com alguns desenvolvimentos pontuais, à Dissertação de Mestrado em Administração e Políticas Públicas apresentada no Instituto Superior de Ciências do Trabalho e da Empresa – ISCTE, de Lisboa, e defendida em provas públicas realizadas em 19 de Dezembro de 2002, perante um júri constituído pelos Senhores Professores Doutores Fernando Farelo Lopes, Juan Mozzicafreddo e Fernando Ruivo.

Manifesto o meu reconhecimento ao ISCTE e a todos os Professores do Mestrado pelo alto nível pedagógico nele conseguido e pela oportunidade e condições que me deram para realizar este trabalho, concretizando nele um propósito que vinha sendo adiado há vários anos.

Desejo manifestar o meu profundo agradecimento ao Senhor Professor Doutor Juan Mozzicafreddo, orientador desta Dissertação, pela permanente disponibilidade e pelo conselho avisado sobre os caminhos que o estudo foi trilhando.

Ao Senhor Professor Dr. Rui Chancerelle de Machete, professor do Mestrado, agradeço o incentivo ao desenvolvimento dos meus estudos sobre a administração pública e as sugestões que me deu sobre a organização da minha tese.

Devo ainda uma palavra de reconhecimento ao Senhor Professor Doutor Fernando Ruivo, da Universidade de Coimbra, arguente das minhas provas públicas, pela forma como nelas soube conjugar o juízo crítico e exigente com o louvor enfático e sempre estimulante.

Num outro plano, gostaria também de agradecer o apoio da Dra. Deolinda Góis, minha secretária, que entre muitas outras tarefas e ocupando fins de semana conseguiu tempo para processar em computador o texto da tese.

O meu reconhecimento vai também para o amigo de longa data Senhor Dr. José Gaspar da Cruz Filipe, inspector superior administrativo da IGAT aposentado e estudioso do municipalismo português, pela ajuda na revisão do texto final deste trabalho.

Finalmente, quero ainda agradecer muito especialmente à Filomena e à Ana, à Inês e à Sofia pela sua renúncia a tantas horas de presença e de convívio familiar.

Lisboa, Maio de 2003

INTRODUÇÃO

1. Objecto e estrutura do estudo

Desde há séculos que a organização do poder político se confronta com a questão da regulação do governo das comunidades locais por órgãos próprios, delas directamente emanados e perante elas responsáveis. O autogoverno local foi tendo diferentes configurações jurídico-institucionais e a sua relação com o Estado assumiu contornos distintos ao longo do tempo.

A Constituição da República de 1976 consagrou, logo na sua versão originária, o conceito de Poder Local dotado de autonomia administrativa e financeira face ao Estado. Mas a constitucionalização da autonomia local não subtraiu as autarquias do âmbito dos poderes de regulação e tutela do Estado unitário em que vivemos, nem as excluiu da própria organização do Estado, em sentido amplo. Como elementos da organização democrática do Estado (primitivo art. 237.°, n.° 1, da C.R.P.), as autarquias locais reflectem na sua articulação e funcionamento o «modelo de Estado» e o paradigma da sua relação com a sociedade.

Esta Dissertação sobre o novo modelo da gestão pública municipal tem por objecto a análise da alteração dos princípios e do processo do governo municipal verificada nos últimos 25 anos e resultante das transformações ocorridas no sistema político e nas formas de auto-organização da própria sociedade. Ela insere-se, assim, na questão mais vasta da organização do Estado e do exercício do poder político, à luz de fenómenos estruturantes tão determinantes para os municípios como são a democratização do Estado, a integração europeia e a emergência de novos poderes na sociedade local destinatária do exercício do Poder municipal.

A primeira parte da Dissertação inicia-se com o bosquejo histórico da organização municipal desde o Antigo Regime até ao Estado Corporativo, abrindo caminho à reflexão sobre o actual Estado Providência e sua administração. Quanto a este procuraremos descrever as linhas mestras da sua evolução, algumas das quais, como iremos ver, são comuns à evolução da própria organização municipal.

Na segunda parte do nosso estudo entraremos mais directamente na caracterização do novo modelo da gestão pública municipal. Apoiando-nos no resultado da investigação empírica realizada, centraremos a atenção sobre os elementos de ordem política, jurídica, organizatória e sociológica que o constituem, procurando acentuar os aspectos que o diferenciam do modelo precedente.

Finalmente, as conclusões constituem uma síntese descritiva das tendências e perspectivas do novo modelo da gestão pública municipal resultantes do estudo dos seus elementos estruturantes.

2. Metodologia

Esta Dissertação é uma investigação onde se cruzam os campos da Ciência da Administração e da Sociologia Política. Ambas as ciências incidem, neste caso, sobre uma realidade política – o Poder Local, submetida a um quadro normativo especial. Por isso o seu estudo assentou na caracterização de conceitos políticos, a começar pelo próprio conceito de Estado, e na análise do regime jurídico que orienta a gestão pública municipal. Daí que a Ciência Política e o Direito Administrativo tenham também informado largamente a reflexão a que nos propusemos.

Por outro lado, demos neste estudo um grande relevo à história do município em Portugal e à evolução que, especialmente nos últimos setenta anos, teve a organização municipal. Interessou-nos em particular o apuramento da alteração das formas organizatórias assumidas pelas estruturas política e administrativa, para além do cotejo entre os regimes de competências e de financiamento ao longo das várias fases desse período. Se o século XX nos legou três repúblicas, coube à terceira lançar as bases de um Poder Local autónomo, o que não quer dizer, pelo menos até ao momento, um Poder Local forte.

Esta Dissertação está, em grande medida, alicerçada na investigação empírica que realizámos em vários municípios. No que respeita ao conjunto do enfoque prático da nossa análise (nele incluindo as competências, o financiamento e a organização municipais e o contexto social da acção municipal) foi estudada, de forma directa e sistemática, a realidade dos

Introdução 19

municípios de Abrantes, Nisa, Oeiras e Oliveira do Bairro. Para além destes, mais 16 municípios foram objecto de recolha de informações em matéria de políticas públicas locais. A selecção dos municípios referidos obedeceu ao critério da diversidade geográfica, económica e sociológica e à sua distribuição, em termos de maioria nas respectivas câmaras, pelos quatro principais partidos políticos.

Cabe ainda referir que, a par da caracterização do estatuto e do modelo de gestão dos municípios portugueses, fomos, aqui e ali, aludindo à realidade da organização municipal de outros países da Europa, acentuando na análise comparada pontos de contacto e de oposição ilustrativos da sua diversidade.

PARTE I

Os Municípios
e o Sistema Administrativo Central

CAPÍTULO I

OS MUNICÍPIOS DO ANTIGO REGIME AO ESTADO CORPORATIVO

«À medida, porém, que a liberdade tem feito alguns progressos, a centralização tem-se tornado cada vez maior; de modo que o poder municipal, o mais vivaz, o mais activo, o mais popular de todos os poderes tem perdido a maior parte da sua importância».

ALEXANDRE HERCULANO, «Descentralização», in *Jornal O País*, Lisboa, n.° 68, de 9-10-1851

1. A centralização do poder e o declínio da autonomia municipal

A criação do Estado Moderno em Portugal é o resultado histórico de dois movimentos simultâneos, contraditórios e politicamente antagónicos, que decorreram entre os séculos XIV e XIX: a política de centralização do poder político e o processo de desenvolvimento comercial e de afirmação da burguesia mercantil e financeira. Estes fenómenos determinaram o sentido da evolução social e política do país e ao longo de quatro séculos moldaram a fisionomia das instituições e a relação de poder entre elas.

Os municípios medievais sentiram de forma directa e sistemática os efeitos da política de centralização do poder real. Até ao século XIV, os municípios eram comunidades de auto-administração de vizinhos que organizavam a satisfação das necessidades colectivas básicas, escolhiam os seus líderes, administravam justiça e geriam o património comum dos habitantes, regendo-se por um direito público local de raiz consuetudinária. A partir de então, um vasto conjunto de medidas centralizadoras foi sendo adoptado com incidência directa na autonomia municipal e no direito

24 *Os Municípios e os Sistema Administrativo Central*

público local. Desde logo com a nomeação por D. Dinis dos corregedores encarregados de inspeccionarem as câmaras e dos juizes de fora incumbidos de administrarem a justiça, retirando-se aos municípios essa sua função tradicional. Durante essa primeira fase, a consolidação da autoridade do Rei apoiou-se na actividade dum aparelho administrativo ainda rudimentar, com a missão de garantir a defesa militar, de cobrar impostos, de administrar a justiça e de inspeccionar a administração municipal. Com a revolução de 1383 ampliou-se a participação dos mesteirais nas assembleias municipais, limitada, porém, com D. Duarte, a um reduzido número de *procuradores de mesteres*. A burguesia nascente entrava, assim, na vida pública precisamente pela porta dos municípios.

Da centralização administrativa fez também parte a unificação normativa. Com a publicação das Ordenações Afonsinas, no século XV, instituiu-se um corpo de leis uniformes e gerais para todo o reino, que se sobrepunha ao direito foraleiro de cada concelho.

Não obstante, os municípios detinham um acentuado grau de autonomia na gestão dos assuntos administrativos e económicos locais, até porque tanto o Rei como a nobreza senhorial estavam ocupados sobretudo com os problemas militares. Ao Rei interessava, aliás, que as comunidades se organizassem em municípios e que, dessa forma, conseguissem «organizar a vida local – em particular a administração da justiça, a arrecadação dos impostos, o serviço militar, a reparação das fortalezas, a prestação de diversos serviços de utilidade pública – e, tudo isso sem diminuição da autoridade régia nem perda de rendimento fiscal que resultaria da subordinação da terra ao regime senhorial com a consequente imunidade»[1]. É neste período muito importante o papel desempenhado pelos corpos intermédios (ordens, grémios, corporações, mesteres), partilhando com os órgãos municipais a administração autónoma de interesses das comunidades.

O processo de centralização do poder prosseguiu com D. Manuel I que procedeu à uniformização da administração municipal através da *reforma dos forais*, concluída em 1522. Consistiu ela na substituição dos antigos forais dos séculos XII e XIII por forais novos, que apenas estabeleciam o que cada concelho estava obrigado a pagar à Coroa. Os forais foram reduzidos a meras pautas fiscais. À restante matéria relativa ao

---

[1] Saraiva, José Hermano (1957), *Evolução histórica dos municípios portugueses*, pp. 29 e 30.

estatuto dos municípios foi dada uma regulamentação uniforme no *Regimento dos Oficiais das cidades, vilas e lugares destes reinos*, de 1504. O reforço do poder político revela-se neste período pela extinção do direito foraleiro próprio de cada concelho e consolidação do direito da Corte, a par do desenvolvimento das estruturas administrativas e judiciais directamente dependentes da Coroa.

Com o advento da Idade Moderna esta organização ver-se-à reforçada e a sua acção vai estender-se a áreas cada vez mais vastas do território, excluídas à jurisdição da nobreza senhorial. A expansão marítima e o desenvolvimento comercial a ela associado contribuíram não só para o crescimento das receitas públicas e o fortalecimento financeiro da Coroa, mas também para o aumento da população e para o surgimento de novas necessidades públicas que tinham que ser satisfeitas. A conjugação destes dois fenómenos impulsionou o crescimento do aparelho administrativo da Coroa, subordinado à autoridade do Rei e feito instrumento ao serviço do reforço do seu poder político.

O Iluminismo e o culto da razão de Estado constituirão os fundamentos da Monarquia Absoluta e irão justificar a neutralização, quando não a eliminação, de todos os centros de poder infra-estatal. Os corpos intermédios são extintos, a Universidade é atacada, as instituições religiosas são perseguidas, tudo em nome do poder do monarca e da instituição do seu Estado[2].

Por seu lado, a administração municipal, fragilizada pelo elevado número de municípios existentes (826), vai definhando com escassas atribuições e sem recursos financeiros para as realizar. É porém de admitir que alguns municípios mais desenvolvidos, em especial do litoral mercantil, tenham mantido alguma actividade administrativa, apoiada na estrutura financeira de sectores da burguesia local e em segmentos residuais da antiga organização corporativa. Em contrapartida a Administração dependente do Rei atinge uma dimensão extraordinária, ocupando o exército, as forças de segurança, as obras públicas, a justiça, a fazenda e o ensino (depois da expulsão dos Jesuítas) uma legião de empregados, muitos dos quais ocupam as funções por herança e compra dos seus cargos.

---

[2] O vocábulo Estado (*stato*) terá derivado do latim *status* (constituição ou ordem). Foi Maquiavel, teorizando em *O Príncipe* sobre o poder e a sobrevivência do Estado, o primeiro autor a introduzir a palavra na linguagem da ciência política: «todos os Estados, todos os domínios que tiveram e que têm império sobre os homens são Estados e são ou Repúblicas ou Principados».

26   *Os Municípios e os Sistema Administrativo Central*

Pela sua dimensão, a Administração pública do Estado Absolutista representa o instrumento por excelência de personalização do poder de Estado, com o qual o monarca se confunde. *«L'État c'est moi»*, dizia Luís XIV. O poder absoluto tinha gerado os fundamentos do Estado Moderno com a sua Administração pública unificada e centralizada sob a égide do Rei. No entanto, este aparelho, cuja acção se identifica com a vontade do monarca, não deve confundir-se com a Administração pública como hoje a conhecemos, como braço do Estado na realização da sua função administrativa, distinta das suas funções política e jurisdicional.

2. A ruptura com o Antigo Regime

Historicamente livres do sistema de servidão da gleba e detentores do direito de livre circulação, os burgueses limitaram-se a usufruir até finais da Idade Média do direito à liberdade de comércio e de iniciativa própria, assumindo já então, nalguns concelhos, a responsabilidade pela administração municipal[3]. Com a expansão do comércio marítimo a partir do século XV, abriram-se à burguesia europeia novas perspectivas de enriquecimento e acumulação de capital. Porém, a rigidez da estrutura do sistema social do Antigo Regime não lhe permitia uma intervenção mais relevante nos assuntos políticos, remetendo-a para uma posição subalterna na hierarquia da sociedade de então. Acontecimentos novos virão, no entanto, abalar as estruturas sociais e a cultura dominante à escala europeia e, em consequência, reforçar o campo da burguesia. Referimo-nos à Reforma e ao Renascimento.

A Reforma afectou profundamente o predomínio da Igreja Católica e a influência do clero na sociedade medieval. A ética protestante introduziu na vida social dos séculos XVI e XVII uma ideia de racionalidade e de humanização da existência, ao propor aos homens um modelo de vida conducente à salvação eterna que se baseasse na liberdade das suas escolhas e não no temor do castigo divino. Contestando a autoridade do Papa e a legitimação do poder do Rei pelo direito divino, os reformadores defen-

---

[3] Sobre a atribuição da administração dos concelhos a oligarquias municipais, constituídas, sob o impulso da Coroa, pelas "pessoas da melhor nobreza, christandade e desinteresse", vd. Monteiro, Nuno Gonçalo (1993), *«Os Concelhos e as Comunidades»*, in *História de Portugal* , 4º vol., dir. José Mattoso, pp. 324 e 325.

diam que a relação dos homens com Deus devia ser directa e pessoal, apenas centrada na palavra de Cristo e das Escrituras, e livre quer da tradição produzida pela Igreja de Roma, quer da mediação da Virgem, dos santos e do clero. A própria hierarquia da Igreja Católica era directamente visada pela nova doutrina, à qual repugnava o "comércio sagrado" das indulgências junto dos crentes. Segundo os reformadores nada no Evangelho justificava o poder temporal do clero e a sua função sacerdotal. Em lugar desta, a doutrina protestante exigia de cada cristão um compromisso militante traduzido no "sacerdócio dos crentes", segundo o qual todos os leigos deviam intervir nos assuntos públicos da Igreja e da sociedade[4].

Também o Renascimento veio abalar a estrutura social instituída, favorecendo o desenvolvimento na sociedade dos séculos XV e XVI de uma atitude experimental e científica, livre de directrizes e condicionamentos teológicos, e estimulando o desenvolvimento da observação do mundo e do homem. Este movimento humanista, centrado na razão e na liberdade individual, substituiu o teocentrismo próprio da Idade Média pelo antropocentrismo, consumando uma ruptura com o determinismo obscurantista dessa época. A afirmação do homem como o centro da existência rompia os quadros culturais e ideológicos dominantes do mundo cristão, fundados na aliança entre a Coroa e a Igreja. Segundo Philippe Bernoux, a primeira reivindicação da nova ordem social e da burguesia emergente é o individualismo, que aparece com a Reforma e o Renascimento[5]. A ascensão da burguesia ao poder na Europa veio consumar um longo processo de transformação da organização económica e das estruturas sociais desenvolvido à sombra dum poder político centralizado, mas cada vez mais incapaz de se adaptar aos ventos da Modernidade.

A Inglaterra tinha assistido ao desenvolvimento de uma das mais preponderantes burguesias europeias, enriquecida com a exploração do seu império colonial e com a expansão do comércio marítimo. As Revoluções inglesas de 1642-49 e de 1688 prenunciaram a instituição da nova ordem política no velho continente, através da qual o Estado asseguraria o predomínio político da burguesia e limitaria a autoridade do monarca. Segundo os novos princípios revolucionários, a soberania reside no povo que

---

[4] Dowley, Tim (coord.) (1995), *História do Cristianismo*, Lisboa, Bertrand ed., pp. 366-373.

[5] Bernoux, Philippe (1985), *La Sociologie des Organisations*, Paris, Ed. Seuil, p. 44.

Os Municípios e os Sistema Administrativo Central

a exerce através dos seus representantes no Parlamento, a cuja lei o Rei deve subordinar-se. Nos termos da Declaração de Direitos *(Bill of Rights)* de 1689, "O poder das leis está acima do poder do Rei".

Também em França, sob a influência e a direcção política do "terceiro estado", os revolucionários de 1789 instauraram um Estado de tipo novo, que em nome dos princípios da igualdade, da liberdade e da fraternidade suprimiu todos os direitos feudais, decretou a venda dos bens da Igreja e promulgou a Declaração dos Direitos do Homem e do Cidadão. A liberdade individual, o princípio da legalidade e o princípio da separação de poderes constituem as traves mestras do Estado Liberal, em especial no que respeita à limitação do poder político e à repartição das funções do Estado por diferentes órgãos.

3. O Estado Liberal e o municipalismo

Os ecos da Revolução francesa cedo chegaram a Portugal, por força das campanhas napoleónicas e da influência dos intelectuais *estrangeirados,* e alimentaram os ideais políticos da burguesia liberal. Portugal atravessava uma profunda crise económica. As invasões francesas de 1807-11, a abertura dos portos do Brasil ao comércio internacional (1808) e o tratado comercial celebrado dois anos depois com a Inglaterra tinham arruinado as bases da nossa economia[6]. O profundo descontentamento da Nação culminou com a Revolução de 1820, inspirada nos princípios da Revolução francesa, tão caros à burguesia da época, em especial ao seu sector comercial e urbano. Concluía-se desta forma o processo de instauração do Estado moderno politicamente legitimado com a aprovação pelas Cortes da Constituição de 1822. Estava assim instituído em Portugal o Estado Liberal caracterizado pela limitação do poder político, pelo aparecimento do parlamentarismo e dos governos representativos, pelo reconhecimento dos direitos do homem, pela liberdade individual e igualdade de todos os cidadãos face ao Estado, pela estrutura unitária da Administração pública e pelo liberalismo económico. A Administração pública, que no passado era uma emanação do Rei, constituía agora um elemento da organização do Estado Liberal de direito. O Liberalismo tinha des-

---

[6] Marques, A. H. Oliveira (1973), *História de Portugal,* vol. II, 3ª ed., Lisboa, Palas, p. 3.

Os Municípios do Antigo Regime ao Estado Corporativo 29

personalizado a Administração pública e alterado o seu estatuto: ela deixara de ser a personalização do monarca e a projecção do poder de Estado absoluto, para passar a ser um elemento da organização do Estado-Nação. A Administração pública adquiria finalmente o sentido que hoje lhe atribuímos: um sistema unificado de serviços e funcionários que, em nome da colectividade, garante a satisfação regular de necessidades colectivas.

A consagração na Constituição de 1822 do princípio da separação dos poderes, típico da doutrina liberal, e a distinção entre poder legislativo, judicial e executivo tinha contribuído para a individualização da Administração pública como instrumento de acção dos governos constitucionais. Uma outra reforma de enorme alcance na modernização do Estado, esta no plano da lei ordinária, contribuiu também para a autonomização da Administração pública. Referimo-nos às reformas aprovadas pelo governo liberal, sob proposta de Mouzinho da Silveira, em três decretos de 16 de Maio de 1832, através dos quais se procedeu à reforma da Justiça, à reforma da Administração e à reforma da Fazenda e se separou a administração pública da justiça.

Foram profundos os efeitos da política do Liberalismo na vida e na organização dos concelhos. Mas, como veremos, foi praticamente nulo o proveito tido pelos municípios do novo regime político. A Constituição de 1822 garantiu um conteúdo formal mínimo à autonomia municipal, ao constitucionalizar as atribuições das câmaras. Segundo o seu art. 223.º, competia-lhes fazer posturas ou "leis municipais"; promover a agricultura, o comércio, a indústria e a saúde pública; estabelecer feiras e mercados; cuidar das escolas "de primeiras letras", dos hospitais e casas de expostos; gerir o património do concelho; administrar os baldios; cobrar os rendimentos nacionais e os do concelho. No entanto, mais do que o elevado número dos municípios de então (826), terá sido a natureza centralizada e unificada da organização administrativa do Liberalismo que impediu o incremento da administração concelhia, apesar da posição de princípio da ideologia liberal ser favorável à autonomia local.

Essa característica da organização administrativa do Estado Liberal era uma consequência dos seus próprios princípios ideológicos. Para o Liberalismo ninguém melhor do que cada indivíduo conhecia as suas aspirações e necessidades e podia escolher os meios para a sua satisfação. Do Estado não se esperava que se substituísse aos cidadãos na realização dos seus anseios, mas que lhes garantisse as condições necessárias para o livre exercício dos seus direitos naturais à vida, à liberdade de trabalho

30 Os Municípios e os Sistema Administrativo Central

e à propriedade. A nova ordem política fundava-se no primado do homem, da liberdade individual e da autonomia da sociedade face ao Estado. O pensamento liberal expande o campo de intervenção do indivíduo contra a acção pública, gerando a dicotomia Estado/sociedade civil que, para alguns autores, constitui o mais importante dualismo do pensamento ocidental moderno[7]. Segundo o Liberalismo, o mercado era o meio ideal para se atingir a abolição dos privilégios e das desigualdades. Por isso, a intervenção do Estado devia ser mínima, em obediência à máxima *«laissez faire, laissez passez, le monde va de soi même»*. O único limite à liberdade individual eram os direitos dos outros cidadãos, igualmente tutelados pela ordem jurídica. Daí que a primeira missão do Estado devesse ser a regulação e harmonização das relações entre os cidadãos, através das suas funções legislativa e judicial. Isto explica o grande volume da produção legislativa das primeiras décadas do Estado Liberal, com a aprovação dos primeiros códigos modernos da nossa história: o Código Comercial, de 1833 (substituído pelo de 1888); o Código Penal, de 1852 (a que se seguiu o de 1886); o Código Civil, de 1867 (que vigorou até 1966) e o Código de Processo Civil, de 1876 (só substituído em 1939). Ao Estado deviam ainda competir as tarefas da defesa nacional e da segurança e ordem pública. O Estado moderno assume a sua forma de Estado-protector, de quem se espera que "tenha apenas por função proteger bens adquiridos (a vida ou a propriedade)"[8]. Da actividade administrativa do Estado Liberal deviam estar excluídas a produção de bens e a prestação de serviços que seriam confiadas à livre iniciativa dos empresários privados. A lógica do mercado era, em si própria, ferozmente adversa à intervenção do Estado na satisfação das necessidades públicas, a qual sempre representaria uma invasão do campo de acção da burguesia, feita com o dinheiro dos contribuintes, em geral, e dela, em particular.

A dicotomia Estado/sociedade civil, cavando um fosso entre o público e o privado, implicava que o Estado detivesse o monopólio do poder público e da actividade administrativa[9]. A subordinação da administração pública ao controlo do Estado tinha como resultado a exclusão dos corpos intermédios do Antigo Regime (ordens, corporações, grémios, mesteres)

---

[7] Gamble, Andrew (1982), *An introduction to Modern Social and Political Thought*, Londres, Ed. MacMillan, p. 20.

[8] Rosanvallon, Pierre (1981), *A Crise do Estado Providência*, p. 19.

[9] Moreira, Vital (1997), *Administração Autónoma e Associações Públicas*, p.24.

Os Municípios do Antigo Regime ao Estado Corporativo 31

da acção de regulação de interesses colectivos. Por isso, a concepção unitária da administração pública, subordinada ao monopólio do Estado, tendia a desfavorecer a existência de uma administração municipal dotada de grande autonomia e liberta do controlo do Estado. Daí que a primeira reforma da administração local do Liberalismo, de 1832, tenha confiado a administração municipal a um magistrado de nomeação régia – o *Provedor*, deixando à câmara electiva simples poderes de iniciativa e consulta. Por isso os municípios eram considerados serviços do Estado, sendo reduzidos a "agências ou sucursais do Estado" ou a "delegações locais do Governo central"[10].

Não tiveram concretização as perspectivas descentralizadoras do primeiro Código Administrativo (1836) que aliviou a tutela sobre os municípios e aumentou os poderes deliberativos das câmaras. Poucos anos depois (1842) foi aprovado um novo Código de tendência centralizadora, que restringiu fortemente a autonomia municipal. A história do municipalismo durante o Liberalismo é reveladora da incoerência política e da ausência de estratégia do Estado na sua relação com os municípios, alternando os Códigos Administrativos de feição descentralizadora (1836 e 1878) com outros que restringiram acentuadamente a autonomia local (1842, 1886, 1895-96). De tal modo que pode dizer-se que o Estado Liberal não logrou resolver a contradição essencial da sua relação com os concelhos, resultante da integração das instituições municipais na estrutura unitária da administração do Estado, tratando-as não como uma forma de administração autónoma, mas como sua administração indirecta, por certo a primeira forma de administração indirecta do Estado moderno português.

A tentação de ingerência manifestou-se também e uma vez mais na reforma dos concelhos, de 1836. Indiferente ao localismo romântico de que haviam brotado os 826 municípios então existentes e imbuído do racionalismo herdado dos ideais dos revolucionários franceses, o legislador liberal entendeu que a construção de um Estado moderno também implicava que dele se eliminassem não só os corpos intermédios a que já nos referimos, mas também os municípios mais secundários. E assim, por Decreto de 6 de Novembro de 1836, invocando que a autonomia local era incompatível com municípios muito pequenos e pobres, extinguiu algu-

---

[10] Amaral, Diogo Freitas do (1996), *Curso de Direito Administrativo,* vol. I, Lisboa, p.459.

32 *Os Municípios e os Sistema Administrativo Central*

mas centenas, criou 21 novos, ficando a existir apenas 351 concelhos. Mais tarde, em 1853, fez-se nova supressão de municípios e finalmente, em 1895, foi levada a cabo nova extinção de concelhos, alguns dos quais foram logo a seguir restaurados.

A forma descontínua e politicamente datada como se procedeu à extinção de concelhos durante o período liberal permite-nos enquadrar esse processo na luta entre facções políticas opostas pelo controlo ideológico e partidário da província rural e mais conservadora. Com efeito, a extinção de concelhos decretada em Novembro de 1836 teve lugar logo após a vitória dos Democratas em Setembro desse ano (Setembristas), enquanto que a segunda extinção de concelhos ocorreu em 1853, após a chegada ao governo dos progressistas Regeneradores.

Foi ainda o princípio da estatização de toda a actividade administrativa que justificou que o Estado, em 1830, tenha incorporado as freguesias no sistema de administração pública, com a sintomática designação de «paróquias civis» por oposição às paróquias eclesiásticas. O primeiro Código Administrativo, de 1835, atribuiu aos novos representantes locais do Estado, designados *administradores dos concelhos* e *comissários das paróquias*, a «*redacção e guarda dos Livros do Registo Civil, pelo qual a Authoridade pública attesta e legitima as épocas principais da vida civil dos indivíduos; a saber: o nascimento, casamento e óbito»* (arts. 65.° e 83.°, n.° 2). Os párocos viram-se assim despojados de uma função que durante séculos lhes tinha competido. O mesmo propósito de subordinação de toda a actividade administrativa à autoridade civil levou o legislador desse Código a secularizar a vida das paróquias eclesiásticas, incluindo nas atribuições das juntas de paróquia, entre outras tarefas, a guarda e administração de «*todos os bens e rendimentos de qualquer natureza que sejam pertencentes á Parochia e á Fabrica da Igreja»,* a guarda de «*todos os paramentos, vasos sagrados, alfaias e quaesquer utensilios pertencentes á Fabrica»,* e ainda a «*conservação e reparo da Igreja que estiver a cargo dos Parochianos e as despesas do Culto Divino a que elles são obrigados».*

Por outro lado, a administração central do Estado desdobrou-se em novos departamentos. Os quatro ministérios da Monarquia absoluta deram lugar a seis, logo em 1821, passando depois a oito, com a criação das pastas das Obras Públicas e da Instrução Pública[11]. Também a reestru-

---

[11] Marques, A. H. Oliveira (1976), *História de Portugal,* II, Lisboa, Pala editores, p. 30.

Os Municípios do Antigo Regime ao Estado Corporativo   33

turação da administração territorial do Estado, de 1832, a que já nos referimos, contribuiria para a expansão do aparelho administrativo central e para o acentuado acréscimo do seu funcionalismo, quer a nível da organização administrativa, quer da judicial.

4. Os municípios na 1ª República e no Estado Novo

À data da instauração da República vigorava o Código Administrativo de 1895-96, de pendor fortemente centralizador, que não se conciliava com o ideário democrático do novo Poder. Por isso, poucos dias após a vitória republicana, foi promulgado o decreto com força de lei de 13 de Outubro de 1910 que estatuía a adopção do Código de 1878, até que o novo regime produzisse o seu próprio Código[12].

A Constituição de 1911 estabeleceu no seu atrigo 66.° as bases da organização e atribuições dos corpos administrativos, que vieram a ser desenvolvidas na Lei n.° 88, de 7 de Agosto de 1913. Aí se consagrou a extinção da tutela; a submissão dos corpos administrativos ao controlo de mera legalidade por parte dos tribunais que podiam decretar a sua dissolução; a eleição dos corpos administrativos por sufrágio directo; a submissão das deliberações tomadas pelas câmaras em certas matérias a referendo dos eleitores do concelho; a existência nos concelhos de uma comissão executiva eleita pela câmara municipal; a autonomia financeira dos corpos administrativos, sujeita porém a ampla discricionariedade governativa, uma vez que o financiamento local dependia em larga medida dos *"subsídios especiais consignados no orçamento do Estado"* e dos *"subsídios eventuais do Estado"* (artigo 106.°).

Apesar da Lei n.° 88 ser um diploma descentralizador que deu um certo impulso à afirmação da autonomia local, a prática jacobina dos governos republicanos não conseguiu desfazer a ambiguidade que aquele diploma estabeleceu, designadamente em matéria eleitoral, de financiamento local e de representação do Estado. Com efeito, o Estado repu-

---

[12] Como explica Marcello Caetano, não foi possível aplicar o Código de 1878 a algumas matérias fundamentais, havendo que admitir na jurisprudência e nos tribunais a vigência parcial do Código de 1896. A República ficou assim com dois Códigos (*Estudos de História da Administração Pública Portuguesa*, organização de Diogo Freitas do Amaral, Coimbra, 1994).

Os Municípios e os Sistema Administrativo Central

blicano preteriu, durante três anos, a livre eleição popular das vereações camarárias em todos os concelhos do país a favor da fidelidade partidária e republicana. As primeiras eleições só tiveram lugar em Janeiro de 1914. Até lá as vereações municipais foram designadas nos termos do decreto que em Outubro de 1910 repôs em vigor o Código Administrativo de 1878 e que determinava que, com excepção das câmaras constituídas *«por cidadãos republicanos»*, todas as outras fossem nomeadas pelos governadores civis[13]. No plano do financiamento local, a prolongada crise financeira que se vivia nesse período, agravada pela participação na 1ª Grande Guerra, determinou a constante asfixia financeira dos municípios e comprometeu decisivamente a sua capacidade de acção. Também em nada favoreceu a autonomia municipal a presença tutelar em cada concelho de um magistrado administrativo com poderes executivos – o *administrador do concelho* – nomeado pelo governo e dependente do governador civil do distrito. Como salienta César Oliveira a propósito do controlo do Estado sobre os municípios, os partidos republicanos que se alternavam no poder não se inibiram de desencadear «uma corrida desesperada à nomeação de administradores de concelho e governadores civis»[14].

Verifica-se assim neste período que, a coberto do quadro formal potenciador da autonomia local, a prática política centralista e controleira do governo contrariou a autonomia mitigada dos corpos administrativos.

Tendo como quadro político de referência a Constituição de 1933, foi no Código Administrativo de 1936, revisto em 1940, que o Estado Novo regulou as várias matérias relativas à organização e funcionamento dos corpos administrativos. A natureza autoritária e anti-democrática do regime influenciou inexoravelmente o modelo consagrado no Código. Os corpos administrativos passaram a ser constituídos com base no sufrágio orgânico de tipo corporativo, circunscrevendo-se o sufrágio directo à eleição das juntas de freguesia, mas ainda assim limitado aos chefes de família. O Governo estava representado nos municípios através de magistrados administrativos por si nomeados, protegidos pelo instituto da garantia

---

[13] Oliveira, César (1996), «A República e os municípios», in *História dos Municípios e do Poder local*, ed. Circ. Leitores, p. 272.

[14] Oliveira, César (1995), «A República e o centralismo administrativo mitigado», in *História dos Municípios e do Poder Local*, ed. Circ. Leitores, p. 264.

Os Municípios do Antigo Regime ao Estado Corporativo   35

administrativa[15]. O magistrado administrativo concelhio presidia à Câmara Municipal, sendo os vereadores eleitos pelo Conselho Municipal.

O Código regulava as atribuições municipais de acordo com o sistema da enunciação taxativa: os interesses de que os corpos administrativos podiam ocupar-se eram apenas os que o Código lhes confiava. Para além disso, a eficácia das deliberações camarárias sobre um vasto leque de matérias estava condicionada pela aprovação do Governo. No domínio do financiamento local, a reduzida expressão das receitas fiscais dos municípios tornava-os extremamente dependentes dos subsídios e comparticipações do governo. Os corpos administrativos, em especial as câmaras municipais, estavam submetidos a uma rigorosa tutela inspectiva, correctiva e substitutiva do governo, sobre a legalidade e o mérito da sua actividade. O Código instituiu mesmo o regime de tutela, ao abrigo do qual o governo podia suspender temporariamente uma autarquia do direito de escolher os membros dos seus órgãos e nomear uma comissão administrativa para gerir os seus interesses.

Eram estes os principais traços característicos do Direito Administrativo local no Estado Novo, que analisaremos mais desenvolvidamente noutros capítulos. Subordinadas à égide do Estado, as autarquias locais mais não eram do que uma forma da sua administração indirecta e um veículo da sua influência ideológica. Durante este período de cerca de cinquenta anos, a autonomia local foi reduzida à sua mais apagada expressão.

---

[15] Ao abrigo da garantia administrativa os magistrados administrativos, nomeadamente os presidentes das câmaras, com excepção das de Lisboa e Porto, não podiam ser demandados criminalmente sem autorização do governo. Casos houve em que o governo autorizou a dedução de acusação contra um magistrado administrativo, como pode ver-se no Diário do Governo, 2ª série, de 10 de Abril de 1974, a propósito do processo crime movido contra o então presidente da Câmara Municipal da Lousã.

CAPÍTULO II
OS MUNICÍPIOS
E O ESTADO PROVIDÊNCIA

> *«La crise que connaît aujourd'hui l'État-providence est politique plus que financière»*
>
> MARC SADOUN, «L'individu et le citoyen» in *Revista Pouvoirs*, n.º 94

> *«A reforma da administração pública é algo substancialmente diferente da ideia de uma administração mais pequena, de um estado mínimo e de um retraimento da esfera pública».*
>
> JUAN MOZZICAFREDDO, «Modernização da administração pública e poder político» in *Administração e Política*

1. Os fundamentos do Estado Providência

O desenvolvimento da economia liberal baseada na liberdade de empresa e de trabalho, nas relações de assalariamento (mercantilização do trabalho) e na acumulação de capital, suscitou desde cedo a reflexão acerca do papel do Estado e da relação entre ele e o mercado. Esta maior atenção dada ao Estado foi ganhando relevo social e político à medida que se foi verificando que o mercado não só não conseguia materializar os valores da igualdade e da fraternidade que tinham inspirado os revolucionários liberais, como gerava distorções económicas e sociais cada vez mais graves. A direcção da vida económica por estritos critérios de concorrência feroz e lucro seguro tinha provocado profundos desequilíbrios sociais, patenteados em miséria e desemprego generalizado. A precariedade, a instabilidade e a pobreza são características milenares das sociedades e o Liberalismo não tinha a pretensão de as irradicar. Mas tinha-se a consciência de que a segurança individual e a paz social são alicerces de qualquer ordem instituída e que eram, portanto, uma exigência do desenvolvimento e do equilíbrio da sociedade.

Suscita-se, assim, o problema relativo à mediação do Estado na relação entre o mercado e o bem-estar. A desagregação das antigas estruturas feudais, a liberdade de trabalho e a crescente mercantilização das relações laborais fizeram aumentar o grau de incerteza e de risco na vida dos indivíduos e geraram a necessidade de promover a sua segurança social através da intervenção do Estado[16].

A questão agravou-se particularmente com a Grande Guerra de 1914-18 e o seu impacto na economia das potências beligerantes. O monopólio da iniciativa económica pelos empresários privados tinha demonstrado a incapacidade de serem mobilizados esforços para a reconstrução das nações envolvidas no conflito e de serem produzidos os bens necessários à satisfação das necessidades individuais e colectivas. O Estado, que até finais do século XIX se tinha remetido a uma posição de "paternalismo político, socialmente desresponsabilizado e de promotor de uma assistência descontínua e residual"[17], generaliza o direito à segurança social contra os fenómenos causadores de pobreza e exclusão social, em especial os riscos derivados das contingências aleatórias da vida e dos acidentes de trabalho inerentes à industrialização. A assistência, que antes fora praticada numa perspectiva ética e moral, especialmente pelas instituições religiosas, adquiriu com o tempo uma função política. O Estado passa a ser concebido como Providência. Em contrapartida os pobres e os trabalhadores, beneficiários da segurança do Estado, passam a ser sujeitos de direitos. Por força dos direitos subjectivos que a ordem jurídica reconhece a cada um e a que o Estado está vinculado, o estatuto de cada homem sofre uma alteração qualitativa: o indivíduo transforma-se em cidadão. Este facto altera progressivamente o conteúdo das relações de poder no âmbito

---

[16] Juan Mozzicafreddo, «O Estado-Providência em transição», in *Rev. Sociologia – Problemas e Práticas*, n.º 16, 1994, p. 16.

[17] Juan Mozzicafreddo, *Estado Providência e Cidadania em Portugal*, Ed. Celta, 1997, p. 16.

do processo de produção, conduzindo "à passagem do capitalismo duro do séc. XIX para diferentes formas de capitalismo mais social"[18].

A evolução do Estado Liberal para o Estado Providência corresponde a uma transformação do paradigma da relação Estado – sociedade civil e mercado ocorrida com o desenvolvimento da Revolução Industrial e a crescente influência dos trabalhadores e dos sindicatos no processo político.

Este processo de transição do Estado Liberal protector, simples garante da vida e da propriedade dos indivíduos, para o Estado Providência, produtor de bens, prestador de serviços, orientador da vida económica e financeira nacional, não ocorreu de modo linear nem simultâneo no conjunto dos países ocidentais. Com efeito, ele sofreu a influência de condicionalismos específicos de cada país, relativos ao seu nível de desenvolvimento socio-económico (revelado especialmente pela industrialização e urbanização), ao grau de mobilização política da sua classe operária e ao estádio de desenvolvimento político e democrático da respectiva sociedade[19]. Isto explica, nomeadamente, que a transição para o Estado Providência entre nós tenha sido muito mais lenta e tardia que na generalidade dos países industrializados e democráticos da Europa ocidental.

A transição do Estado Liberal, protector e abstencionista, para o Estado Providência, social e intervencionista tem por fundamento a ideia de que o Estado deve levar os agentes económicos a aceitarem que a actividade económica se subordine a valores de natureza jurídico-política, tais como a justiça e a paz social[20]. É esta intervenção do Estado que abre campo à emergência de formas de concertação social e económica e ao desenvolvimento de direitos de cidadania, como o sufrágio universal e o direito à greve (reconhecido em Portugal em Dezembro de 1910), em larga medida como resultado dos movimentos sindicais gerados pela classe operária e da pressão política dos partidos que os apoiavam.

Desde os princípios do século XX que os Estados ocidentais vão adoptando uma atitude mais activa nos planos económico e social. Em par-

---

[18] Esping-Andersen, *Les trois mondes de l'État-providence – Essai sur le capitalisme moderne*, Ed. PUF, 1990.

[19] Flora, Peter e Jens Alber (1984), «Modernization, Democratization and the Development of Welfare States in Western Europe», in *The Development of Welfare States in Europe and America*, Ed. Transactions Publishers,

[20] Moreira, Vital (1976), *A ordem jurídica do capitalismo*, Coimbra, Centelha, p. 115.

ticular no período entre a 1ª e a 2ª Grande Guerra, por pressão dos problemas que afectam as sociedades ocidentais e sob influência das teses keynesianas, regista-se a implementação gradual de sistemas de segurança e assistência públicas de carácter universal e o incremento da intervenção do Estado na economia, com um sentido mais intenso a partir da grande depressão dos anos 30. No plano social, o Estado institui seguros de acidentes profissionais, subsídios de doença e invalidez, pensões de reforma e sobrevivência e subsídios de desemprego. No campo económico, o Estado passa a regular as relações sociais e económicas, adopta políticas de redistribuição de rendimentos e de combate ao desemprego, intervém na regulação do mercado e dos preços e dirige certos serviços colectivos considerados essenciais. Para além disso, o Estado envolve-se directamente na produção de bens e na prestação de serviços de utilidade colectiva, em geral através de empresas públicas criadas com esse fim e que passam a constituir o sector empresarial do Estado. O crescente intervencionismo do Estado conferiu-lhe uma nova feição, classicamente designada por Estado Providência.

O desenvolvimento do intervencionismo público generalizado e a institucionalização de sistemas de segurança social marcaram a consolidação do Estado Providência, desde os finais da 2ª Grande Guerra até aos anos 1975/80. Este é o período do robustecimento institucional, político e económico do Estado, com a expansão da administração pública e da burocracia, a universalização dos direitos cívicos e políticos, o estatismo e as nacionalizações de importantes sectores da economia. Esta fase é ainda caracterizada pela emergência de formas de concertação social e económica e pelo desenvolvimento dos direitos de cidadania.

2. A construção da cidadania

Vimos há pouco que Peter Flora e Jens Alber enquadram a transição para o Estado-Providência em três factores variáveis: o desenvolvimento económico e social dos países; o grau de mobilização da classe operária na luta por direitos sociais e políticos e o estádio de desenvolvimento político e democrático dos estados.

Associado a esta última variável está o conceito de cidadania e a expansão do seu conteúdo com o Estado Providência.

Na sua obra de referência, Thomas H. Marshall atribuiu uma tripla dimensão ao conceito de cidadania, resolvendo a partir dele o problema da legitimidade do Estado nas suas relações com os indivíduos. À dimensão *civil* da cidadania, corolário das liberdades reconhecidas aos cidadãos nos finais do séc. XVIII, Marshall acrescentou uma dimensão *política* gerada em fins do séc. XIX, inerente à institucionalização do sufrágio universal, ao surgimento dos partidos políticos e à representação política da soberania popular[21]. No entanto, as perspectivas civil e política da cidadania têm um conteúdo estritamente jurídico-formal, directamente herdado da essência do «*laissez faire*». Ora, o que o Estado Providência consagrou no séc. XX foi uma terceira dimensão da cidadania, que Marshall designa por *social.*

Na óptica do Estado Providência a cidadania não pode ser vista apenas em termos cívico-políticos, devendo também comportar uma dimensão social e económica que dê conteúdo efectivo àqueles seus elementos formais. Como salienta Raymond Plant[22], a ideia de que existe um direito ao bem-estar e a um mínimo de bens económicos reconhecido pelo Estado representa a oposição fundamental à ideia de que a cidadania é apenas um estatuto social e político e ao princípio capitalista segundo o qual o estatuto social e económico dos indivíduos deve ser apenas determinado pelo mercado. Os direitos sociais surgem-nos assim como manifestações da dignidade da pessoa humana. Como refere Fred Constant, às três formas de realização da cidadania (civil, política e económica) corresponde a criação de três instituições que simbolizam cada uma delas: os tribunais no séc. XVIII, as assembleias políticas representativas no séc. XIX, o desenvolvimento do sistema nacional de ensino e dos serviços sociais no séc. XX[23].

A nossa Constituição de 1976, marco fundador do Estado Providência em Portugal, consagra a generalidade dos direitos sociais (ou dos direitos a prestações sociais do Estado), enumerando os direitos à segurança social, à saúde, à habitação, ao ensino, à cultura e ao desporto, à protecção da infância, da juventude e dos idosos, etc[24].

---

[21] Marshall, Thomas Humphrey (1996), *Citizenship and Social Class*; Pluto Press, London.

[22] Plant, Raymond, *Citizenship, Rights, Welfare*, in «Social Policy and Social Justice – The IPPR Reader»; ed. Jane Franklin, Policy Press.

[23] Constant, Fred (2000), *La Citoyenneté*, 2ª ed., Paris, p. 30.

[24] Arts. 63.º a 79.º da Constituição da República Portuguesa.

Os Municípios e os Sistema Administrativo Central

O apego do Estado Providência aos direitos sociais é um corolário da raiz democrática do regime político em que ele se apoia. Como salienta Juan Mozzicafreddo, «o fundamento político da cidadania assenta principalmente na relação que se estabelece entre os princípios da liberdade individual e os da justiça social»[25].

O âmbito dos direitos dos cidadãos no Estado Providência tem-se ampliado nas últimas décadas. Uma das suas novas vertentes consiste no reconhecimento aos cidadãos do direito de participação nos procedimentos administrativos, na vida pública e na própria gestão das instituições administrativas. O conceito de cidadania activa tem aqui a sua raiz. Para além disto, o ordenamento jurídico do Estado Providência também consagra os *interesses difusos*, isto é, os interesses de ordem geral reportados aos direitos sociais da colectividade à saúde pública, à habitação, à educação, ao património cultural, ao ambiente, ao ordenamento do território e à qualidade de vida[26]. A defesa desses interesses está legalmente cometida aos órgãos das autarquias locais e às associações que a isso se dedicam.

Como veremos no Capítulo V da Parte II deste trabalho, o papel das associações assume uma importância crescente como forma de exercício da cidadania activa, o que parece confirmar a tese de Anicet Le Pors, segundo o qual o desenvolvimento impetuoso das associações nos últimos vinte anos é um reflexo do declínio da legitimidade das estruturas tradicionais da organização da vida colectiva, desde os partidos políticos até aos serviços públicos, passando pelas assembleias autárquicas, pela Igreja e pela família[27].

3. A fundação do Estado Providência em Portugal e o intervencionismo municipal

O Estado Providência português nasceu com a 3ª República, implantada com a revolução de 1974-75. No entanto, ele não surgiu directa e abruptamente do Estado Liberal instaurado em 1822. Entre ambos vigorou um modelo de Estado que podemos designar por Estado Assistencial,

---

[25] Mozzicafreddo, Juan (1997), *Estado Providência e Cidadania em Portugal*, 1ª ed., Lisboa, Celta, p. 194.

[26] Vd., entre nós, art. 53.º do Código do Procedimento Administrativo.

[27] Pors, Anicet Le (2000), *La citoyenneté*, Paris, ed. PUF, p. 93.

Os Municípios e o Estado Providência   43

surgido entre nós em inícios do século XX e cujas características se revelam quer na 1ª quer na 2ª República (o chamado Estado Novo), apesar dos contextos ideológicos opostos que as distinguem.

Como salienta Oliveira Marques, «A 1ª República foi o clímax de um processo, o resultado natural da evolução do liberalismo monárquico»[28]. Ela concentra portanto os vários elementos que caracterizaram a evolução das contradições sociais geradas pelo Liberalismo, do mesmo modo que prolonga a racionalidade jurídica e política do processo de submissão dos municípios ao Estado Liberal.

Quanto ao primeiro aspecto, assiste-se em toda a década de 1890 a um profundo ciclo depressivo, resultante da crise económica europeia desse ano. A desvalorização da moeda, o aumento da dívida pública, a falência de alguns bancos e a instabilidade governativa acentuaram as debilidades da economia nacional e a vulnerabilidade da situação dos sectores mais desfavorecidos da população. Retomando a lição de Oliveira Marques, «As condições gerais para o trabalhador parece terem piorado no decorrer do século XIX. Baixaram os salários reais, sobretudo a partir de 1880, correspondendo à concentração do capital e da indústria. O padrão de vida, o tipo de alimentação e de alojamento, etc, pioraram também. Apesar de uma lei em 1891, o número de horas de trabalho por dia nunca pôde ser uniformizado em todo o País. Por volta de 1900, a média era de 10 horas, mas não faltavam excepções para mais. Nem os governos nem os patrões dispensavam aos operários qualquer espécie de protecção legal ou de assistência contra acidentes, velhice, etc.»[29]. Os factos revelavam que o Liberalismo não podia dar resposta à crise económica e social que afectava o país e reclamavam uma atitude mais activa por parte do Estado.

É neste contexto social e económico que se verifica a implantação da 1ª República, animada por um ideário de liberalismo político e intervencionismo económico. Com a 1ª República o Estado assume, pela primeira vez em Portugal, a natureza de Estado Social, adoptando medidas tendentes a proteger os sectores mais pobres e carenciados da população. Logo em 1911 foram reorganizados os serviços de assistência pública e criado o «fundo nacional de assistência», destinado especialmente a apoiar os pobres e a evitar a mendicidade. Nesse mesmo ano foi estabelecida a semana de trabalho de seis dias e, dois anos mais tarde, foi aprovada a lei sobre

---

[28] Marques, A.H. Oliveira (1976), *História de Portugal*, II vol., p. 287, 3ª ed.

[29] *Idem, ibidem*, p.44.

44   *Os Municípios e os Sistema Administrativo Central*

acidentes de trabalho. Em 1919 o governo aprovou a lei reguladora dos horários de trabalho, de duração variável segundo os sectores de actividade, e estabeleceu o seguro social obrigatório. No domínio das infra-estruturas e serviços públicos foram criados novos portos, ampliaram-se as redes ferroviária e rodoviária, abriram-se escolas por todo o país, instalaram-se os arquivos distritais em todas as capitais de distrito.

A este surto de intervenção do Estado na sociedade correspondeu um acentuado aumento das suas estruturas administrativas e do funcionalismo público, em especial com a criação de quatro novos ministérios: Instrução Pública, Trabalho e Previdência Social, Agricultura e Comércio (estes dois em desdobramento do Ministério do Fomento).

Durante o Estado Novo acentuou-se o intervencionismo do Estado na vida económica e social, "em parte por razões ideológicas (o regime corporativo, inimigo do liberalismo), em parte por razões políticas (autoritarismo governamental) e em parte por razões económicas e sociais (debilidade da economia nacional, grande depressão dos anos 30, efeitos da 2ª Guerra Mundial)"[30].

As obras públicas foram o sector pelo qual o Estado Novo pretendeu ilustrar a sua política de desenvolvimento do país. Construíram-se e repararam-se milhares de quilómetros de estradas; iniciou-se a primeira auto-estrada do país, ainda que limitada, durante décadas, aos primeiros trinta quilómetros; ergueram-se múltiplas pontes, algumas das quais com carácter de monumentalidade, como a ponte sobre o Tejo, em Lisboa, a ponte da Arrábida, no Porto, ou mesmo a ponte de Vila Franca de Xira; construíram-se os cinco principais aeroportos civis do país; construiu-se uma vasta rede de infraestuturas hidráulicas e hidroeléctricas apoiada num elevado número de barragens; construíram-se escolas, hospitais, tribunais, teatros, museus; etc.

À semelhança dos países democráticos ocidentais, onde o Estado Providência era já uma realidade, o Estado Novo procurou lançar uma política de desenvolvimento baseado na programação económica. É assim que nos surge o primeiro «Plano de Fomento», para o período de 1953-58, um segundo para 1959-64, seguido de um «Plano Intercalar» (1965-67), e ainda um terceiro para os anos de 1968-73.

---

[30] Amaral, Diogo Freitas do (1996), *Curso de Direito Administrativo,* vol. I, 2ª ed., p. 86.

A intervenção do Estado na agricultura foi também muito significativa, em especial através da chamada «campanha do trigo», levada a cabo desde a década de trinta até à de sessenta, que tornou o país, ao longo de muitos anos, auto-suficiente nesse cereal. Mas essa intervenção teve lugar também no domínio da organização da produção agrícola, através da acção planeadora e promotora da Junta de Colonização Interna, desde os anos 30 a 50. A indústria nacional foi outro sector onde se fez sentir a intervenção do Estado Novo, especialmente através da exploração mineira e da construção da Siderurgia Nacional.

No sector da segurança e assistência social, o Estado Novo, sobretudo nos últimos sete anos correspondentes ao mandato de Marcello Caetano, concretizou algumas medidas de impacto positivo na satisfação de direitos sociais. A antiga estrutura de assistência das Casas do Povo foi revitalizada; instituíram-se as pensões sociais para a camada da população de menores recursos; ampliaram-se os seguros de acidentes profissionais, bem como os subsídios de doença e invalidez; instituiu-se o subsídio de desemprego e alargou-se às viúvas dos funcionários públicos o regime das pensões de sobrevivência já existente em algumas empresas do Estado ou suas concessionárias.

A assistência, que fora instituída por um imperativo moral, adquire com o tempo uma função social e, mesmo, política: a atribuição de direitos sociais torna-se um meio de reconhecimento da cidadania. Este facto confere progressivamente maior dinamismo à posição dos cidadãos face ao Estado e altera o conteúdo das relações de poder no âmbito do processo de produção.

A progressiva expansão das tarefas do Estado e a sua crescente especialização provocou o crescimento contínuo da administração central. Reflexo deste facto é o sucessivo aumento do número de ministérios ao longo do período do Estado Novo: dez em 1926 (Finanças, Interior, Negócios Estrangeiros, Justiça, Guerra, Marinha, Comércio e Comunicações, Agricultura, Educação e Colónias), onze de 1933 a 1940 (com o novo ministério das Obras Públicas), dez de 1940 a 1947 (com a fusão da Agricultura e do Comércio no novo ministério da Economia), onze de 1947 a 1950 (de novo o ministério das Comunicações), treze de 1950 a 1955 (ministério da Defesa Nacional e da Presidência), catorze de 1955 a 1958 (com o novo ministério da Saúde e Assistência), quinze de 1958 a 1965 (novo ministério das Corporações), novamente catorze de 1965 a 1969 (com a extinção do ministério da Presidência)[31]. Em Abril de 1974, à data da sua

---

[31] Marques, A.H. Oliveira (1976), *História de Portugal*, vol. II, Palas ed., pp. 324-325.

46   *Os Municípios e os Sistema Administrativo Central*

extinção, o governo do Estado Novo contava com dezasseis ministros[32] e outros tantos secretários e subsecretários de Estado.

Como já dissemos, foi o regime democrático instaurado em 25 de Abril de 1974 que fundou o Estado Providência em Portugal. As suas características, podendo variar em intensidade, não se distinguem na substância das que se revelam no mundo democrático ocidental. Tal como na generalidade desses países, o Estado Providência caracteriza-se entre nós pela instituição de políticas sociais e redistributivas a cargo dos sistemas nacionais de segurança social, saúde e ensino, pelo forte crescimento das despesas públicas e do sector público administrativo[33], pela emergência de formas de concertação económica e social e pelo desenvolvimento dos direitos de cidadania.

Nas duas últimas características referidas está contido o gérmen que vai alimentando o processo de transformação do paradigma da relação Estado – sociedade civil. Com efeito, a tensão que o Estado Providência gera entre equidade e liberdade vai abrindo campo à formação e expressão de múltiplos interesses sectoriais que determinam a desagregação da aparente homogeneidade social e institucional do Estado Providência. Este processo impõe que o Estado assuma uma função de concertação e de re--agrupamento do tecido social e económico nacional, a qual, por seu turno, alimenta a dinâmica da afirmação da cidadania.

A cidadania, nas suas componentes económica, social e política, próprias do Estado Providência, não se reporta apenas aos cidadãos individualmente considerados. Os direitos a ela inerentes são naturalmente extensivos às organizações sociais, sindicais, económicas ou políticas do Estado. Ora, o processo de desenvolvimento do Estado Providência e de construção da cidadania não pode deixar de se projectar na vida da organização que mais directamente procede à mediação política entre o Estado e a sociedade civil. Referimo-nos ao município. O município é, tal como a sociedade no seu conjunto, um beneficiário do Estado Provi-

---

[32] Ministros de Estado Adjunto da Presidência do Conselho, da Defesa, do Interior, dos Negócios Estrangeiros, da Justiça, das Finanças e da Coordenação Económica, do Exército, da Marinha, das Obras Públicas, do Ultramar, da Educação Nacional, da Agricultura e Comércio, da Indústria e Energia, das Comunicações, das Corporações e Segurança Social e da Saúde.

[33] Mozzicafreddo, Juan (1997), *Estado Providência e Cidadania em Portugal*, Oeiras, Celta, pp. 33-38.

dência, quer em termos da afectação de despesa pública quer da afirmação e exercício dos seus direitos de cidadania política e institucional.

A observação empírica da realidade portuguesa confirma-nos isso mesmo. A revolução democrática de 1974-75 não fundou apenas o Estado Providência. A par deste abriu campo também à instituição do Poder Local, cujos direitos o Estado consagrou garantindo a sua autonomia e potenciando a sua intervenção. A vida dos municípios conheceu uma profunda alteração com a instituição do Estado-Providência, sem dúvida determinada pela pressão política que a participação popular logrou atingir por todo o país durante o período revolucionário. A manifestação espontânea das populações deu corpo a um novo Poder Local autónomo, que o Estado reconheceu no plano jurídico-constitucional e que alimentou no plano financeiro. O processo desenvolvimentista operado pelo intervencionismo municipal de cariz urbano e socio-económico[34] foi apoiado por transferências financeiras do orçamento do Estado que entre 1974 e 1979 passaram de 23% para 78% das receitas municipais.

4. A reforma do Estado Providência e da sua administração: a emergência do Estado *franchising*

Na transição do Estado Providência a que se assiste nos nossos dias é possível descobrir a sucessão de várias fases. Em linhas gerais, os anos de ouro do Estado Providência corresponderam ao modelo do Estado-Nação, soberano, homogéneo e centralizado, ainda que esta característica tivesse diferentes matizes de país para país. Era um modelo de Estado colectivista, no sentido de que detinha o monopólio da representação da colectividade nacional. Nele a cidadania reportava-se exclusivamente ao Estado, numa relação que podemos designar de nacionalização da cidadania. Era o típico Estado Social de direito, marcado ainda pela forte legitimidade das estruturas políticas e pela grande confiança dos cidadãos no Estado e na administração profissional, burocrática e homogénea que o caracterizava.

A enorme expansão do campo de intervenção do Estado Providência e o crescente aumento da despesa pública em relação ao produto interno

---

[34] Mozzicafreddo, Juan, *et alia* (1988), «Poder Autárquico e Desenvolvimento Local», in *Revista Crítica de Ciências Sociais*, n.º 25-26, pp.79-114.

48   *Os Municípios e os Sistema Administrativo Central*

bruto gerou, sobretudo após o choque petrolífero de 1973, a questão de saber quanto mais tempo poderia o Estado Providência aguentar o constante aumento dos custos dos sistemas de saúde, de ensino e de segurança social sem aumentar a carga fiscal nem ceder posições na crescente concorrência internacional. A crise económica alimentou as teses neoliberais que vieram a fazer vencimento na Europa com a chegada ao poder de Margaret Thatcher, em 1979.

É neste contexto que ganham campo as propostas de reforma do Estado e de modernização da sua administração, centradas nos vectores gestionário e organizativo. Foi, em larga medida, por influência de organizações internacionais de ajuda externa, tais como o Banco Mundial, o FMI e a OCDE, que o vector gestionário adquiriu o relevo que hoje tem. Isso deve-se à convicção dessas organizações de que os programas por elas apoiados seriam geridos de forma mais eficaz se se introduzissem na gestão pública princípios de eficiência, qualidade e avaliação importados da gestão privada.

De acordo com este novo modelo, várias mudanças deviam ter lugar na gestão pública. No plano das relações de poder, defende-se a substituição das formas de organização hierárquicas e fortemente centralizadas por um processo de gestão descentralizada no qual as decisões possam mais facilmente adaptar-se às necessidades e às reacções dos interessados. No plano da iniciativa pela prestação de serviços, postula-se que devem ser exploradas outras soluções para além da prestação directa pelo Estado, susceptíveis de atingir resultados mais eficazes. Sustenta-se também que os serviços prestados directamente pelo sector público devem adoptar objectivos de produtividade e de concorrência, tanto no interior da administração pública como entre os seus organismos. No plano dos resultados defende-se que a autonomia acrescida dos serviços públicos deve ter como contrapartida um reforço da responsabilização dos dirigentes pelas prestações conseguidas e pela imagem dos serviços junto dos seus «clientes»[35]. Para além destas directivas, outras orientações têm informado o paradigma geral da chamada *New Public Management*: abertura dos serviços públicos ao sector privado; competição entre sectores público e privado na prestação de certo tipo de serviços, subordinada à avaliação da *«public choise»*; gestão pública por objectivos; instituição de sistemas de ava-

---

[35] OCDE (1995), *La Gestion Publique en mutation – les reformes dans les pays de l'OCDE*, OCDE.

Os Municípios e o Estado Providência   49

liação dos resultados; criação de mecanismos de valorização do mérito e produtividade individual dos funcionários; desenvolvimento do sistema de emprego em detrimento do sistema de carreira; maior flexibilidade na gestão financeira.

A reforma do Estado Providência teve também fortes reflexos no domínio da organização administrativa. As várias medidas que essa reforma tem provocado na generalidade dos países ocidentais têm como característica comum a desintegração do Estado, isto é, a ruptura da sua anterior homogeneidade e centralização. Esta ruptura manifestou-se a nível interno da própria organização estatal e a nível das relações de poder entre o Estado e autoridades infra-estatais de base territorial.

No primeiro caso, a reforma foi feita através da desconcentração de serviços do Estado, ou seja da sua aproximação aos cidadãos e aos seus problemas pela via da territorialização do aparelho administrativo central. Em especial nos países europeus de tradição administrativa napoleónica e centralista, a criação de serviços estatais de âmbito distrital e regional foi a primeira fase do processo de reforma organizativa do Estado Providência. Para além da própria França, foi o caso de Portugal, de Espanha, da Grécia e, em parte, da Itália.

No segundo caso, a reforma teve lugar no plano das relações de poder entre o centro e a periferia. Em numerosos Estados europeus a centralização administrativa deu lugar à descentralização, à regionalização e, até mesmo, à federalização. Não se pense que este processo de transformação e decomposição do «centro» já pertence à história. No que toca, por exemplo, à sua forma mais radical – a federalização do Estado, o exemplo da Bélgica tem apenas quatro anos e o da Itália é ainda mais recente.

A ruptura do sistema centralista da administração do Estado Providência provocou a multiplicação dos centros de decisão política e enfraqueceu o poder central. Mas, para além das reformas territoriais do centralismo, a homogeneidade do Estado Providência foi também destruída por reformas orientadas pela necessidade de dar resposta a exigências específicas do próprio Estado. Este segundo movimento reformista teve como consequência a criação de numerosos organismos integrados na esfera do Estado *latu sensu*, mas com grande autonomia face aos governos. A necessidade de dar resposta a novas necessidades fora do sistema administrativo burocrático e unitário do passado, levou o Estado a criar um novo modelo de administração policêntrica, assente numa lógica de espe-

50 Os Municípios e os Sistema Administrativo Central

cialização funcional. O Estado, até aí homogéneo e centralizado, dividiu-se em institutos, fundações, empresas, autoridades administrativas independentes, comissões reguladoras e agências executivas, que em muitos casos rompem com a ortodoxia jurídica tradicional, enriquecendo o universo da Ciência da Administração. Surge-nos assim o modelo do Estado pluralista e heterogéneo, constituído por pequenos «reinos» que coexistem no seu interior com diferentes interesses sociais e diferentes centros de poder.

Este processo de criação de «cada vez mais Estados dentro de cada país»[36] tem várias consequências no plano da relação do Estado com a sociedade. A primeira traduz-se na perda de identidade do Estado Providência e da coesão social por ele representada. A segunda releva da diluição da legitimidade política do Estado que se exclui de sectores cada vez mais vastos da produção de bens e da prestação de serviços aos cidadãos, entregando a sua gestão a altos funcionários ou a administradores recrutados fora do aparelho do Estado, em qualquer caso desprovidos de legitimidade política e de mandato popular. A terceira consequência consiste na desnacionalização da cidadania, uma vez que esta passou a reportar-se não ao Estado, mas a cada um dos centros de satisfação de interesses sociais e de poder relacional com os cidadãos. A quarta consequência deste processo de divisão do Estado Providência consiste na menorização dos valores do serviço público, sejam os valores éticos (por exemplo, a integridade ou a lealdade), os valores democráticos (por exemplo, a legitimidade, a imparcialidade) ou os valores profissionais (por exemplo, a eficácia ou o serviço)[37].

Na maioria dos países ocidentais, o actual paradigma do Estado assenta numa combinação de elementos típicos do Estado Providência com outros próprios do Estado pluralista. No entanto, o incremento do policentrismo administrativo em países regidos por políticas de forte pendor liberal vem fazendo emergir um novo modelo, derivado do Estado pluralista, a que podemos chamar individual e economicista. O Estado é

---

[36] Braibant, Guy (1997), «L'Avenir de l'État», in *Études en l'honneur de Georges Dupuis*, Paris. L.G.D.J.

[37] Seguimos de perto a classificação dos valores da função pública exposta por Kerghan, Kenneth, «L'organisation post-bureaucratique et les valeurs du service public», in *Revue Internationale des Sciences Administratives*, vol. 66, n.° 1, Mars 2000, pp. 107-122.

então considerado como uma fonte de despesa e de ineficácia, uma coisa dispensável, um fardo de que a sociedade deve libertar-se através da aplicação de políticas de desreguração e privatização de um vasto sector da actividade administrativa. Neste modelo de Estado verifica-se um refluxo dos princípios da solidariedade e da equidade do serviço público, a par de uma quebra de unidade no centro do poder político. A cidadania passa a ser um conceito desprovido do sentido de pertença a uma comunidade, baseando-se numa simples relação de oferta e procura entre os indivíduos e os serviços públicos. O cidadão passa a ser um simples cliente e a relação entre ele e o Estado baseia-se na lógica de mercado em que o consumidor é extremamente poderoso («o cliente tem sempre razão»), pode impor tudo à administração pública e deve poder esperar dela os melhores serviços aos mais baixos custos.

Este modelo, gerado na Escola de Chicago e na Nova Zelândia sob influência das teses da *New Public Management*, foi muito desenvolvido no Reino Unido durante o longo consulado de Margaret Thatcher, depois do seu governo ter adoptado, em Fevereiro de 1988, as propostas do relatório Ibbs, mais conhecido por relatório *Next Steps (Improving Management in Government: the Next Steps)*. Este relatório recomendava que *«na medida do possível, as funções executivas do governo que sejam distintas do conselho político sejam confiadas a unidades claramente diferenciadas no seio dos ministérios, unidades essas designadas pelo nome de agências».* De acordo com o relatório *Next Steps*, todos os organismos prestadores de serviços cuja actividade pudesse ser individualizada deviam ser transformados em «agências de execução»[38], com grande autonomia em relação ao governo e geridas segundo princípios do mercado.

A forte influência que este relatório e a filosofia «manageralista» em que se inspira tiveram nos países de tradição anglo-saxónica levou à aceleração do processo de decomposição do Estado Providência e ao forte incrementalismo do policentrismo administrativo em países como o Reino Unido, a Austrália ou a Nova Zelândia. Neles o Estado pluralista acentuou o seu desmembramento e fez surgir o paradigma de Estado individual e economicista, que poderiamos designar depreciativamente por Estado *franchising,* constituído por um enorme conglomerado de «lojas» autónomas e concorrenciais entre si, que se promovem junto dos «clientes»

---

[38] Chevalier, Jacques (1997), «Les agences: effet de mode ou révolution administrative?», in *Études en l'honneur de Georges Dupuis*, Paris, L.G.D.J.

através de logotipos, publicidade e outros meios de marketing comercial, orientando-se por princípios e estratégias de mercado nem sempre compatíveis com os valores do serviço público.

O neo-liberalismo dominante ameaça pôr fim ao Estado Social e às teses keynesianas, transformando o contrato social num mero contrato de compra e venda. No entanto, o rumo que o Estado parece seguir não é o da sua extinção, mas o da sua reconcentração. Parece-nos, aliás ilusório pensar que a proliferação de novas entidades assumindo funções que o Estado prosseguia no passado represente um recuo do Estado. Como salienta Jacques Chevalier referindo-se à experiência francesa, as novas *agências* «aparecem menos como um desmembramento da administração do que como um instrumento de reconquista de um sector particular», constituindo a sua criação «um novo dispositivo de intervenção pública que conduz à extensão da dominação social do Estado»[39].

O Estado reestrutura-se, redefinindo as suas funções estratégicas e fazendo intervir nessa «recomposição funcionalista»[40] os municípios, as regiões, as organizações supra-nacionais e também os sectores privado e social dos respectivos países. A sociedade não pode dispensar a resposta que só o Estado e a cooperação entre os Estados podem dar aos actuais problemas colocados pela globalização, pelo neo-liberalismo, pelo terrorismo mundial ou pelo crime internacional. Ainda que o Estado tenha recuado no campo da produção de bens e serviços, a sua função de regulação e controlo da vasta constelação de entidades operativas em que ele se desdobrou e que gravitam à sua volta acentua a vertente política da sua actividade, fazendo emergir o modelo de Estado Regulador, sem que ele perca o poder de promover o compromisso possível entre a equidade e a competitividade do sector público.

---

[39] Chevalier, Jacques (1997), «Les agences: effet de mode ou révolution administrative?», in *Études en l'honneur de Georges Dupuis*, Paris, L.G.D.J., p. 53.

[40] Machete, Rui Chacerelle de (2002), «Um novo paradigma nas relações Estado-sociedade» in *Revista Nova Cidadania*, ano III, n.º 12, Abr.-Jun. 2002, p.p. 27-32.

PARTE II

A Autonomia Local
e a evolução do modelo
da Gestão Pública Municipal

CAPÍTULO I

O QUADRO POLÍTICO-CONSTITUCIONAL DO PODER LOCAL

«As autarquias locais não são expressão apenas de
autonomia administrativa, em sentido estrito, constituindo
também uma estrutura do poder político: o **poder local»**

J. J. GOMES CANOTILHO, VITAL MOREIRA, *Constituição*
da República Portuguesa Anotada

1. Enquadramento analítico

A revolução democrática liberal desencadeada com o pronunciamento militar de 25 de Abril de 1974 determinou, como já referimos, alterações profundas na vida municipal e no paradigma da relação município-sociedade local. Integrando os municípios na organização democrática do Estado, a Constituição de 1976 rompeu decididamente com o municipalismo corporativo e instituiu uma nova estrutura de poder político, o Poder Local.

Pela primeira vez na nossa história política, o Estado reconheceu expressamente às autarquias locais o estatuto de administração autónoma constitucionalmente garantida[41], subtraindo-as ao universo das formas de administração indirecta em que até agora se integraram. De acordo com o texto constitucional (art.º 235.º, n.º 1), as autarquias locais são um elemento inerente à organização democrática do Estado, assumindo aqui a

---

[41] Título VIII da Parte III da C.R.P., na redacção primitiva e na que resultou da última revisão.

ideia de democracia um valor de democracia descentralizada[42]. Com efeito, a Constituição consagra, entre os princípios fundamentais da organização do Estado unitário, a autonomia local e a descentralização democrática da Administração Pública (art.° 6.°, n.° 1). Reforçando a sua garantia constitucional, o legislador constituinte integrou a autonomia local no elenco dos limites materiais da revisão da Constituição (art.° 290.°, al. *o*)).

Em matéria de divisão administrativa do país, a Constituição introduziu duas inovações de grande importância. Uma consistiu na substituição dos distritos pelas regiões administrativas na tipologia das autarquias locais do continente; outra traduziu-se na consagração de uma divisão não uniforme do país, admitindo-se a criação nas grandes áreas urbanas e nas ilhas de outras formas de organização autárquica distintas das formas comuns. A organização dos municípios passou a ser constituída por um órgão deliberativo – a assembleia municipal, por um executivo – a câmara municipal, eleitos por sufrágio directo e universal, e por um consultivo – o conselho municipal, composto por um representante de cada uma das instituições profissionais e sociais da autarquia, o qual foi extinto na segunda revisão constitucional, em 1989.

Também de acordo com a Constituição, a tutela administrativa sobre as autarquias locais circunscreve-se à verificação do cumprimento da lei pelos órgãos autárquicos, o que vale por dizer que o Estado exerce sobre elas uma tutela de legalidade que exclui a avaliação do mérito dos actos dos seus órgãos.

O enquadramento histórico desta alteração do quadro político-constitucional das autarquias locais ocorrida após 50 anos de domínio do Estado totalitário permite concluir que a institucionalização do Poder Local, dotado de ampla autonomia face ao Poder central, foi determinada por um claro propósito de auto-limitação do próprio Estado. E, como veremos, foi também esta orientação política que esteve subjacente à institucionalização das regiões administrativas, esboçadas na Constituição como pólos de contra-poder. Por isso podemos dizer que o Estado Providência nasceu em 1976 condicionado pela memória histórica do Estado Novo.

---

[42] Machado, J. Baptista, *Participação e Descentralização; Democratização e Neutralidade na Constituição de 1976*, p. 39.

2. O conteúdo da autonomia local

A autonomia local corresponde a uma reserva de liberdade da autarquia face ao Estado, cujo âmbito conhece graus de concretização diferentes de Estado para Estado, de acordo com factores vários, tais como o nível de desenvolvimento, as tradições administrativas nacionais e a *praxis* política dos governos. Nos regimes de democracia liberal, a autonomia local tende a merecer protecção legal e mesmo constitucional; nos regimes autoritários e de ditadura, a autonomia local sofre fortíssimas limitações ou é mesmo suprimida. Entre nós, como já vimos, a autonomia local é um princípio constitucional que rege as relações entre o Estado e as autarquias. De acordo com o nosso ordenamento jurídico, ela deverá sempre traduzir-se num *conteúdo essencial*, num núcleo de poderes de auto-ordenação, protegido pela garantia constitucional de administração autónoma[43].

Procurando caracterizar o âmbito da autonomia local à luz das normas e princípios constitucionais, podemos dizer que ela se desdobra nas seguintes formas:

a) a *autonomia jurídica* conferida pela personalização jurídica própria garantida no texto constitucional (art.º 235.º, n.º 2) e pressuposto da própria descentralização;

b) a *auto-administração*[44] caracterizada pela existência de órgãos representativos eleitos, directa ou indirectamente (art.ºs 235.º, n.º 2 e 239.º), e não nomeados por entes exteriores à autarquia;

c) a *autodeterminação* inerente à capacidade das autarquias determinarem, através dos seus órgãos representativos, as orientações da sua actividade administrativa e de escolherem as formas de as realizarem sem subordinação a outros comandos que não os legais[45];

---

[43] Sobre o problema da delimitação do «conteúdo essencial» da autonomia local, vd. Machete, Rui Chancerelle de (1991), *Estudos de Direito Público e Ciência Política*, pp. 567-572; Canotilho, J.J. Gomes (1993), *Direito Constitucional*, p. 368; Amaral, Diogo Freitas do (1996), *Curso de Direito Administrativo*, I vol., pp. 427-428.

[44] Vital Moreira chama-lhe autogoverno; *Administração Autónoma e Associações Públicas*, 1997, p. 172. Veja-se a crítica deste conceito em Amaral, Diogo Freitas do, *Curso de Direito Administrativo*, I vol., p. 423.

[45] É aquilo que J. Casalta Nabais designa por autonomia política («A Autonomia Local», *in Estudos em homenagem ao Prof. Doutor Afonso Rodrigues Queiró*, 1993, p. 187).

d) a *autonomia normativa* traduzida no poder das autarquias elaborarem regulamentos (art.º 241.º) que disciplinem a prossecução de certos interesses próprios, de acordo com as especificidades locais. Por isso, o seu âmbito material compreende todos os assuntos que correspondam aos interesses das populações respectivas e não estejam confiados por lei a outra entidade pública[46];

e) a *autonomia administrativa* definida como a capacidade de praticar actos jurídicos, designadamente actos administrativos definitivos e executórios, apenas sujeitos ao controlo judicial. Esta capacidade de decisão independente do Estado, no âmbito dos interesses próprios da comunidade local corresponde, no essencial, à primitiva noção de «autarquia», formada pela doutrina italiana sobre os princípios fundadores do Estado Liberal, que defendiam o reconhecimento de uma esfera de auto-administração das comunidades distinta do campo de actividade do Estado[47];

f) a *autonomia financeira* garantida pelo direito da autarquia a dispor de receitas próprias e a afectá-las às despesas livremente aprovadas, de acordo com orçamento próprio (art.º 238.º).

A autonomia financeira, sendo inerente à administração autónoma territorial, pode não significar auto-suficiência financeira. Mas esta é matéria que analisaremos no Cap. III desta parte do nosso estudo, no qual iremos ainda avaliar em que medida o princípio da autonomia local, formalmente consagrado na Constituição e na Carta Europeia de Autonomia Local, tem inspirado o processo normativo de repartição de poderes administrativos entre o Estado e os municípios.

---

[46] Neste sentido, vd. Acórdão do Tribunal de Contas n.º 6/01, de 18-4, in *Revista de Administração Local*, n.º 183, Mai-Jun/2001, pp. 367-382.

[47] Por influência das teorias organicistas, o termo «autarquia» perdeu o seu sentido material de auto-determinação, para passar a qualificar o ente distinto do Estado *stricto sensu*, de raiz territorial, dotado do direito e da capacidade de se auto-administrar – cfr. art.º 235.º, n.º 2, da C.R.P.. Vd. A.P. Pires de Lima, «Autarquia Local», in *Dicionário Jurídico da Administração Pública*, I vol., pp. 397 e ss.

3. A Carta Europeia da Autonomia Local

A Carta Europeia da Autonomia Local constitui o único tratado internacional de defesa dos direitos das autarquias locais da Europa elaborado por iniciativa e no âmbito do Conselho da Europa e aberto à assinatura dos Estados membros em 15 de Outubro de 1985[48]. Por força da sua aprovação e ratificação pelo Estado português, em Outubro de 1990, a Carta vigora na ordem jurídica nacional.

Começando por afirmar no seu preâmbulo que «a defesa e o reforço da autonomia local nos diferentes países da Europa representam uma contribuição importante para a construção de uma Europa baseada nos princípios da democracia e da descentralização do poder», a Carta consagra no seu artigo 3.º, n.º 1, o conceito de autonomia local. Segundo esta norma, «Entende-se por autonomia local o direito e a capacidade efectiva de as autarquias locais regulamentarem e gerirem nos termos da lei, sob a sua responsabilidade e no interesse das respectivas populações, uma parte importante dos assuntos públicos». Da análise dos dois primeiros elementos do conceito – direito e capacidade efectiva – retira-se a ideia de que o direito formal de regulação e gestão de certos interesses públicos deve ser acompanhado dos meios necessários ao seu exercício efectivo. Retomando a descrição do âmbito da autonomia local acima exposta, encontramos neste preceito da Carta um primeiro afloramento da autonomia administrativa e da autonomia financeira das autarquias locais, a que, de modo mais desenvolvido, se referem ainda os seus artigos 4.º e 9.º. Por outro lado, a expressão «parte importante dos assuntos públicos», longe de constituir uma medida uniforme ou, sequer, segura da autonomia local, visa conciliar a garantia do exercício a nível local de um leque alargado de responsabilidades públicas com a diversidade das tradições políticas e da organização administrativa dos vários Estados membros do Conselho da Europa. Com a norma em análise há que conjugar o preceito do n.º 3 do art.º 4.º, que consagrou a subordinação da descentralização territorial ao princípio da subsidiariedade, que abaixo abordaremos. O princípio geral de que o exercício da actividade administrativa pública deve ser des-

---

[48] Data da 20.ª Sessão plenária da Conferência dos Poderes Locais e Regionais da Europa, órgão do Conselho da Europa que esteve na origem da Carta. Sob sua inspiração, a ONU encetou há quatro anos um processo tendente à elaboração da Carta Mundial da Autonomia Local.

60 A Autonomia Local e a evolução do modelo da Gestão Pública Municipal

centralizado para os níveis mais próximos dos cidadãos tem sido repetidas vezes expresso no âmbito do Conselho da Europa, designadamente nas conclusões da conferência dos ministros europeus responsáveis pelas autarquias locais realizada em Lisboa, em 1977.

Ainda no domínio da efectivação da autonomia local, a Carta institui o princípio da suficiência ou da proporcionalidade dos recursos financeiros relativamente às atribuições legalmente cometidas às autarquias locais – art. 9.º, n.º 2. Trata-se de um dos princípios da Carta de índole mais marcadamente programática e que provoca reacções desencontradas: para uns, vale como bandeira contra o Estado na reivindicação de mais meios financeiros; para outros, incluindo vozes da administração territorial, o desenvolvimento da descentralização é inconveniente por estar na origem da redução da margem de manobra financeira das autarquias locais, reduzidas à função de executores uniformes de políticas nacionais[49]. Refira-se ainda que a Carta consagra também a autodeterminação das autarquias locais, salvaguardando a liberdade de decisão sobre as opções gestionárias dos órgãos representativos (art.ºs 4.º, n.º 2 e 7.º, n.º 1) e restringindo a intervenção tutelar sobre elas a uma tutela de mera legalidade (art.º 8.º, n.º 2, primeiro segmento)[50]. Finalmente, em matéria de garantia da autonomia local, o art.º 5.º da Carta impõe a consulta prévia às autarquias relativamente a qualquer alteração dos seus limites territoriais, e o seu art.º 11.º consagra o direito de recurso contencioso das autarquias em defesa do «livre exercício das suas atribuições e o respeito pelos princípios de autonomia local que estão consagrados na Constituição ou na legislação interna.»

A Carta não consagrou qualquer sistema institucionalizado de controlo da sua aplicação pelos Estados ratificantes, muito embora estes estejam vinculados a prestar todas as informações sobre a legislação nacional relativa às autarquias. No sentido de suprir essa lacuna da Carta, o Congresso dos Poderes Locais e Regionais da Europa, órgão do Conselho da Europa representante das autarquias locais e regionais dos Estados membros, instituiu um sistema de acompanhamento da observância das normas

---

[49] Vd. Delcamp, Alain e Philippe de Bruycker (1999), *Project de 4ème rapport de suivi de l'application de la Charte Européenne de l'autonomie locale*, Strasbourg, Conseil de l'Europe, p. 15.

[50] Admite-se, no entanto, a tutela de oportunidade quanto ao exercício de funções delegadas pelo Estado nas autarquias (art.º 8.º, n.º 2, segunda parte).

e princípios do tratado por cada um dos Estados, constituído por dois processos: o *controlo oficioso* e o *controlo por queixa*. Este sistema é assegurado por uma Comissão do Congresso dos Poderes Locais e Regionais da Europa, de natureza política, assistida por um «Comité de Peritos Independentes», de natureza técnica. Este Comité, de que fazemos parte desde a sua criação em 1992, é constituído por académicos e investigadores das áreas do direito público e da administração local escolhidos pelo Conselho da Europa à razão de um por cada Estado membro que tenha ratificado a Carta.

O *controlo oficioso* é promovido através de relatórios que podem ter âmbito universal ou serem circunscritos a determinado Estado membro. No primeiro caso, o controlo é feito com base em relatórios elaborados por cada um dos peritos sobre a situação da autonomia local no seu país. No segundo caso, o controlo oficioso é exercido através do estudo *in loco* da situação da autonomia local, realizado no próprio Estado em causa por uma missão do Congresso dos Poderes Locais e Regionais da Europa que elabora um relatório com a assessoria de peritos independentes estranhos ao país em análise. No caso desses relatórios, de âmbito universal ou particular, serem aprovados pelo Congresso dos Poderes Locais e Regionais da Europa este órgão pode adoptar uma Recomendação ou uma Resolução sobre o assunto, as quais, como textos jurídicos oficiais do Conselho da Europa, são transmitidos às autoridades nacionais e locais visadas.

Por sua vez o *controlo por queixa* é realizado na sequência de uma reclamação apresentada ao Congresso dos Poderes Locais e Regionais da Europa por autarquias locais e regionais e suas associações representativas contra o respectivo Estado. A reclamação deve descrever a questão relativa à aplicação da Carta e indicar qual o seu artigo alegadamente violado por uma norma legal ou regulamentar do Estado em causa. A autarquia reclamante deve fazer prova de já ter esgotado todas as vias de recurso a nível interno. A análise da queixa e o estudo da matéria controvertida cabe a uma Comissão de inquérito *ad hoc*, composta por membros do Congresso e por peritos independentes[51].

---

[51] Conseil de l'Europe (1997), *Note informative sur la Charte Européenne de l'Autonomie Locale et le suivi de sa mise en œuvre*, Strasbourg.

CARTA EUROPEIA DA AUTONOMIA LOCAL

Abertura à assinatura
Local: Estrasburgo
Data: 15-10-1985

Entrada em vigor
Condições: 4 ratificações
Data: 01-09-1988

QUADRO I
**Situação dos Estados Membros do Conselho da Europa
em 05-03-2002**

Estados	Data de Assinatura	Data de Ratificação	Data de Entrada em vigor	R.	D.	A.	T.	C.	O.
Albânia	27/05/98	04/04/00	01/08/00						
Alemanha	15/10/85	17/05/88	01/09/88			X			
Andorra									
Arménia	11/05/01	25/01/02	01/05/02	X					
Áustria	15/10/85	23/09/87	01/09/88	X					
Azerbeijão	21/12/01								
Bélgica	15/10/85								
Bulgária	03/10/94	10/05/95	01/09/95	X					
Croácia	11/10/97	11/10/97	01/02/98	X					
Chipre	08/10/86	16/05/88	01/09/88	X					
República Checa	28/05/98	07/05/99	01/09/99	X					
Dinamarca	15/10/85	03/02/88	01/09/88	X		X			
Eslováquia	23/02/99	01/02/00	01/06/00	X					
Eslovénia	11/10/94	15/11/96	01/03/97	X					
Espanha	15/10/85	08/11/88	01/03/89	X		X			
Estónia	04/11/93	16/12/94	01/04/95	X					
Finlândia	14/06/90	03/06/91	01/10/91	X					
França	15/10/85								
Geórgia									
Grécia	15/10/85	06/09/89	01/01/90		X		X		

O Quadro Político-Constitucional do Poder Local

Estados	Data de Assinatura	Data de Ratificação	Data de Entrada em vigor	R.	D.	A.	T.	C.	O.
Holanda	07/01/88	20/03/91	01/07/91	X	X				
Hungria	06/04/92	21/03/94	01/07/94	X					
Islândia	20/11/85	25/03/91	01/07/91	X					
Irlanda	07/10/97								
Itália	15/10/85	11/05/90	01/09/90	X					
Letónia	05/12/96	05/12/96	01/04/97	X					
Liechtenstein	15/10/85	11/05/88	01/09/88	X					
Lituânia	27/11/96	22/06/99	01/10/99						
Luxemburgo	15/10/85	15/05/87	01/09/88						
Malta	13/07/93	06/09/93	01/01/94	X					
Moldávia	02/05/96	02/10/97	01/02/98						
Noruega	26/05/89	26/05/89	01/09/89						
Polónia	19/02/93	22/11/93	01/03/94	X					
Portugal	15/10/85	23/10/90	01/04/91	X					
Reino-Unido	03/06/97	24/04/98	01/08/98	X					
ex-República Jugoslava da Macedónia	14/06/96	06/06/97	01/10/97						
Roménia	04/10/94	28/01/98	01/05/98	X					
Rússia	28/02/96	05/05/98	01/09/98						
S. Marino				X					
Suécia	04/10/88	29/08/89	01/12/89	X					
Suíça				X					
Turquia	21/11/88	09/12/92	01/04/93	X					
Ucrânia	06/11/96	11/09/97	01/01/98						

Número total de assinaturas não seguidas de ratificação	4
Número total de ratificações/adesões	35

R.: Reservas – D.: Declarações – A.: Autorizações – T.: Aplicações Territoriais –
C.: Comunicações – O.: Objecções

Fonte: Conselho da Europa

64 A Autonomia Local e a evolução do modelo da Gestão Pública Municipal

4. Os impactos da integração europeia

A integração de Portugal na então Comunidade Económica Europeia, hoje União Europeia, em 1986 teve um impacto profundo na vida das instituições nacionais e no processo de desenvolvimento do país. O instrumento financeiro comunitário mais importante neste processo tem sido e continua a ser o Fundo Europeu para o Desenvolvimento Regional (FEDER), que alimenta em percentagem não negligenciável o orçamento de todos os nossos municípios. Para além do contributo financeiro que representa, o FEDER teve também nos municípios consequências não menos importantes de natureza política, pela dinâmica de abertura à sociedade civil e de cooperação interinstitucional que provocou. Analisemos sucintamente a evolução do FEDER para melhor vermos a sua importância na alteração da posição institucional dos municípios.

A criação jurídica do Fundo Europeu para o Desenvolvimento Regional (FEDER) não foi acompanhada da aprovação das verbas correspondentes, como revelou Jean Monnet ao dizer que «...os chefes do governo tinham-se esquecido, mais uma vez, de delegar à Comunidade os meios para a política que eles gizavam»[52]. Mas, na verdade, como notou Béatrice Taulègne, o Conselho Europeu «nunca teve em vista uma política regional enquanto tal, mas uma acção regional no quadro dos fundos estruturais e da realização do mercado interno»[53]. No entanto, a situação iria assumir novos desenvolvimentos depois do início da aplicação do FEDER em 1 de Janeiro de 1975, provocados, por um lado, pela própria dinâmica do novo Fundo e, por outro, pela acção política dos seus principais beneficiários – as regiões da Europa.

Na primeira fase do seu funcionamento (1975/1980), o FEDER teve como objectivo central a correcção de desigualdades regionais, a partir do apoio à realização de *projectos* individuais e avulsos. O aparecimento em 1981 das duas primeiras *operações integradas de desenvolvimento,* em Nápoles e Belfast, caracterizadas pelo contributo de diferentes instrumentos financeiros comunitários, constituiu um momento de viragem na lógica do FEDER. A partir daí, a Comissão propõe-se «*substituir gradualmente o sistema de financiamento de investimentos isolados por um sis-*

---

[52] Monnet, Jean, *Mémoires*, p.752.
[53] Taulègne, Béatrice (1993), *Le Conseil Européen,* PUF, Paris, pp. 212 e segs..

tema de financiamento de programas»[54] e de fazer incluir, no plano do financiamento dos programas, fontes financeiras nacionais, regionais e locais, a par dos fundos estruturais. Este novo modelo de financiamento caracteriza a segunda fase da aplicação do FEDER (1981-1988), marcada pela gestação de uma política regional a nível comunitário, pelo propósito de coordenação das políticas nacionais e pelo aumento das áreas de intervenção do Fundo (zonas em declínio industrial, zonas fronteiriças, etc).

É também nesta fase que se abre às autoridade regionais e locais a participação na definição de orientações e de investimentos públicos. Com efeito, o Parlamento Europeu, em 13 de Abril de 1984, pede *«que seja conferido aos cidadãos das regiões da Europa ou aos seus representantes políticos um direito oficial de participação na planificação e organização do futuro socio-económico da sua região, bem como que seja reconhecida a dimensão regional das políticas da Comunidade»*[55]. Para além disto, em 13 de Fevereiro de 1985, uma declaração comum do Conselho, da Comissão e do Parlamento Europeu enuncia o princípio *«de uma relação mais eficaz entre a Comissão das Comunidades Europeias e as autoridades regionais ou, se for o caso, locais. Isto permitirá uma melhor tomada de consciência acerca dos interesses regionais aquando da elaboração de programas de intervenção»*[56].

No plano jurídico-formal, o Acto Único Europeu (1986) introduziu a política regional nos textos oficiais como uma das componentes da coesão económica e social da Comunidade e de acordo com as novas disposições decorrentes da adesão de Portugal e Espanha, assinada em 13 de Junho de 1985[57]. Com a reforma dos Fundos de 1988 (Regulamento-quadro de 24 de Junho de 1988) estabelece-se um novo modelo de utilização dos diferentes instrumentos financeiros estruturais comunitários (FEDER, FSE, FEOGA – Orientação e empréstimos do BEI), segundo o qual cada Fundo intervém em apoio à realização de vários objectivos conjugados, segundo os chamados princípios da concentração dos fundos e da coordenação das políticas. De acordo com este novo sistema, a afectação dos Fundos passa a ser feita em programas plurianuais, suportados por Qua-

---

[54] *Jornal Oficial das Comunidades Europeias* (JOCE), n.º C. 336.61, de 23-12-1981.

[55] *JOCE*, n.º 127/236, de 14-5-1984.

[56] *JOCE*, n.º 72/59, de 18-3-1985.

[57] Aprovado pela Assembleia da República em 18-9-1985, o Tratado de adesão de Portugal entraria em vigor em 1-1-1986.

66 *A Autonomia Local e a evolução do modelo da Gestão Pública Municipal*

dros Comunitários de Apoio (QCA), elaborados em partenariado com as autarquias regionais e locais e por elas co-financiados. A política regional decorrente da Reforma de 1988 teve assim dois importantes efeitos: fez brotar uma política comunitária original, distinta dos Estados e com os seus próprios meios financeiros e levou a Comunidade a descentrar-se dos Estados, chamando à implementação das políticas comunitárias os actores regionais e descentralizando níveis de decisão e execução nas autarquias.

5. O papel do Comité das Regiões

Há já muitos anos que as regiões da Europa ocidental instituíram formas e instâncias de cooperação. Disso são exemplo o Conselho das Comunas e Regiões da Europa (CCRE), representando mais de 70 000 autarquias de Estados membros da União Europeia, e a Assembleia das Regiões da Europa (ARE), representando cerca de 300 regiões, a quem a Comissão Europeia tem confiado a gestão de programas de cooperação inter-regional. De acordo com o sentido programático destas organizações, as regiões devem, a par dos Estados, contribuir com a sua experiência e problemática próprias para a construção da Europa. Desde cedo que a acção política dos organismos representativos das regiões e municípios da Europa e o peso político de alguns dos seus líderes[58] encontrou eco junto das instituições comunitárias, interessadas na «parceria estratégica» das autarquias dos Estados membros.

Sensível aos apelos das regiões no sentido de disporem de uma maior participação na definição das medidas de desenvolvimento a nível europeu, a Comissão Europeia convidou o CCRE e a ARE, em 1986, a contribuírem para a constituição do Conselho Consultivo das Regiões e Municípios, que viria a ser criado em 1988[59]. Desde a criação deste Conselho que o Parlamento Europeu passou a insistir na necessidade da sua consulta sobre todos os assuntos com incidência no desenvolvimento regional. A própria Comissão decidiu que *«o Conselho Consultivo pode ser consultado sobre qualquer questão relativa ao desenvolvimento regional e*

---

[58] Lembremos que o principal fundador e primeiro presidente da ARE foi, até à sua morte, Edgar Faure e que o CCRE é, desde há vários anos, presidido por Valéry Giscard d'Estaing.

[59] Decisão da Comissão (CEE) n.º 88-487, de 24-6-1988; JOCE L. 247, de 6-9-1988.

mais precisamente à elaboração e concretização da política regional da Comunidade, nela se compreendendo as implicações regionais e locais das outras políticas da Comunidade»[60].

O papel do Conselho Consultivo revelava-se crescentemente importante, ampliando-se o campo da sua intervenção. O Parlamento Europeu desejava instituir um sistema de reuniões periódicas entre a sua comissão de política regional e ordenamento do território e o Conselho Consultivo. Estes novos desenvolvimentos esbarraram com o estatuto do Conselho Consultivo: um órgão informalmente instituído pela Comissão, adstrito a ela, dependente para se pronunciar do pedido da Comissão. Havia assim que alterar esse estatuto. O problema foi debatido na Conferência intergovernamental de Roma, de 14 e 15 de Dezembro de 1990. Para a Comissão, a solução bastante consistia no aumento das competências do Conselho Consultivo. Porém a delegação alemã à Conferência inter-governamental opôs-se, por desejar retirar a representação das regiões da tutela da Comissão. O objectivo dessa delegação, apoiada pela delegação belga, prendia-se com a criação de um órgão independente, que pudesse ser consultado pelos vários órgãos comunitários. Esta proposta suscitou reparos quanto ao peso e aos custos desse novo órgão na estrutura comunitária. O objectivo não era aumentar as despesas, mas ainda assim o essencial da proposta acabaria por se manter. O Comité das Regiões nasceu assim como uma solução de compromisso entre o desejo de expressão regional manifestado por dois Estados federais e o receio sentido pelos restantes dez Estados sobre a concessão de competências muito vastas a um órgão que, a prazo, poderia ser incómodo. A sua designação reflecte claramente o neo-centralismo das regiões da Europa, tanto mais que o órgão que substituiu era designado, como já referimos, Conselho Consultivo das Regiões e Municípios.

Criado pelo Tratado da União Europeia, de 7 de Fevereiro de 1992[61], o Comité das Regiões só foi instituído na reunião constitutiva de 9 e 10 de Março de 1994. A sua criação contribuiu para reforçar a legitimidade das Instituições, de acordo com a vontade expressa no preâmbulo do Tratado da União Europeia de agir no sentido de «uma ligação cada vez mais estreita entre os povos da Europa, na qual as decisões sejam tomadas o mais

---

[60] Art.° 2.° da Decisão da Comissão (CEE) n.° 88-487, de 24-6-1988, *JOCE*, L. 247, de 6-9-1988.

[61] A entrada em vigor data de 1-11-1993.

68   *A Autonomia Local e a evolução do modelo da Gestão Pública Municipal*

próximo possível dos cidadãos». É este, aliás, o fundamento do princípio da subsidariedade consagrado pelo Tratado. O Comité das Regiões é composto por 222 membros efectivos e outros tantos suplentes, representantes de autarquias locais e regionais, com mandato de 4 anos[62]. O Comité cumpre actualmente o seu terceiro mandato, entre 2002 e finais de 2005.

A repartição dos membros do Comité por nacionalidades é a seguinte:

Alemanha	24
Áustria	12
Bélgica	12
Dinamarca	9
Espanha	21
Finlândia	9
França	24
Grécia	12
Holanda	12
Irlanda	9
Itália	24
Luxemburgo	6
Portugal	12
Reino Unido	24
Suécia	12

São órgãos do Comité a Assembleia plenária, a Mesa e as Comissões[63]. De dois em dois anos a Assembleia plenária elege, de entre os seus membros, o Presidente e a Mesa.

A competência consultiva do Comité é exercida nas matérias que integram o chamado primeiro pilar da construção europeia. Com efeito, o Tratado da União Europeia previu a sua consulta obrigatória sobre os seguintes cinco domínios:

• Sobre as acções de incentivo à realização dos objectivos da Comunidade no âmbito da educação, formação profissional e juventude, bem como da saúde (n.° 4 do art.° 126 e n.° 4 do art.° 129.°);

---

[62] O número inicial de membros era de 189, mas foi aumentado por força da adesão da Áustria, da Finlândia e da Suécia.

[63] Existem 8 comissões e quatro sub-comissões.

- Sobre a adopção de medidas previstas no n.º 1 do art.º 129.º C, relativas às redes transeuropeias (art.º 129.º D);
- Sobre a adopção de medidas específicas para reforço da coesão económica e social (art.º 130.º B);
- Sobre a definição de objectivos prioritários e a organização dos fundos estruturais (art.º 130.º D);
- Sobre as decisões do Conselho relativas à aplicação do FEDER (art.º 130.º E).

Com o Tratado de Amesterdão foi conferida ao Comité maior autonomia administrativa e ampliados os domínios de consulta obrigatória. Assim, o Comité passou a pronunciar-se também sobre as políticas de emprego (art.º 128.º, n.º 2); as acções de incentivo destinadas a fomentar a cooperação entre os Estados membros e a apoiar a sua actividade no domínio do emprego (art.º 129.º); a legislação em matéria social (art.º 137.º, n.º 2 e 3); as acções relativas à política comunitária de ambiente (art.º 175.º, n.º 1, 2 e 3); as decisões do Conselho de aplicação das normas relativas ao FSE (art.º 148.º); as medidas que visem concretizar a política de formação profissional (art.º 150.º); os instrumentos da política comum de transportes (art.º 71.º, n.º 1); e a cooperação transfronteiriça (art.º 265.º). Ainda nos termos deste art.º 265.º, o Comité passou a poder ser consultado pelo Parlamento Europeu, quando este tiver de co-decidir com o Conselho ou quando achar conveniente. Mas o Comité tem ainda a faculdade de emitir pareceres por sua própria iniciativa, sempre que considerar oportuno (art.º 265.º, 5.º parágrafo) e sempre que seja consultado o Comité Económico e Social, e o Comité das Regiões, informado dessa consulta, considere que a matéria envolve «interesses regionais específicos» (art.º 265.º, 3.º parágrafo).

Verifica-se, portanto, que o órgão representativo das regiões e dos municípios da Europa tem tido uma intervenção crescente na definição das políticas comunitárias, a qual, até por ser de tipo consultivo, não reduz o peso que os governos nacionais, através do Conselho, detêm no processo de decisão. Mas a influência política do Comité das Regiões e a sua função de *lobby* das autarquias locais e regionais não são discipiendas no âmbito da ordenação das relações de poder e da repartição de competências administrativas a nível de cada Estado, não deixando as autarquias de aproveitar na relação centro-periferia de uma certa crise moral do Estado, decorrente das restrições à sua soberania impostas pelo processo de integração europeia.

CAPÍTULO II
A DESCENTRALIZAÇÃO ADMINISTRATIVA

> *"Terá de haver matérias em que a competência das autarquias é exclusiva ou absolutamente preponderante e os seus poderes sejam inteiros".*
>
> RUI CHANCERELLE DE MACHETE, «O Poder local e o conceito de autonomia institucional» in *Estudos de Direito Público e Ciência Política*

1. Enquadramento analítico

Num sistema centralizado é o Estado que orienta e decide em todos os domínios da vida política e administrativa, é ele que concebe e executa todas as políticas públicas necessárias à satisfação das necessidades colectivas e ao desenvolvimento da sociedade. Mas no conjunto da sociedade há problemas particulares e aspirações diversificadas. Para fazer face a estas realidades, o Estado pode desconcentrar a sua administração, criando serviços locais num certo número de circunscrições territoriais e colocando aí funcionários sujeitos às orientações e ao poder hierárquico dos dirigentes centrais, mas com algum poder de decisão delegado por estes. É evidente que a desconcentração da administração do Estado permite uma maior racionalidade do processo de decisão, podendo mesmo aumentar a economia e a eficácia da actividade administrativa. No entanto, a administração continua centralizada porque todas as decisões são tomadas pelo Estado. Tal sistema é incompatível com o princípio democrático e com o princípio da autonomia local.

Como refere Charles Debbasch, a descentralização repousa na ideia de uma gestão pelos administrados dos assuntos que mais directamente

72 A Autonomia Local e a evolução do modelo da Gestão Pública Municipal

lhes dizem respeito[64]. A descentralização, termo que só por volta de 1830 aparece na língua francesa[65], é um princípio orientador da organização administrativa[66] segundo o qual os cidadãos devem estar associados às decisões que incidem sobre a sua vida, duma forma mais directa do que estariam se os seus interesses mais imediatos estivessem confiados a entidades distantes e alheias à comunidade em causa. Pode dizer-se que a descentralização constitui um corolário da democracia política, porque está fundada na ideia da gestão dos assuntos pelos cidadãos a quem eles mais directamente respeitam. A descentralização administrativa supõe, portanto, por um lado, que os administrados membros das diferentes autarquias locais e regionais tenham os seus próprios representantes por si escolhidos e, por outro lado, que estes representantes disponham de capacidade administrativa e financeira para gerir os assuntos próprios dessas autarquias.

O aspecto fundamental da descentralização administrativa é, portanto, a autonomia de uma autarquia local. Como acentuam François e Yves Luchaire, «a livre administração supõe uma certa autonomia»[67]. A personalidade jurídica de uma autarquia e o reconhecimento da sua autonomia formal pelo ordenamento jurídico são pressupostos da descentralização administrativa. Mas, ao mesmo tempo, a descentralização administrativa é um elemento da autonomia local. Com efeito, esta comporta duas ideias: a *liberdade de fazer*, definida pelas competências que a lei atribui aos órgãos da autarquia, e a *capacidade de fazer*, determinada pelos recursos financeiros, humanos e organizacionais da autarquia e pelo seu poder regulamentar.

Nos planos político e administrativo a descentralização tem várias vantagens. Partindo da reflexão de Allan Rosenbaum[68], identifiquemos algumas. A primeira e principal vantagem consiste na fragmentação

---

[64] Debbasch, Charles (1980), *Science Administrative*, Dalloz, Paris, p. 220.

[65] Bordineau, Pierre e Michel Verpeaux (1997), *Histoire de la Décentralisation*, PUF, Paris, p. 3.

[66] Cfr. art.ºs 237.º e 267.º da C.R.P..

[67] Luchaire, François e Yves Luchaire (1989), *Le droit de la décentralisation*, PUF, Paris, p. 88.

[68] Rosenbaum, Allan (1998), «Gouvernance et décentralisation: leçons de l'expérience», in *Revue Française d'Administration Publique*, n.º 88, IIAP, Paris, pp. 507-516.

A Descentralização Administrativa 73

e dispersão do poder político e na criação e manutenção de um sistema de equilíbrio de contrapoderes. Esta característica da descentralização esteve seguramente na base das reformas políticas que as potências vencedoras da 2.ª Grande Guerra levaram a efeito nos principais países do Eixo, introduzindo o federalismo na Alemanha, a democracia local no Japão e a regionalização na Itália para assim impedirem o restabelecimento dos antigos sistemas centralizados que tão maus resultados tinham dado.

Uma segunda vantagem traduz-se no impulso que a descentralização dá ao desenvolvimento e enraizamento da democracia, através da criação de um «espaço cívico suplementar» ocupado por organizações da sociedade civil que a descentralização ajuda a nascer.

Um terceiro mérito da descentralização é que ela constitui o motor da vida democrática local, tornando cada autarquia numa escola de democracia política.

O quarto mérito da descentralização é que ela cria oportunidades para a afirmação dos partidos da oposição, contribuindo para a emergência a nível local de lideres que aí ganham influência política nacional. Exemplo disto foi a eleição do presidente socialista da Câmara de Lisboa, Dr. Jorge Sampaio, para Presidente da República durante o consulado de um governo social-democrata.

A quinta vantagem da descentralização consiste na maleabilidade e adaptabilidade da governação, permitindo combinar a uniformidade legislativa própria de um estado unitário, como o nosso, com a diversidade dos problemas e dos interesses das comunidades locais. Finalmente, a descentralização tem ainda a vantagem de desenvolver a iniciativa económica local. Nos países mais desenvolvidos da Europa, mais de 40% do total das despesas públicas (cerca de 70% na Suécia) são realizadas a nível regional e local. Em Portugal, a percentagem das despesas municipais no total da despesa pública é de cerca de 10%, apesar dos municípios realizarem 25% do investimento, empregando apenas cerca de 15% do conjunto do funcionalismo público[69].

Como salienta Allan Rosenbaum, «a relação entre a importância relativa do papel das autoridades infra-nacionais e o nível de desenvolvi-

---

[69] As autarquias locais (freguesias e municípios) empregam 16% da função pública (116 066 activos) – 2.º Recenseamento Geral da Administração Pública, Ministério da Reforma do Estado e da Administração Pública, Lisboa, Dez. 1999.

mento económico é absolutamente compreensível. Um grau elevado de autonomia local e competências alargadas (compreendendo os domínios fiscal e normativo) são condições de um bom desenvolvimento económico local»[70].

No entanto, a descentralização tem limites de cuja observância depende o equilíbrio do sistema político e a coabitação das autoridades administrativas no seu conjunto. O primeiro limite à descentralização é imposto pela estrutura do Estado. A Constituição de 1976 define a República Portuguesa como um Estado unitário, cuja soberania é una e indivisível[71]. A estrutura unitária do Estado não admite que outros órgãos, que não os órgãos do Estado, exerçam as funções próprias da soberania. Como referem François Luchaire e Yves Luchaire, num Estado unitário «a descentralização não pode levar a que seja dada a uma autarquia a forma de um Estado»[72]. Deste modo, não podem ser descentralizadas nas autarquias locais matérias compreendidas nas funções de soberania do Estado, exercidas pelos seus órgãos, tais como a aprovação de actos legislativos, a aprovação de tratados e acordos internacionais, a administração da justiça, a representação externa, a defesa nacional, o controlo das fronteiras, etc.

O segundo limite à descentralização é o que decorre do princípio da igualdade dos cidadãos. Como garantia deste princípio o Estado deve manter para si os poderes que permitem ao governo promover o desenvolvimento estrutural do país no seu conjunto, isto é, os poderes que viabilizam a colocação de todos os cidadãos em plano de igualdade tendencial nos domínios económico, social e cultural. É também o princípio da subsidiariedade, que iremos analisar de seguida, que assim o impõe. Há necessidades públicas que, pela sua natureza e âmbito, não podem ser satisfeitas a nível local sem quebra dos princípios da igualdade, da eficácia e da economia da acção pública. Em tais casos, deve ser o Estado a intervir para garantir o acesso igualitário de todos os cidadãos aos bens que satisfaçam essas necessidades.

---

[70] Rosenbaum, Allan (1998), «Gouvernance et décentralisation: leçons de l'expérience», in *Revue Française d'Administration Publique*, n.° 88, Paris, IIAP, p. 512.

[71] Art.°s 1.° e 6.°.

[72] Luchaire, François e Yves Luchaire (1989), *Le droit de la décentralisation*, Paris, PUF, p. 97.

Que factores podem explicar diferentes graus de descentralização de país para país? Não podemos responder aqui a esta questão – que só por si poderia ser tema de uma tese – com o desenvolvimento que ela justifica. Deixamos apenas algumas reflexões sobre os quatro factores – político, administrativo, sociológico e cultural – em que se desdobra a resposta ao problema acima colocado.

Um primeiro elemento, de natureza política, releva da tradição e do sistema político dos Estados. Como já referimos, a descentralização é irmã gémea da democracia. Os regimes democráticos estimulam a autonomia local e a descentralização administrativa, enquanto que os regimes centralistas e autoritários as contrariam e anulam. Foi assim com a democrática Inglaterra desde o séc. XVII; foi assim durante o fascismo em Itália, o nazismo na Alemanha, a ditadura de Salazar em Portugal ou o comunismo no leste europeu.

Um outro elemento, de natureza administrativa, prende-se com a dinâmica da gestão pública local, a aptidão técnica da organização municipal e a capacidade das autarquias ampliarem o seu campo de acção, intervindo em novos domínios em que se projectem os interesses das suas populações e não estejam reservados a outras entidades públicas. Ao longo dos últimos vinte anos, os municípios exerceram, sem atribuição legal expressa, actividades nas áreas da habitação social, da acção social, da cooperação externa ou da segurança municipal, mas só em 1999 a Lei n.º 159/99 lhes reconheceu essas atribuições.

Um terceiro elemento, de natureza sociológica, reporta-se à estrutura e ao desenvolvimento da sociedade civil e ao grau da sua autonomia em relação ao Estado. Quanto mais a sociedade se estrutura em organismos intermédios, em associações económicas, sociais ou culturais mais limitada é a intervenção do Estado e a dependência da sociedade face a ele. Pelo contrário, quanto maior for o individualismo no seio da sociedade mais dependente ela está do Estado e maior tende a ser a intervenção deste. O desenvolvimento da sociedade civil e a expansão da economia local favorece o incremento da descentralização.

Existe ainda um quarto elemento, de ordem cultural, que molda o sentir da colectividade e que condiciona a sua forma de olhar o Estado. E talvez essa atitude da sociedade face ao Estado tenha também, no subconsciente colectivo, uma certa base religiosa, como se a postura dos cidadãos para com o Estado fosse afinal o reflexo da sua posição face a Deus, ou ao Deus socialmente dominante. O Deus austero, distante e frio de inspiração luterana e calvinista do norte da Europa é uma expressão de sociedades estruturalmente fortes, que guardam uma grande distância e autonomia face aos seus Estados. Pelo contrário, nos países da Europa do sul tem-se de Deus a ideia de uma entidade paternal, feita também maternal através do culto à Virgem Maria, próxima e protectora, os mesmos atributos que, afinal, são reconhecidos ao Estado por sociedades frágeis e dele dependentes. E assinale-se ainda que, curiosamente, no plano da descentralização e da autonomia da sociedade civil é nos países do norte, em sociedades mais dinâmicas e independentes do Estado que o desenvolvimento apresenta níveis mais elevados.

Em conclusão, a descentralização está longe de ser um processo linear, constante e de matriz meramente política. Ele cruza e combina factores de ordem política, económica e social e é o corolário de um determinado estádio de desenvolvimento e enquadramento cultural.

2. O princípio da subsidiariedade

O princípio da subsidiariedade foi instituído no direito internacional pela Carta Europeia da Autonomia Local, antes, portanto, da sua adopção no direito comunitário, em 1992, pelo Tratado da União Europeia. Segundo ele, as decisões devem ser tomadas o mais perto possível dos cidadãos a quem se dirigem, pelo nível administrativo mais próximo e directamente responsável face aos cidadãos, apenas devendo intervir o nível superior nos casos em que isso é indispensável. É isto que se consagra no art.º 4.º, n.º 3, da Carta Europeia da Autonomia Local, segundo o qual *«o exercício das responsabilidades públicas deve incumbir, de preferência, às autoridades mais próximas dos cidadãos»*. Conforme estabelece ainda aquela norma, *«a atribuição de uma responsabilidade a uma outra autoridade deve ter em conta a amplitude e a natureza da tarefa e as exigências de eficácia e economia»*.

A origem da noção de subsidiariedade, ligada à de democracia, remonta à Antiguidade grega, mas no seu sentido actual o princípio da subsidiariedade está intimamente associado à doutrina social da Igreja e à sua afirmação do primado da pessoa humana e da autonomia do indivíduo no seio da sociedade. Leão XIII, na encíclica *Rerum Novarum* (1891) e Pio XII, na *Quadragesimo Anno* (1931), lançam os fundamentos desse princípio com a defesa da autonomia do indivíduo e a ideia da construção do Estado da base para o topo. Também João XXIII, na encíclica *Mater et Magister* (1962), sustenta o princípio da autolimitação do nível superior de poder, a favor da autonomia do nível inferior. A palavra subsidiariedade encerra um duplo sentido: a ideia de que o nível superior deve estar em segundo lugar, ser subsidiário, e a ideia de que ele existe para ajudar os cidadãos ou o nível inferior (qualquer que ele seja) a satisfazer as suas necessidades ou a desempenhar as suas tarefas. A palavra deriva, aliás, do latim *subsidium* que significa «ajuda» ou «apoio»[73].

A formulação doutrinária e normativa do princípio da subsidiariedade insere-se nos nossos dias num contexto marcadamente político de transformação do papel do Estado na comunidade nacional e de aumento da interdependência entre os Estados no quadro da comunidade internacional. O primeiro fenómeno traduz-se no chamado «recuo do Estado», caracterizado pela sua desintervenção no processo de produção de bens e de prestação de serviços, de que a descentralização administrativa é um reflexo. Entre nós, o princípio da subsidiariedade é invocado pelas regiões autónomas, pelos municípios e pelas freguesias como fundamento político e doutrinário do reforço de poderes e meios financeiros que reclamam do Estado. Por seu lado, o segundo fenómeno – o aumento da interdependência entre os Estados à escala europeia e mundial, reflecte uma reacção de defesa às incertezas de um mundo em rápida mudança. A revolução tecnológica no domínio da informação e das comunicações, a globalização e a integração dos mercados, o controlo dos surtos migratórios, a integração de minorias étnicas e sociais, a ameaça dos cartéis da droga, bem como a introdução de uma moeda única na Europa, são tudo elementos de um mundo cada vez mais interdependente. Por isso, um número cada vez maior de problemas e de soluções ultrapassa as fronteiras de cada Estado e só encontra resposta eficaz à escala internacional, no âmbito de organizações supranacionais. Dentre elas a União Europeia é a que nos toca mais de perto e a que mais directamente interage com a vida dos portugueses. Neste quadro o princípio da subsidiariedade, definido no art.°

---

[73] Sobre o tema, vd. Delcamp, Alain e Philippe de Bruycker (2000), «Les compétences des Collectivités Locales et la proportion entre les compétences et les finances locales», in 4ème *Rapport général de contrôle politique de l'application de la Charte Européenne de l'Autonomie Locale*, Conseil de l'Europe, Strasbourg.

78   *A Autonomia Local e a evolução do modelo da Gestão Pública Municipal*

5.º do Tratado da Comunidade Europeia e interpretado como um princípio de proximidade da gestão pública, reclama que o Estado português, na relação com a União Europeia, chame para si os poderes que devem ser exercidos num âmbito mais próximo dos seus cidadãos. Comentando a aplicação deste princípio no plano comunitário, escreve António Covas: «Parece evidente que, à medida que a integração progride, a interdependência dos problemas e os efeitos das acções previstas se repercutirão sobre todo o espaço da união. Resulta daqui que os problemas e as soluções respectivas tenderão a ser equacionados ao nível comunitário, mas a sua tradução concreta no terreno incumbirá às administrações nacionais e regionais. Estamos perante uma dupla subsidiariedade. Ascendente, por um lado, no que diz respeito à formulação dos objectivos e das políticas ou acções comuns, descendente, por outro, no que se refere à sua implementação.»[74].

Qualquer que seja o âmbito da sua aplicação, o princípio da subsidiariedade deve, portanto, desempenhar uma função reguladora das relações entre a União Europeia e os Estados membros e entre estes e as suas autarquias regionais e locais, servindo de critério director da repartição de competências entre os diferentes níveis de poder.

Enquanto princípio regulador das relações entre o Estado, as regiões e as autarquias locais, o princípio da subsidiariedade implica no plano normativo a renúncia do legislador nacional e regional a uma regulamentação excessiva das matérias que constituem atribuições das regiões e dos municípios, permitindo-lhes manter uma margem de intervenção suficiente[75].

3. Os níveis da descentralização: a questão da regionalização administrativa

A Constituição de 1976, inspirada por um ideário autonomista e descentralizador, introduziu profundas inovações na organização político-

---

[74] Covas, António (1997), *Integração europeia, regionalização administrativa e reforma do Estado-nacional*, Oeiras, INA.

[75] Declaração final da Conferência internacional sobre «As Cartas da Autonomia Local e Regional do Conselho da Europa: A subsidiariedade em acção» – Ancona, 14 a 16. Out. 1999; Estrasburgo, Conseho da Europa.

A Descentralização Administrativa

-administrativa infra-estatal, instituindo duas regiões autónomas nos arquipélagos dos Açores e da Madeira e prevendo a criação de regiões administrativas no continente, com a natureza de autarquias locais. Regiões administrativas, municípios e freguesias constituiriam assim a pirâmide da administração territorial autónoma, de estatuto comum, de que os constituintes de 1976 sonhavam servir-se para a reforma da administração centralista herdada do Estado Novo.

Importa, desde já, assinalar que a proposta de criação de regiões administrativas apresentada em 1975 à Assembleia Constituinte por deputados do então PPD esteve longe de gerar apoio generalizado das restantes bancadas parlamentares.

Os trabalhos da Assembleia Constituinte, eleita em 25 de Abril de 1975, decorreram num período de forte agitação revolucionária e num quadro político marcado pela expressiva representação parlamentar dos Partidos Socialista e Comunista, que detinham à época um forte predomínio no conjunto do aparelho do Estado e dos órgãos municipais. Foi neste contexto político nacional que se iniciou o debate da regionalização administrativa do País.

A génese da questão regional repousa, nem mais nem menos, no propósito dos partidos políticos do centro e do centro-direita do espectro parlamentar de instituírem níveis institucionais e políticos que escapassem à influência do Poder central e pudessem constituir contra-poderes. Efectivamente, foi do então Partido Popular Democrático, apoiado pelo Centro Democrático Social, partidos políticos que não detinham, à época, o controlo das sedes do Poder, que partiu a proposta de instituir, em sede constitucional, as regiões administrativas, a par das duas regiões autónomas dos territórios insulares.

Para além da análise dos vários projectos de lei e dos debates que sobre o assunto ocorreram na 7ª Comissão Parlamentar – Parte III, Título VIII – Poder Local, o Diário da Assembleia Constituinte espelha bem as posições de grande reserva que os Partidos Comunista e Socialista e o MDP/CDE exprimiram sobre a criação de regiões administrativas. Efectivamente, dizia então o deputado comunista Vital Moreira:

«Sr. Presidente, Srs. Deputados: No artigo 2.º, de que já aprovámos três capítulos, a Constituição vai consagrar a existência da criação de uma nova autarquia local, designada por região administrativa, cujos princípios fundamentais se vão agora discutir e aprovar, se for caso disso, Vê-se assim a posição que era, cabe lembrá-lo, apenas expressamente dos

80   A Autonomia Local e a evolução do modelo da Gestão Pública Municipal

projectos do CDS e PPD, que eram, de facto, os únicos que previam e consagravam, davam lugar constitucional, à existência das regiões como autarquias locais.(...)» E prosseguia: «... *O Partido Comunista Português defendeu na Comissão uma posição que arrancou, fundamentalmente, da ideia de que neste momento a transformação profunda da administração local portuguesa, mais do que instituir desde já estruturas completamente novas, importava democratizar, dinamizar, vivificar, estruturas tradicionais, que ninguém põe em causa, como a estrutura municipal, e que a criação de novas autarquias, por cima dos municípios, enquanto estes não tiverem readquirido a sua força de intervenção, poderia contribuir fundamentalmente para asfixiar, precisamente, os municípios. Entendemos que é pouco compatível querer, a um tempo, reforçar a administração municipal e criar por cima dela uma administração regional. (...) A posição que agora a Assembleia Constituinte toma significa que recolhe essa posição e consagra expressamente, constitucionalmente, as regiões administrativas. O articulado nesta matéria foi objecto de reservas mais ou menos profundas por parte do PCP».*

Concluindo uma outra intervenção sobre a composição da assembleia regional, disse ainda o deputado comunista: «*Nós entendemos que a criação de regiões nas actuais condições pode implicar dois riscos fundamentais. Um é de contribuir para asfixiar os municípios, outro o de incorrer na possibilidade de feudalização política do País, e isso seria tanto mais assim quanto, em vez de se partir dos municípios para a região, se erigisse a região em órgão com uma especificidade eleitoral própria. Mantivemos, portanto, que a assembleia regional deveria sair integralmente das assembleias municipais, e é neste sentido que vai essa proposta»*[76].

Também o Partido Socialista, pela voz do seu deputado Aquilino Ribeiro Machado, manifestou as suas reservas sobre a criação de regiões administrativas, dizendo: «... *No que toca à criação das regiões, afigura-se-nos, dada a natureza inovadora que as caracteriza, que um cuidado do mesmo tipo é necessário. Não ignoramos quanto em determinados meios o sentimento de identificação regional corresponde a um desejo profundamente enraizado. Todavia, importa que a prática venha a revelar se esse movimento não corresponde, antes, a uma forma de resistência con-*

---

[76] Diário da Assembleia Constituinte, n.º 106, de 17-01-1976, pp. 3459-3460.

A Descentralização Administrativa   81

tra o Poder Central, que, pela maneira como estava a ser exercido, não tinha na devida conta os interesses das populações.

Daí os mecanismos de segurança que se caracterizaram e que pressupõem uma tomada consciente da opção regional por parte das populações – se estas reconhecerem que, para além dos órgãos criados, as suas legítimas aspirações não poderão ser devidamente satisfeitas no quadro das várias autarquias e dos órgãos de administração distrital cuja renovação lhes assegurará, desta feita, uma maior representatividade e poder de intervenção»[77].

Igualmente de reserva, embora menos vincada, foi a posição expressa nos debates pelo MDP/CDE, através da intervenção do seu deputado Álvaro Monteiro, sobre as possíveis funções das regiões administrativas: *«Nós concordamos com a divisão administrativa do País em regiões, mas não com o empolamento expresso no texto da comissão, em que as regiões surgem na prática como verdadeiros Estados regionais, com eleições directas e a possibilidade de uma política regional extremamente individualizada. Entendemos que funções tão importantes como a da direcção dos serviços públicos não podem estar subordinados à perspectiva estreita de uma política económica e social regionalista, mas sim de acordo com uma política mais ampla e planificada, segundo os interesses do desenvolvimento real e harmonioso do País. Caso contrário, poderemos vir a assistir à verdadeira aplicação de políticas de saúde, de ensino, de emprego, de investimento, de reforma agrária, de acordo com os estritos interesses dos partidos dominantes na região, e não segundo os interesses mais gerais do nosso povo»*[78].

Às reservas manifestadas pelos partidos políticos que, à época, detinham a hegemonia do Poder a nível central e municipal, opunha-se a tese regionalizadora veiculada expressamente pelos projectos do Partido Popular Democrático e do Centro Democrático Social.

Explicando o sentido e o alcance da criação de regiões administrativas, disse então o deputado popular democrático Barbosa de Melo: *«...Trata-se, no fundo, de dizer aqui que essa região administrativa terá uma competência que não corresponde exactamente a uma desconcentração dos serviços do Estado. Quer-se dizer aqui, segundo o critério que a futura Assembleia Legislativa fixará, que as regiões hão-de ter uma*

---

[77] *Ibidem*, n.º 103, de 14-01-1976, p. 3385.
[78] *Ibidem*, n.º 106, de 17-01-1976. p. 3461.

82 A Autonomia Local e a evolução do modelo da Gestão Pública Municipal

certa amplitude de competências. E, portanto, também de atribuições. No fundo a ideia não é que se crie um Estado dentro do Estado. E não é um Estado dentro do Estado porque exactamente a especificação das atribuições e da competência hão-de pertencer a um órgão político central, a um órgão de soberania do Estado. Mas, o que se trata é de criar espaços suficientemente amplos, suficientemente densos, que possam constituir na dinâmica política do País, que possam constituir aí, um elemento de contenção do poder centralizador do Estado. Um poder centralizador que é quase inerente a todo o poder político. (...)»[79].

A tese regionalista não saiu, porém, vencedora em toda a linha. Viu as regiões consagradas em sede constitucional, mas teve que aceitar, a contragosto, um conjunto de normativos condicionantes da sua instituição concreta a curto prazo. Assim, a Constituição exigiu que todas as regiões fossem criadas simultaneamente; determinou que houvesse coincidência entre as regiões administrativas e as regiões-plano; finalmente, a Constituição exigiu o voto favorável da maioria das assembleias municipais para a instituição concreta de cada região e ainda que essas assembleias representassem a maior parte da população da área regional.

Como pode verificar-se pela intervenção do deputado popular democrata Barbosa de Melo[80], os defensores da regionalização teriam preferido um processo mais expedito para a criação das regiões, porquanto não oferece hoje grande dúvida, a uma distância de vinte e seis anos, que a Constituição impôs às regiões administrativas um processo de criação que a dificultava em extremo. De facto, os condicionalismos estabelecidos em sede constitucional ao processo de criação e instituição concreta das regiões administrativas retiraram aos projectos regionalistas o efeito político útil pretendido com as autarquias regionais e contribuíram, em larga medida, para o longo compasso de espera do processo de regionalização.

A regionalização tem sido concebida como o conjunto de medidas de política económica e do território que visam três objectivos fundamentais:

- atenuar os desequilíbrios de desenvolvimento entre as diferentes áreas do território;
- aumentar a eficiência e a eficácia da administração pública;
- estimular a participação dos cidadãos na vida colectiva[81].

---

[79] *Ibidem*, n.º 106, de 17-01-1976, p. 3461.
[80] *Ibidem*, n.º 106, de 17-01-1976, p. 3459.
[81] Livro Branco sobre Regionalização – Anexos – MAI – 1980.

A Descentralização Administrativa   83

Os desequilíbrios do desenvolvimento regional em Portugal são, apesar da sua reduzida superfície, uma característica da geografia socio-económica do país. Para os ilustrar bastará dizer que sobre um faixa do litoral, de Setúbal a Viana do Castelo, com pouco mais de 30km de largura, isto é, sobre 1/4 da superfície do país, estão localizados 2/3 da população portuguesa. Àquela faixa litoral correspondem 4/5 do produto nacional e 9/10 da produção da indústria transformadora. É ainda essa a área melhor servida em infra-estruturas e equipamentos colectivos. A concentração industrial, o abandono dos campos, a emigração para o estrangeiro, a migração de populações rurais para os centros industrializados são factores determinantes da rarefacção demográfica do interior e da expansão crescente dos principais núcleos urbanos.

Estas disparidades regionais, abundantemente explicitadas em numerosos estudos e documentos, começaram a suscitar a atenção dos governos, sobretudo a partir dos anos 60. O III Plano de Fomento (1968-1973) incluiu, pela primeira vez, entre os objectivos nacionais «a correcção progressiva dos desequilíbrios regionais de desenvolvimento». Também o Relatório de Ordenamento do Território de 1970, definia como orientação dominante «compensar o poder de atracção das duas grandes cidades do continente – Lisboa e Porto»[82]. Em termos de política regional, as estratégias de desenvolvimento, até à instalação da crise, baseavam-se no crescimento do produto interno e na redistribuição dos seus benefícios.

A recessão económica que na década de 70 se abateu sobre as economias nacionais abalou profundamente a economia portuguesa. A sua dependência do exterior agravou os efeitos da crise. O défice externo foi-se avolumando e a sua redução foi assumida como principal objectivo das políticas económicas dos sucessivos governos da 3ª República. A redução das despesas públicas, a política de restrições ao investimento pela via das altas taxas de juro, a quebra do poder de compra e do consumo interno conjugaram-se num quadro caracterizado por uma rápida desaceleração do ritmo de crescimento económico.

Esta profunda alteração do contexto económico do país lançou os efeitos da crise sobre os centros urbanos industrializados do litoral, nos quais se sediava a estrutura produtiva nacional. O papel dinamizador dos núcleos urbanos na vida económica atenua-se substancialmente; «o centro

---

[82] Política de Ordenamento do Território – Secretariado Técnico da Presidência do Conselho, 1970.

de certas cidades que até então constituíam o coração de regiões industriais prósperas, começou a ser afectado pela depressão económica»[83]. É aí que o tecido industrial se revela mais vulnerável, é nessas zonas que os problemas da reconversão industrial se agudizam, é ainda nelas que passarão a concentrar-se os mais elevados índices de desemprego. «A evolução estrutural minou as bases das indústrias tradicionais, de tal modo que novas regiões vieram juntar-se à lista das regiões em dificuldades dos países da OCDE»[84].

O conjunto de desequilíbrios estruturais limitou a capacidade do Estado e passou a comprometer a realização dos objectivos de desenvolvimento do país. Esta situação teve, antes de mais nos planos políticos e económico, um duplo efeito: por um lado, o papel da economia regional saiu reabilitado, e por outro verificou-se uma importante inflexão na estratégia de desenvolvimento regional.

A economia regional era tradicionalmente considerada um capítulo acessório da macroeconomia. A crise económica do princípio dos anos 70, travando o crescimento à escala global, bem como o produto a distribuir, valorizou a escala regional que surge como a que melhor viabiliza a mobilização de recursos e o seu aproveitamento integrado em planos de desenvolvimento.

O relevo que, associado à crise das economias nacionais, passou a ser atribuído ao espaço regional colocou no centro da questão o problema da «criação de condições geradoras de desenvolvimento em todas as regiões, e particularmente nas menos desenvolvidas, o que pressupõe uma intervenção orientada para a mobilização integral das energias disponíveis em todas as regiões e que a atenção incida sobretudo na dinamização económica regional»[85]. Neste sentido, o objectivo a fixar para a política regional seria a valorização dos recursos e potencialidades de todas as regiões e a racionalização da ocupação do espaço. São os fundamentos do que podemos considerar um desenvolvimento regional auto-sustentado.

Podemos então admitir que no pensamento dos constituintes de 1975-76 a região constituiria a base espacial adequada a uma política de

---

[83] Wadley, David (1986), *Restructuration Régionale – Analyse, principe d'action et prospective*, OCDE.

[84] *Idem, ibidem.*

[85] Baptista, A. J. Mendes (1984), Processo de regionalização – concepção e implementação, NEUR.

A Descentralização Administrativa 85

dinamização económica baseada na valorização dos recursos endógenos e na programação integrada das políticas sectoriais. A implementação do processo de regionalização assentava em três pressupostos complementares:

a) uma *política de descentralização* da decisão política, económica e financeira que constituísse um factor de atracção e de apoio à instalação de empresas;

b) uma *política de desenvolvimento regional* que combinasse as acções regionais de valorização dos seus recursos com um certo número de medidas de política fiscal e económica de incentivo às actividades produtivas e aproveitamento de recursos naturais;

c) uma *racional divisão regional do país* que, partindo do pressuposto de que Portugal é um país com profundas assimetrias de desenvolvimento, evitasse a criação de regiões manifestamente deprimidas ou «ghettos» regionais e criasse regiões de grande dimensão territorial (os *«espaços suficientemente amplos e suficientemente densos»* de que falava o deputado Barbosa de Melo).

Ora, o insucesso do processo de regionalização, decorrente do resultado do referendo de 8 de Novembro de 1998[86], resultou sobretudo, quanto a nós, da opção tomada em matéria de divisão regional do país, com a criação de 8 regiões administrativas. Senão vejamos.

O problema da divisão regional, isto é, da delimitação territorial das regiões, não é de solução fácil nem pode obedecer a um modelo uniforme. A realidade de cada país contém condicionalismos nacionais específicos que não podem ser ignorados. Mas, para além da individualização da realidade nacional, importa caracterizar e avaliar os factores internos susceptíveis de fundamentar critérios de divisão regional. Não obstante a investigação desses factores dever repousar numa base empírica, devemos admitir que «na origem de toda a estruturação regional insere-se sempre uma concepção subjectiva, a saber, a ideia de critérios de delimitação»[87]. Não oferece dúvida que são os desequilíbrios socio-económicos entre as diversas regiões que constituem o *problema regional*. Esses desequilíbrios

---

[86] A votação foi de 64% de «não», 36% de «sim», com abstenção de 51% dos eleitores.

[87] Schmithusen, J. (1972), *Régionalisation et Développement*, Centre National de la Recherche Scientifique, Paris.

86   A Autonomia Local e a evolução do modelo da Gestão Pública Municipal

são uma consequência natural do desenvolvimento operado com o início da revolução industrial e tendem a constituir uma característica de qualquer economia dinâmica. Não sendo lícito esperar que as assimetrias de desenvolvimento se diluam por completo, é no entanto possível conceber um conjunto de medidas que atenuem essa situação.

Um país é uma matriz de unidades e diversidades, ou, se se preferir, a unidade das diversidades. Existe de facto um mosaico nacional, de elementos nem sempre compatíveis, que a divisão regional tem de analisar. Entre nós, os desequilíbrios regionais não se aferem tanto entre o norte e o sul, mas sobretudo entre o litoral e o interior. É por isso que o que está sobretudo em causa nos modelos de divisão regional em Portugal é o espaço das «regiões naturais» do interior menos desenvolvido, isto é, as antigas províncias de Trás-os-Montes e da Beira Interior.

É inegável que estas áreas dispõem de menores recursos naturais e de mais difíceis condições de desenvolvimento. Decorre desta situação que, no quadro duma política de desenvolvimento auto-sustentado, que privilegie a exploração e aproveitamento dos recursos naturais no âmbito duma economia regional, aquelas «regiões naturais» dificilmente conhecerão melhores níveis de desenvolvimento. Há ainda que ter presente que se trata de regiões confinantes com a fronteira e que uma região pobre, «se é fronteiriça, tende a anexar-se económica e humanamente às regiões dinâmicas mais próximas do estado vizinho. Pode enquistar-se do ponto de vista político, chegando a constituir um núcleo de oposição que debilite a coesão interna do Estado»[88].

A excessiva valorização das chamadas regiões naturais, como suporte de futuras regiões administrativas, repousa numa concepção de política regional que subestima a função dinamizadora das economias regionais e a sua capacidade produtiva e que sobrevaloriza o papel do Estado no crescimento do produto nacional. Só à custa do Estado e de dependência crónica em relação a ele será viável qualquer desenvolvimento de regiões em que, ao longo de décadas, se acumularam condições desfavoráveis ao crescimento económico. «Uma região em depressão económica não pode ser senão uma região-problema, uma região de actuação»[89].

---

[88] Galais, Jean (1972), *Régionalisation et Développement*, Centre National de la Recherche Scientifique, Paris.
[89] *Idem, ibidem*.

Uma política de desenvolvimento regional deve, portanto, ter em consideração dois factores:

    – a complementaridade económica e a diversidade de actividades, que favorece a rentabilização dos investimentos à escala regional e protege as regiões dos efeitos das crises, quando elas afectam sobretudo sectores delimitados da actividade económica;

    – a integração das zonas menos desenvolvidas do país e mais carecidas de recursos endógenos em espaços com maiores índices de desenvolvimento, o que viabiliza o seu crescimento num quadro de complementaridade regional e evita a criação de regiões *ghetto*, totalmente dependentes do orçamento do Estado.

O Parlamento optou, porém, em 1998, por criar 8 regiões administrativas no continente (Lei n.° 19/98), submetendo a referendo nacional este modelo de divisão regional. O resultado, já se disse, foi negativo e para ele terá contribuído, quanto a nós, a ruptura abrupta, pouco fundamentada e nunca explicada com o antigo modelo de divisão do continente em cinco regiões-plano, que desde 1970 constituem as áreas de intervenção das antigas Comissões Regionais de Planeamento, reestruturadas em 1979 sob a designação de Comissões de Coordenação Regional. Tais áreas representam espaços de intervenção de múltiplos organismos desconcentrados do Estado, e não só das CCR's, onde ao longo de décadas se sedimentou um lastro de tradição administrativa e de relação entre o sector público, central e local, e os agentes privados. Romper com este modelo requereria tempo, pedagogia e forte fundamento.

Acresce que o recorte do mapa regional da Lei n.° 19/98 criou a norte dos rios Tejo e Liz uma linha divisória vertical que separou o litoral rico e desenvolvido do interior pobre e deprimido. Formaram-se assim nesta zona do país regiões «ghetto» que, não podendo gerar suficientes recursos próprios, designadamente de natureza fiscal, cairiam numa total dependência financeira do Estado.

Em nossa opinião, a questão regional não ficou resolvida, no plano político nem sociológico, com o referendo de 1998. É o que pode deduzir-se das palavras do Presidente da República, Dr. Jorge Sampaio, que recentemente afirmou que «os portugueses rejeitaram um mapa, mas não rejeitaram uma reforma». Mas quer a posição anti-regionalista da actual maioria parlamentar, quer as fortes restrições em matéria de despesa pública parecem impedir a alteração da situação no médio prazo.

88 A Autonomia Local e a evolução do modelo da Gestão Pública Municipal

4. A cooperação intermunicipal

Durante séculos os municípios viveram fechados sobre si próprios, alheios e indiferentes à vida e ao desenvolvimento dos municípios confinantes. Esta situação sofreu uma grande transformação nos últimos vinte cinco anos, por efeito de factores institucionais, financeiros e administrativos.

Entre os factores institucionais avulta a criação pelo Estado de serviços de base supramunicipal, que promovem a coordenação de projectos e investimentos municipais. É o caso das cinco Comissões de Coordenação Regional (CCR's) criadas em 1979 (D.L. 494/79, de 21-12), e dos cinquenta Gabinetes de Apoio Técnico (GAT's) criados nesse mesmo ano (D.L. 53/79, de 24-3), cuja actividade de assessoria aos municípios é, em larga medida, programada pelos presidentes das câmaras. Os municípios das respectivas áreas geográficas têm assento nesses organismos, em cujo âmbito apresentam, programam e compatibilizam os investimentos municipais. A coordenação que é feita a nível das CCR's dos programas regionais integrados nos Quadros Comunitários de Apoio, em cuja gestão os municípios participam, constitui um meio que favorece o relacionamento entre os municípios e o conhecimento mútuo das realidades e dos projectos de cada um, incentivando entre eles uma saudável competição.

A cooperação intermunicipal progrediu também por impulso de instrumentos financeiros. Referimo-nos aos chamados «investimentos intermunicipais» regulados pelo Dec. Lei n.° 118/82, de 19 de Abril, ao abrigo dos quais o Estado financiou até 1987 várias centenas de projectos que lhe eram apresentados por dois ou mais municípios. A necessidade de captação de fundos do orçamento do Estado mobilizou os municípios para o trabalho de concertação de interesses na concepção e realização de investimentos aptos à satisfação de interesses comuns. O regime dos investimentos intermunicipais foi revogado pelo Dec. Lei n.° 384/87, de 24 de Dezembro, que instituiu os contratos-programa e os acordos de cooperação entre os municípios e o Estado. Abordaremos no capítulo seguinte a cooperação financeira Estado–municípios.

Para além das motivações financeiras já referidas, outras razões levam os municípios a associarem-se: a necessidade de aproveitarem economias de escala; o interesse em, pela sua unidade, reforçarem o seu peso político, designadamente em defesa de interesses comuns no desenvolvimento de parcelas de território beneficiárias da política regional europeia;

A Descentralização Administrativa

a vantagem que, em certos casos, têm em adoptarem formas associativas regidas pelo direito privado[90].

No plano estritamente administrativo, o novo contexto da gestão pública local determinou a adopção de procedimentos e de técnicas que impõem a cooperação intermunicipal. É o caso dos procedimentos de elaboração dos planos regionais de ordenamento do território ou dos planos de ordenamento da orla costeira, que requerem a participação de todos os municípios envolvidos, conjugando interesses e investimentos próprios. É também o caso da realização conjunta de investimentos, através de associações de municípios e outras formas associativas com participação municipal[91] para a satisfação de interesses comuns nos domínios, designadamente, da captação e distribuição de água, da recolha e tratamento de lixos, da promoção turística e cultural ou da assessoria técnica.

5. Evolução e tendências da descentralização

A descentralização administrativa é entre nós direito constitucional não concretizado. A Constituição de 1976 estabeleceu no seu art.º 267.º que a Administração Pública deve ser estruturada de modo a aproximar os serviços das populações e a assegurar a participação dos interessados na sua gestão efectiva. Diz ainda o mesmo artigo que, para esse efeito, a lei estabelecerá formas adequadas de descentralização administrativa. No entanto, desde então passaram vinte seis anos, foram empossados 15 governos, criaram-se outras tantas estruturas governamentais, aprovaram-se dezenas de leis orgânicas de organismos da Administração central, mas tudo isto se passou como se aquelas normas constitucionais não existissem!

Ao longo destes anos, a descentralização administrativa tem sido um processo extremamente pobre, alimentado por um discurso político onde por vezes se cruzam, com indisfarçável cumplicidade, as fortes resistências do centro e as fracas vontades da periferia. Como veremos com mais detalhe no capítulo seguinte, a esmagadora maioria das competências

---

[90] Montalvo, António Rebordão, (2000), «La coopération intercommunale au Portugal», in *Annuaire 2000 des collectivités locales*, Paris, CNRS éditions, p. 125.

[91] Sobre as formas de associativismo intermunicipal, vd. (1998) *Modelos associativos inter-institucionais com a participação dos municípios*, Porto, CCRN.

90 A Autonomia Local e a evolução do modelo da Gestão Pública Municipal

atribuídas aos órgãos municipais pelas leis de 1977, 1984 e 1999 já estava consagrada no Código Administrativo de 1940. Nos seus art.os 46.º a 50.º definiam-se as competências municipais correspondentes às suas atribuições de fomento (construção de estradas e caminhos, pontes, viadutos e aeródromos; criação de transportes públicos colectivos; criação de parques e jardins; realização de exposições agrícolas e industriais), de abastecimento público (captação e distribuição de água; criação de feiras e mercados; estabelecimento de mercados abastecedores e de centrais leiteiras), de cultura e assistência (construção, conservação e equipamento de escolas; criação de bibliotecas, arquivos e museus; publicação de documentos e boletins; instalação de teatros e cinemas; construção de ginásios, piscinas e campos de jogos; assistência a crianças e a pobres; hospitalização de doentes de fracos recursos económicos), salubridade pública (estabelecimento de redes de esgotos; remoção e tratamento de lixos; construção de cemitérios; protecção do ar contra fumos e outras formas de poluição; construção de matadouros, peixarias, lavadouros e balneários; construção de habitação social), e de polícia (ordenamento do trânsito e do estacionamento; iluminação pública urbana; licenciamento de obras e loteamentos; supressão dos ruídos incómodos; combate a incêndios; estabelecimento de cadeias municipais e comarcãs; criação de polícia municipal).

Em matéria de competências, a diferença entre os estatutos municipais do Estado Novo e da 3.ª República reside não tanto no elenco de poderes *expressos* que ambos consagram, mas sobretudo nos poderes *implícitos* de que os órgãos municipais dispõem desde 1977 ao abrigo do princípio da generalidade das atribuições da autarquia (tudo o que diz respeito aos interesses próprios, comuns e específicos da população respectiva). Queremos com isto dizer que a ampliação do campo de acção dos municípios tem sido feita mais pelo exercício de poderes *implícitos*, retirados da cláusula geral de atribuições, do que de poderes *expressos* descentralizados pelo Estado.

Uma outra diferença entre ambos os estatutos municipais releva da efectividade dos poderes municipais. Contrariamente ao que se verificava no período do Estado Novo, essa efectividade é hoje uma realidade em razão da autonomia local e da capacidade financeira conferidas pela Constituição e pela lei.

A descentralização administrativa encontra-se actualmente (Junho de 2002) num impasse gerado pelo bloqueio administrativo da aplicação da Lei n.º 159/99, que define os domínios de actividade das autarquias locais.

A execução desta lei pode dinamizar o processo de descentralização. Vejamos como. A Lei n.º 159/99 consagrou expressamente o princípio da subsidariedade, ao estabelecer no n.º 2 do art.º 2.º que «a descentralização administrativa assegura a concretização do princípio da subsidariedade, devendo as atribuições e competências ser exercidas pelo nível de administração melhor colocado para as prosseguir com racionalidade, eficácia e proximidade dos cidadãos». Apesar do princípio da subsidariedade ser um elemento do ordenamento jurídico português desde a ratificação da Carta Europeia da Autonomia Local, foi a Lei n.º 159/99 que, pela primeira vez, consagrou aquele princípio no direito positivo interno directamente aplicável ao Estado e às autarquias locais. No que respeita aos municípios, prevê a Lei n.º 159/99 (art.º 13.º, n.º 1) que eles intervenham nos seguintes sectores: equipamento rural e urbano; energia; transportes e comunicações; educação; património; cultura e ciência; tempos livres e desporto; saúde; acção social; habitação; protecção civil; ambiente e saneamento básico; defesa do consumidor; promoção do desenvolvimento; ordenamento do território e urbanismo; polícia municipal e cooperação externa.

A antiga repartição de poderes entre o Estado e os municípios segundo o sistema dos blocos de competências foi agora muito atenuada pela introdução dos *princípios da cooperação e da parceria* na actividade das duas administrações. É isso que resulta, designadamente, do art.º 2.º, n.º 3 da Lei n.º 159/99, segundo a qual «A Administração central e a administração local devem coordenar a sua intervenção, no exercício de competências próprias, designadamente através das formas de parceria previstas no art.º 8.º...». O art.º 8.º prevê que a administração central e as autarquias locais estabeleçam entre si formas adequadas de parceria através de contratos que devem regular «obrigatoriamente o modo de participação das partes na elaboração dos programas e na gestão dos equipamentos ou dos serviços públicos correspondentes, bem como os recursos financeiros necessários».

Outra inovação muito importante do novo regime legal é a instituição de um processo gradual e diferido ao longo do tempo de transferência de novos poderes para os municípios até ao ano 2004. Segundo esta *descentralização dinâmica*, o orçamento do Estado fixará anualmente os recursos a transferir para o exercício das novas competências pelos municípios no montante e nas condições que tenham sido acordados entre eles e a administração central (art.º 4.º). Admite-se também na Lei n.º 159/99

92 A Autonomia Local e a evolução do modelo da Gestão Pública Municipal

que o orçamento do Estado indique anualmente as competências a financiar através de subvenções para fins determinados.

Embora todos os 308 municípios portugueses tenham a mesma organização e as mesmas competências de base, existem entre eles grandes diferenças no que respeita à sua capacidade técnica e financeira e aos meios humanos disponíveis. Por isso, a Lei n.° 159/99 estabeleceu no seu art.° 6.° que as novas competências transferidas para os municípios possam não ser universais, beneficiando apenas algum ou alguns municípios. É o que podemos chamar *descentralização diversificada* quanto à sua substância e aos seus destinatários, conferindo aos municípios estatutos de competência diferenciada. Segundo este sistema, as novas competências serão transferidas para os municípios que, de acordo com a avaliação discricionária do Estado, tenham «condições objectivas para o seu exercício» (art.° 6.°, n.° 2). Essa transferência será feita através de contratos a celebrar entre os serviços da administração central que exercem a actividade em causa e os municípios interessados no seu exercício. Este processo de descentralização não se limita à transferência de competências do Estado para os municípios; prevê-se também não só na Lei n.° 159/99 (art.os 13.°, n.° 2 e 15.°, n.° 1), mas também na Lei n.° 169/99 (art.os 37.° e 66.°) que os municípios deleguem nas freguesias, através de contratos celebrados com elas, algumas das suas competências próprias. O legislador levou esta *descentralização em cascata* até à base da organização social, permitindo que os municípios e as freguesias deleguem as suas competências próprias em instituições públicas, privadas e cooperativas existentes na autarquia, através de «acordos de colaboração» (art.os 36.° e 67.° da Lei n.° 169/99).

Ora, tendo a Lei n.° 159/99 entrado em vigor em 19 de Setembro de 1999, impunha o seu art.° 4.° que fossem transferidas competências do Estado para os municípios no ano de 2000, correspondentes aos recursos financeiros inscritos para esse fim no orçamento do Estado desse ano. O mesmo se diga quanto aos anos 2001 e 2002. No entanto, volvidos mais de dois anos, os grupos de trabalho instituídos nos departamentos da Administração central responsáveis pelos sectores a confiar aos municípios não conseguiram ainda definir as tarefas a transferir para o nível municipal, sem que o governo tenha rompido esse bloqueio e imposto à sua Administração a aplicação de uma lei do Parlamento[92]. A inércia do

---

[92] Mário de Almeida, presidente da Associação Nacional dos Municípios Portugueses, afirmou sobre o assunto, ao Diário Económico de 21-2-2002, que «na transferência de competências, a máquina administrativa do Estado sobrepôs-se à vontade política do Governo».

Estado na descentralização de competências para os municípios teve como resultado que, nos últimos dois anos, as transferências do orçamento do Estado cresceram sem correspondência em novas funções. O princípio da conexão (mais competências reclamam mais financiamento) sofreu uma inesperada inversão... O primeiro-ministro afirmou recentemente que o Governo irá combater o «centralismo burocrático», transferindo competências do Poder central para as autarquias «nos sectores da habitação, saúde, educação, cultura e desporto»[93]. Ver-se-á quando e em que condições.

---

[93] In *Diário de Notícias*, de 16 de Junho de 2002.

CAPÍTULO III

COMPETÊNCIA E FINANCIAMENTO
DOS MUNICÍPIOS

«Como irão verificar, algumas das obras e melhoramentos já figuraram em Planos de anos anteriores sem que nada, a seu respeito, se tenha feito. Quanto a estas temos que nos lembrar que ao incluí-las houve, sem dúvida, uma intenção que, infelizmente, não se concretizou, ou por falta de comparticipação do Estado, falta de mão de obra ou por insuficiência de recursos municipais. De resto, é bom não esquecer: estando o País a suportar os efeitos de uma guerra que já dura há dez anos – e que não podemos perder – não admirará que o Estado não tenha possibilidade de nos conceder todas as comparticipações que desejaríamos».

in Plano de actividades da Câmara Municipal de Abrantes, ano de 1972.

1. Competência e legitimidade

As autarquias locais são pessoas colectivas públicas que constituem um elemento da organização democrática do Estado, dotadas de uma autonomia que está constitucionalmente garantida desde 1976. Sendo um elemento do Estado unitário, o quadro legal que as rege e que traça os limites materiais do seu campo de intervenção integra-se no conjunto do ordenamento jurídico e resulta de um poder normativo concentrado no Estado. É ele, portanto, que determina o conteúdo da autonomia local. De tal modo que a elasticidade desse conteúdo caracteriza a evolução histórica do regime das competências das autarquias locais,

96 A Autonomia Local e a evolução do modelo da Gestão Pública Municipal

em geral e dos municípios, em particular, num processo dinâmico de relações de poder entre eles e o Estado.

Como vimos, o longo processo de concentração do poder político em Portugal, primeiro nas mãos do Monarca, depois nas da burguesia de Oitocentos e do seu Estado Liberal de direito, integrou os municípios no Estado e fez deles uma forma da sua administração indirecta. Só com a 3ª República, instaurada em Abril de 1974, os municípios portugueses conquistaram um estatuto de autonomia administrativa face ao Estado. O curso da História mostrou ser válida a estreita relação entre a natureza do regime político e o grau de autonomia das autarquias locais: os regimes democráticos encorajaram-na e os totalitários combateram-na. Com efeito, em Inglaterra as liberdades locais foram protegidas desde a revolução liberal e democrática do séc. XVII, tendo sido suprimidas pelo fascismo em Itália, pelo nazismo na Alemanha, pela ditadura de Salazar entre nós e pelo comunismo no leste europeu.

A relação dinâmica inerente à autonomia local que se estabelece entre o Estado e as autarquias locais visa concretizar a *medida da descentralização*, isto é, a parte dos assuntos públicos que o Estado lhes confia. O texto constitucional acentua a supremacia e a predominância do Estado no processo de descentralização. Afinal é ele que detem o poder de definir o direito aplicável às autarquias locais e de tutelar a sua actividade. E, por outro lado, não são os municípios que compõem o Estado, antes é este que em si "compreende a existência de autarquias locais" (art. 235.º, n.º 1, da C.R.P.)[94]. No entanto, a *legitimidade política e formal* do Estado não pode afastar a *legitimidade histórica e natural* dos municípios para a satisfação dos "interesses *próprios* das populações respectivas" (art. 235.º, n.º 2, da C.R.P.). O campo de actividade do municípios poderá ser assim determinado à luz dos conceitos de *competência* e de *legitimidade*: a competência traduz-se no núcleo de poderes funcionais que lhe são formalmente atribuídos pela lei; a legitimidade representa o interesse próprio ou o *impulso essencial* do município para satisfazer as necessidades da sua população. Entre lei e legitimidade existe uma tensão dialéctica, inerente às relações de poder entre o Estado e os municípios. Se a lei é a fonte dos poderes formais da autarquia, a legitimidade é o fermento que tende a expandi-los. O que determina a expansão da competência do município é, nuns casos,

---

[94] Neste sentido, Machete, Rui Chancerelle de (1991), *Estudos de Direito Público e Ciência Política*, Lisboa, p.567.

o reconhecimento formal pelo Estado, *sponte sua*, dessa legitimidade autárquica e, noutros, a reiterada concretização pelo município do seu *impulso essencial* para satisfazer necessidades locais, em nome do interesse das populações.

Deste modo, o conceito de legitimidade descolou do conteúdo vinculado da *competência expressa* dos órgãos, a que no passado tinha estado indissociavelmente ligado, para surgir associado à *interpretação dos interesses* da população da autarquia, feita discricionariamente pelos seus órgãos. Podemos assim dizer que a legitimidade dos órgãos municipais adquiriu um fundamento baseado no princípio constitucional da autonomia local, ficando as normas habilitantes do legislador ordinário remetidas a uma função ordenadora subsidiária. Esta alteração do quadro normativo da gestão pública municipal resulta da acentuação da matriz política da legitimidade, fundada no sufrágio directo dos munícipes, a qual autoriza os órgãos municipais a ocuparem-se da prossecução dos interesses dos cidadãos que não estejam reservados a outros órgãos públicos, ainda que a lei não os inclua expressamente no bloco de competência municipal.[95]

2. Os sistemas da cláusula geral e da enunciação taxativa

Quem pretende estudar as competências municipais não deve abstrair da análise do sistema em que o legislador enquadrou a sua formulação normativa. Este exercício ajuda não só a definir os limites materiais da actividade municipal, como também permite compreender a dinâmica da relação entre o Estado e os municípios e o maior ou menor grau da autonomia local.

A doutrina administrativa consagrou há muito a distinção entre o sistema da *cláusula geral* e o da *enunciação taxativa* das atribuições municipais[96]. No primeiro caso, a lei consagra o princípio da competência genérica segundo o qual os municípios prosseguem todos os interesses próprios, comuns e específicos das respectivas populações. Ao abrigo deste sistema cabe aos órgãos municipais preencher, em cada momento, a *norma*

---

[95] Veja-se, neste sentido, o importante acórdão do Tribunal de Contas de 18-4-2001, *in Revista de Administração Local* n.º 183, pp. 367-382.

[96] Amaral, Diogo Freitas do (1983), por todos, *Direito Administrativo*, I, ed. polic., Lisboa, pp. 664-665.

98   *A Autonomia Local e a evolução do modelo da Gestão Pública Municipal*

aberta de competência plena, avaliando se esta ou aquela matéria respeita ou não a interesses próprios, comuns e específicos da sua população e, em caso afirmativo, intervir na sua satisfação. Pelo contrário, no sistema da enunciação taxativa o legislador define as atribuições municipais através de um elenco taxativo de atribuições, vedando a intervenção municipal em domínios que não estejam aí contemplados.

Temos em Portugal exemplos dos dois sistemas e eles constituem também elementos de caracterização de modelos distintos de gestão municipal. O Código Administrativo de 1936-40 consagrou o sistema da *enunciação taxativa*, ao estatuir no seu art. 44.° que *"As câmaras municipais têm atribuições:*

> *1) De administração dos bens comuns e próprios do concelho;*
> *2) De fomento;*
> *3) De abastecimento público;*
> *4) De cultura e assistência;*
> *5) De salubridade pública;*
> *6) De polícia."*

Eram estas as atribuições municipais que as câmaras deviam prosseguir, deliberando sobre as matérias também taxativamente enunciadas nos art. 45.° a 50.° do Código. Mas o condicionamento administrativo dos municípios do Estado Novo era reforçado ainda pela distinção entre atribuições obrigatórias e atribuições facultativas, não podendo estas ser prosseguidas enquanto aquelas não estivessem realizadas[97].

A instauração do regime democrático desencadeou um processo de afirmação do municipalismo e de concretização da autonomia local, reconhecida em sede constitucional em 1976. Daí que a opção do legislador da primeira lei das autarquias locais (Lei n.° 79/77, de 25 de Outubro) tenha sido a de regular as atribuições dos municípios de acordo com o sistema da *cláusula geral*. Com efeito, segundo o art. 2.° daquela lei, *"É atribuição das autarquias locais o que diz respeito aos interesses próprios, comuns e específicos das populações respectivas (...)"*. Esta norma, cuja redacção concluía com a enunciação meramente exemplificativa das principais atribuições das autarquias, foi inserida, também como art. 2.°, na lei das atribuições e competências autárquicas de 1984 (Dec. Lei n.° 100/84, de 29 de Março), que vigorou até Outubro de 1999.

---

[97] Art. 57.° do Código Administrativo.

As mais recentes leis das autarquias locais, as Leis n.° 159/99 e 169/99, de 14 e 18 de Setembro, não contêm norma correspondente à do referido art. 2.° do Dec. Lei n.° 100/84. Mas isso não significa que deva considerar-se postergado da nossa ordem jurídica o sistema da cláusula geral de atribuições e o princípio da competência genérica do órgãos municipais. É esta a conclusão a que nos conduz a interpretação conforme à Constituição e ao direito internacional daquelas leis de 1999. A Constituição consagra princípios – o da descentralização administrativa e o da autonomia local – que vinculam o legislador ordinário e devem inspirar o intérprete da lei que regula a competência municipal. Mas, para além dos princípios constitucionais, a norma do n.° 2 do art.235.° da Lei Fundamental define as autarquias locais como *"pessoas colectivas territoriais dotadas de órgãos representativos que visam a prossecução de interesses próprios das populações respectivas"*. Para além da competência expressamente atribuída por lei, os interesses próprios da população municipal são um pressuposto legal do objecto dos actos do órgãos da autarquia[98]. Assim, a legalidade da actividade municipal deve aferir-se não só pela competência formal do órgãos, mas também pela sua conformidade com os fins que à autarquia cabe prosseguir – os interesses próprios da sua população. Como referia Marcello Caetano, "a limitação da capacidade da pessoa colectiva está principalmente neste dever de só exercer os poderes para alcançar fins institucionais, sem que deles se possa desviar."[99]. Isto significa, segundo Diogo Freitas do Amaral, que um acto de uma câmara municipal será válido mesmo que se refira a matéria não expressamente confiada por lei a esse órgão; "será válido se se demonstrar que diz respeito aos interesses próprios e específicos da população respectiva, e só será nulo se se demonstrar que nada tem a ver com eles"[100].

Também o direito supra-constitucional consagrado na Carta Europeia de Autonomia Local acolhe o sistema da cláusula geral, o que aliás justifica que a Lei n.° 159/99 (atribuições das autarquias locais) não se lhe refira. Segundo o art. 4.°, n.° 2 desta Carta, que, como vimos, se integra na ordem jurídica nacional, *"Nos limites da lei, as autarquias lo-*

---

[98] Caetano, Marcello (1990), *Manual de Direito Administrativo*, 10ª ed., Almedina, Coimbra, vol.I, p. 466.

[99] *Idem, ibidem*, p. 202.

[100] Amaral, Diogo Freitas do (1996), *Curso de Direito Administrativo*, 2ª ed., Vol. I, Almedina, Coimbra, pp. 473-481.

100   A Autonomia Local e a evolução do modelo da Gestão Pública Municipal

cais têm completa liberdade para exercerem a sua iniciativa em qualquer questão que não esteja excluída da sua competência ou atribuída a outra autoridade." Como refere António Cluny[101], os limites da lei são tudo o que se compreende de uma forma muito vasta e não taxativa nos fins das autarquias, ou seja, nas suas atribuições.

Conjugando o elenco de competências expressamente conferidas por lei com o princípio da generalidade das atribuições, podemos concluir que os órgãos municipais exercem uma actividade vinculada por um conjunto de poderes *expressos* que a lei lhes reserva, dispondo ainda, além destes, de poderes *implícitos* para realizarem a acção administrativa que discricionariamente considerem melhor prosseguir os interesses das suas populações, isto é, os fins da autarquia.

3. O sistema dos blocos de competências

A Lei das autarquias locais de 1977 (e também a de 1984) desenvolveu o princípio da autonomia local acentuando uma rígida distinção entre as competências dos municípios e as do Estado, exercidas em campos de acção exclusiva e de imperceptível complementaridade. Repare-se a este respeito que, contrariamente ao que se verifica em vários países da Europa[102], a nossa lei não prevê o exercício pelos municípios de competências delegadas pelo Estado. Dir-se-ia que, após 48 anos de regime totalitário e centralista, o Parlamento consagrou, em 1977, este sistema de *blocos de competências* para melhor proteger a autonomia local e a identidade do Poder Local. Este sistema foi reforçado com a aprovação do Dec. Lei n.º 77/84, de 8 de Março, através do qual o Governo, sob autorização parlamentar, delimitou os sectores de investimentos que ficavam reservados à intervenção exclusiva dos municípios. Estes diploma, inspirado por uma preocupação de racionalidade financeira gerada pela crise das contas públicas então vivida, definiu com grande precisão o campo de intervenção exclusiva dos investimentos municipais, contribuindo decisivamente para o estabelecimento de um bloco de competências municipais absolutamente estanque do bloco de competências do Estado.

---

[101] Cluny, António (2000), «Atribuições e competências das autarquias locais», in *Revista de Administração Local*, n.º 180 (Nov.-Dez.), pp. 763–774.

[102] Casos da Alemanha, Áustria, Espanha, Finlândia, Suécia, entre outros países.

No entanto, as progressivas alterações no contexto económico e político do país causadas pelos fortes impactos da adesão à então CEE provocaram uma significativa mudança na tradicional posição isolacionista dos municípios portugueses. Tal como acentuamos detidamente noutros capítulos deste trabalho, esta mudança projectou-se em três direcções distintas: incrementou-se a relação dos municípios com o Estado e com os seus serviços desconcentrados, num quadro de contratualização e complementaridade; estreitou-se a cooperação intermunicipal, ancorada em programas de desenvolvimento regional e em projectos de interesse comum; estabeleceu-se uma rede de parcerias entre os municípios e a sociedade civil, envolvendo os agentes económicos privados e outros agentes sociais empenhados na valorização das comunidades locais.

4. O intervencionismo municipal

A participação cívica, expontânea quase sempre, anárquica em muitos casos, foi a primeira manifestação do novo Poder Local democrático, de raiz popular, que irrompeu por todo o país em 25 de Abril de 1974. A segunda manifestação partiu das câmaras municipais informalmente indigitadas e consistiu num processo desenvolvimentista, caracterizado por "um intervencionismo municipal (urbano e socio-económico) aliado a uma política assistencial face às exigências locais, num contexto de empenhamento ideológico-partidário"[103].

A caducidade de grande número de normas do Código Administrativo, provocada pela sua absoluta inadequação ao novo contexto político, e a ausência de lei nova reguladora das competências municipais não impediu as câmaras de iniciarem, ainda em 1974, um vasto programa de construção de infra-estruturas nos sectores dos transportes e comunicações, da captação e abastecimento domiciliário de água, das electrificações[104], do saneamento. O impacto político deste processo desenvolvimentista a nível nacional foi enorme e influenciou decisivamente desde então as relações de poder entre o centro e a periferia. A própria repre-

---

[103] Mozzicafreddo, Juan *et alia*, «Poder Autárquico e Desenvolvimento Local», in *Revista Crítica de Ciências Sociais,* n.º 25-26, 1988, pp.79-114.

[104] As quais, com a transferência das infra-estruturas e do pessoal para a EDP (Dec. Lei n.º 344-B/82, de 1-9), deixaram de competir aos municípios.

102 *A Autonomia Local e a evolução do modelo da Gestão Pública Municipal*

sentação do Poder Local foi marcada por esse surto de progresso: os municípios ganharam uma imagem de dinamismo e eficácia que confrontava com a inércia do Estado. No dizer de um ministro de então, "um escudo é melhor gasto pelos municípios do que pelo governo central". Mas a frase do ministro tinha algo de demagógico e o Poder central deu-lhe algum desconto. Talvez por isso, a eficácia de que o Poder Local ia dando provas não se reflectiu em transferência significativa de novas competências para os municípios.

A par da intensificação dos investimentos em infraestruturas nos sectores da rede viária, abastecimento de água e electrificações, em que se centrava a actividade municipal durante o período do Estado Novo, os municípios foram incrementando a sua intervenção nas atribuições de gestão fundiária e urbanização, habitação social, educação e acção social, as quais já lhes estavam cometidas pelo Código Administrativo, desde 1940, mas não eram prosseguidas por absoluta insuficiência de meios financeiros.

O desenvolvimento económico do país e o aumento do poder de compra das famílias criou um novo padrão de exigências de bem-estar e de qualidade de vida. Neste novo contexto socio-económico, os municípios assumiram uma nova função reguladora e mediadora da procura e da oferta quer no domínio do desenvolvimento industrial quer no da gestão fundiária e da urbanização, adquirindo terrenos, dotando-os de infra-estruturas e alienando-os a custos controlados a investidores privados para fins industriais e habitacionais. Esta função reguladora foi também assumida no domínio da habitação social construída, nuns casos, directamente pelos municípios de maiores recursos financeiros e, noutros, através de acordos com o Fundo de Fomento de Habitação e com o Instituto Nacional da Habitação. Foi no sector da habitação social que se deram os primeiros passos no processo de cooperação financeira entre o municípios e o Estado no pós- 25 de Abril. A importância que foi dada ao desenvolvimento desta política sectorial comum motivou a atitude paternalista do Governo de então de criar os primeiros *novos* serviços municipais, os serviços municipais de habitação, instituídos pelo Dec. Lei n.º 797/76, de 6 de Novembro.

A protecção dos estratos etários mais vulneráveis da população é um domínio da acção social que o Código Administrativo já cometia aos municípios e que eles passaram a assumir de forma sistemática, construindo ou apoiando a construção de jardins de infância, centros de dia e lares de idosos. Foi neste domínio que se iniciaram, no pós 25 de Abril, os investimentos *em parceria*, associando as misericórdias, as instituições particulares de solidariedade de social e as juntas de freguesia aos municípios na prossecução de atribuições de apoio social. Este processo de *partenariado* local, iniciado no âmbito de acção social, ajudou a quebrar a tradicional atitude isolacionista e magestática das estruturas municipais e a abri-las à sociedade civil, contribuindo para corrigir aquilo que alguns autores já consideraram ser uma das características do desenvolvimento local: a sua relativa "desorganização", causada pelas dificuldades de organizar os agentes locais e coordenar a sua acção na transformação do espaço urbano e social do município[105].

O ambiente constituiu um dos domínios em que a actividade municipal se desenvolveu nos últimos vinte anos. Mas, contrariamente ao que por vezes se pensa, também não constitui uma atribuição nova. Já nas Ordenações Filipinas se estatuía que os almotacés[106] "*andarão pela Cidade, ou Villa, em modo que se não fação nella sterqueiras, nem lancem ao redor do muro sterco, nem outro lixo, nem se entupão os canos da Villa, nem a servidão das agoas*" e que " *Cada mez farão alimpar a Cidade, ou Villa, a cada hum ante as suas portas das ruas, dos stercos e máos cheiros, e farão tirar cada mez as sterqueiras do lugar, e lançal-as fora nas partes onde for ordenado pelos Véreadores, em que serão postas stacas.*"[107]. Não obstante tratar-se de uma antiga atribuição municipal inerente à natureza gregária dos homens e à sua vida em comunidade, que o Código Administrativo também já consagrava, a protecção do ambiente tornou-se nas últimas duas décadas um factor determinante do desenvolvimento económico e social dos municípios, a requerer dos políticos locais novos meios e novas técnicas. A par do crescimento urbanístico, multiplicador da produção de detritos e efluentes, a competitividade entre as diferentes zonas do território na atracção de indústrias e investimentos obriga todos os municípios a encarar o ambiente como um elemento estratégico do seu desenvolvimento e a abandonar as soluções arcaicas do passado, modernizando as suas infra-estruturas de protecção ambiental e construindo os novos

---

[105] Mozzicafreddo, Juan *et al.*, *Gestão e legitimidade no sistema político local*, ed. Escher, p.106.

[106] Fiscais municipais que tinham a seu cargo, entre outras funções policiais, a vigilância das ruas e lugares públicos.

[107] Ordenações Filipinas, Título 68, §§ 18 e 19.

104   *A Autonomia Local e a evolução do modelo da Gestão Pública Municipal*

equipamentos prescritos pelo desenvolvimento tecnológico do sector. As antigas lixeiras de deposição de lixos a céu aberto foram dando lugar a aterros sanitários, em muitos casos construídos em regime intermunicipal e entregues em concessão a empresas privadas. É o caso, por exemplo, do aterro intermunicipal de Abrantes-Gavião-Sardoal, construído por um consórcio de empresas a quem a associação criada por aqueles municípios concedeu a exploração. Idêntica evolução verificou-se na área dos efluentes, através da instalação de uma rede de saneamento básico num número cada vez maior de aglomerados urbanos, ligada a estações de tratamento de águas residuais que vão reduzindo a descarga dos efluentes nos solos e em rios e outras linhas de água. Exemplo paradigmático é o Sistema de Saneamento da Costa do Estoril com incidência nos Municípios de Lisboa, Oeiras e Cascais.

Foi no sector da educação e ensino que os municípios foram investidos em novas competências, que o Código Administrativo não lhes atribuía, tendo passado a organizar e a assegurar os transportes escolares dos alunos do ensino básico (D.L. 299/84, de 5-9) e a promover a acção social escolar (D.L. 399-A/84, de 28-12).

Para além disto, foram transferidas para os municípios competências de polícia administrativa no domínio do licenciamento de iniciativas privadas. É o caso do licenciamento dos táxis (antes da competência da Direcção Geral dos Transportes Terrestres), do licenciamento de empreendimentos turísticos, hoteleiros e de restauração (antes da competência da Direcção Geral do Turismo), do licenciamento de pedreiras e de indústrias das classes C e D (até há pouco licenciadas pelo Ministério da Economia), do licenciamento da plantação de eucaliptos e da destruição do revestimento vegetal numa área máxima de 50 ha (que competia ao Ministério da Agricultura) e de alguns outros licenciamentos que competiam aos governadores civis.

Em suma, como salienta Fernando Ruivo, «foram efectuadas transferências de competências pontuais, algumas delas residuais, mas envolvendo custos financeiros, as quais, posteriormente não foram acompanhadas pelas respectivas transferências financeiras»[108].

---

[108] Ruivo, Fernando (2000), *Poder local e exclusão social*, Quarteto editora, Coimbra, pp. 133-134.

5. As políticas públicas locais: estudos de casos

É lícito que coloquemos a questão prévia de saber se os municípios têm actividade política, se desenvolvem acção política. Seguindo de perto a exposição de Pierre Muller e Yves Surel[109], a palavra política pode ser tomada em três acepções: uma relativa à esfera política (*polity*), que traça a distinção entre o mundo da política e a sociedade civil; outra que releva a actividade política (*politic*), aqui incluindo o confronto ideológico e programático entre forças políticas, a luta eleitoral, a mobilização dos cidadãos; finalmente, a acção pública (*policies*), isto é, o processo de elaboração e execução de programas de acção pública, visando objectivos previamente definidos.

A análise da vida municipal actual, baseada num sistema democrático e participado e de múltiplos pólos de poder disseminados na sociedade (o empresariado, os sindicatos, os *media* locais, as associações, as juntas de freguesia), leva-nos a concluir que os municípios desenvolvem uma actividade que, no seu conteúdo, corresponde a uma acção pública situada no domínio das *policies*, mas que assume, em muitos aspectos, formas de actividades política (*politics*) pelo debate político, mobilização de vontades, concertação e negociação de interesses que pressupõe. Estas características das políticas públicas municipais estão efectivamente presentes nos exemplos que, em vários municípios, constituíram objecto da nossa análise.

Maquiavel recomendava ao Príncipe: «faz o mal todo de uma vez e o bem a pouco e pouco». Esta máxima não tem aplicação na nossa administração municipal, em razão não só da natureza «assistencialista» das suas atribuições (satisfação dos interesses das populações respectivas), mas também da sua exclusão do campo das políticas «duras», designadamente da política de rendimentos e preços (excepção ao preço da água nos municípios onde ela não está concessionada), e da política fiscal (excepção à taxa da contribuição autárquica)[110]. Por isso, o mal só cabe nas funções do município na medida em que o bem não for feito. Tal como

---

[109] Muller, Pierre e Yves Surel (1998), *L'analyse des politiques publiques*, ed. Montchrestien, Paris.

[110] A título de exemplo, refira-se que nos países nórdicos as associações nacionais dos municípios respectivos negoceiam anualmente com as organizações sindicais as actualizações salariais dos funcionários municipais.

106 A Autonomia Local e a evolução do modelo da Gestão Pública Municipal

de um bom pai de família, do município só se espera todo o bem a pouco e pouco, não por frio maquiavelismo político, mas porque ele não pode ser feito todo de uma só vez...

Vejamos então por que forma os municípios concretizam os fins que a lei lhes confia, o que vale por dizer que políticas adoptam e como as executam no novo paradigma de gestão pública. Para tanto seleccionamos as políticas de desenvolvimento económico, de gestão urbana, de acção social, de cultura e ensino, de turismo e lazer e de modernização administrativa, prosseguidas no âmbito dos vários municípios sobre que incidiu o nosso estudo.

5.1. *Desenvolvimento económico*

A política municipal de desenvolvimento económico constitui a matriz de enquadramento de um conjunto de iniciativas públicas e privadas que se projectam no espaço do município, sobretudo desde a adesão do país à CEE, em 1985, em vertentes tão variadas como o investimento privado, o aproveitamento e valorização de recursos naturais, o apoio às actividades produtivas, a promoção do emprego ou a formação profissional. Em todos estes domínios encontramos, a partir de 1985, exemplos de intervenção municipal, muitos dos quais em parceria com instituições privadas.

À semelhança do que se passa com os municípios dos países membros do Conselho da Europa, também os portugueses têm competências muito reduzidas no sector da economia, à excepção do turismo cuja promoção está a seu cargo, através de associações especiais de municípios designadas «regiões de turismo».

O apoio dos municípios ao investimento e às actividades produtivas traduz-se apenas, na generalidade dos casos, na instalação e infraestruturação de zonas industriais, na alienação dos respectivos lotes a preços bonificados e na isenção de taxas pela construção de pavilhões. Reportando-nos a vários municípios sobre que incidiu o nosso estudo, os elementos recolhidos revelam-nos a situação seguinte:

Município	Área industrial / empresarial municipal	Taxa de ocupação	Preço m^2
Abrantes	250 ha	40%	250$00
Nisa	5 ha	70%	360$00
Oeiras	500 ha	90%	variável
Oliv. Bairro	450 ha	100%	4.000$00

Nos Municípios de Abrantes e Oeiras verifica-se ainda a existência de parques de negócios e "tecnopolos", satisfazendo a procura crescente de áreas para o sector terciário e fornecendo equipamentos de apoio à actividade das empresas e à formação dos seus quadros.

Do ponto de vista das parcerias com o sector privado no domínio do desenvolvimento económico merece referência a experiência de "urbanismo comercial" em curso na cidade de Abrantes. Ao abrigo do programa comunitário PROSIURBE, o centro histórico de Abrantes foi alvo de uma operação de reabilitação urbanística, por muitos considerada exemplar. Concomitantemente, muitos estabelecimentos do comércio tradicional beneficiaram de obras de modernização apoiadas pelo programa PROCOM. Na sequência deste processo, a zona comercial do centro da cidade foi quase integralmente vedada ao trânsito e passou a ser gerida, à semelhança de um condomínio privado, por uma unidade de gestão dependente da Associação Comercial de Abrantes e financiada pela Câmara Municipal, que dinamiza e publicita o comércio tradicional e promove a animação dessa parte da cidade.

Também os Municípios de Alcobaça e da Chamusca promoveram a política de desenvolvimento económico em parceria com associações privadas. Em Alcobaça, a Câmara Municipal associou-se à Associação dos Agricultores de Alcobaça e à Cooperativa Agrícola de Alcobaça para a constituição de uma *regie* cooperativa destinada à comercialização da produção horto-frutícola da região. Na Chamusca, a Câmara Municipal e a Associação Empresarial da Região de Santarém – NERSANT construíram um centro de artesanato de âmbito regional, onde são fabricados e vendidos produtos artesanais representativos do Ribatejo, ocupando várias dezenas de artesãos.

O emprego é outra vertente do desenvolvimento económico que justifica o interesse dos municípios na instalação de empresas e na criação de postos de trabalho. De tal modo que o encerramento de empresas mobiliza hoje os eleitos locais na defesa dos trabalhadores e na garantia dos seus

108 *A Autonomia Local e a evolução do modelo da Gestão Pública Municipal*

salários. O encerramento há alguns anos da empresa vidreira Manuel Pereira Roldão, na Marinha Grande, e o da empresa de confecções ERES, no Fundão (esta empregando 5% da população activa do concelho) em Abril de 2002, mobilizaram os presidentes das respectivas Câmaras Municipais para reuniões com o Governo, reclamando deste planos de emergência de apoio às empresas e de salvaguarda dos direitos dos trabalhadores.

5.2. *Gestão urbana*

Na análise da política municipal de gestão urbana preocupou-nos não tanto as questões atinentes directamente à gestão urbanística ou mesmo à aplicação do programa Polis, mas sobretudo a concepção e implementação de medidas de intervenção no tecido urbano e de valorização da sua função na vida das comunidades. Nos Municípios de Lisboa e de Loures deparamos com duas experiências significativas. Uma é a criação da Sociedade de Gestão Urbana, SA, constituída pelos referidos municípios e pela empresa Parque Expo, destinada a gerir a zona da Expo. A nova sociedade fica responsável pelas tarefas que até agora vinham sendo desempenhadas pela Parque Expo, tais como a gestão do sistema de recolha de lixos, a limpeza das ruas e dos espaços verdes, o tratamento dos parques infantis, a regulamentação do trânsito e a fiscalização dos estacionamentos. O acordo de sociedade estabelece, entre outras matérias, os valores que os dois municípios devem pagar à Parque Expo pelas infraestruturas por ela construídas. Este é o primeiro caso em Portugal de atribuição da gestão de espaço urbano a uma sociedade anónima, tendo a sua génese sido viabilizada por uma lei habilitante da Assembleia da República.

Outra experiência relevante está em curso no Município de Lisboa e traduz-se na constituição pela Câmara Municipal de dois fundos de investimento imobiliário, um para a Baixa e outro para o resto da cidade, participados por instituições financeiras, agências gestoras de fundos internacionais e empreendedores imobiliários, com o objectivo de financiarem a recuperação e reabilitação urbanas, visando o aumento da oferta de habitação nas zonas centrais da cidade.

Um outro exemplo de gestão urbana partilhada com parceiros privados é o plano das Antas, na cidade do Porto. Envolto em forte polémica pelos impactos da área comercial nele prevista no comércio tradicional da cidade, o projecto imobiliário envolvente do novo estádio do Futebol

Clube do Porto acabou por ser aprovado definitivamente pela Câmara Municipal, com menos construção do que inicialmente previsto, reunindo acordo da sociedade imobiliária Amorim Investimentos e Participações, SA, do clube de futebol e da Associação dos Comerciantes do Porto, que durante a fase de consulta pública do projecto se opusera vivamente a ele. A autarquia vai criar um gabinete para a revitalização do comércio tradicional da cidade, garantindo a anuência da Associação dos Comerciantes ao projecto.

Os edifícios públicos de maior relevo administrativo são pólos de dinamização do tecido urbano e da vida das comunidades. Daí que as opções sobre a sua localização sejam um elemento importante da política de gestão urbana de um município como Portalegre. A sua Câmara Municipal deliberou recentemente construir os novos paços do concelho na periferia da cidade, com o objectivo de criar novas centralidades.

5.3. *Acção social*

O associativismo assistencial é um fenómeno permanente na nossa história, a partir da fundação das misericórdias no séc. XV. Também a Igreja Católica desenvolveu ancestralmente uma actividade de beneficência, considerada «a primeira virtude social»[111], forma instintiva e primária do vínculo social e raiz da solidariedade cristã. Ao longo de toda a Idade Média e sob inspiração laica e religiosa, desenvolveram-se «formas embrionárias do actual mutualismo, através do surgimento das *confrarias*, das *irmandades*, dos *compromissos* e das *corporações de ofícios...*»[112]. O séc. XIX, com o advento da industrialização, incrementou entre nós o associativismo assistencial de origem laica. Em 1931, existiam em Portugal 553 associações de socorros mútuos. Actualmente existem 392 misericórdias e 4122 instituições particulares de solidariedade social (3919 com fins de acção social e 203 com fins de saúde).

Ao longo de séculos, o Estado teve um papel subsidiário em matéria de assistência social. Fiéis a esta longa tradição – só rompida em 1975 com a nacionalização dos hospitais das misericórdias e, depois, com a criação

---

[111] Ewald, François (2000), *Histoire de l'Etat Providence*, Ed. Grasset, p. 40.
[112] Quelhas, Ana Paula Santos (2001), *A refundação do papel do Estado nas políticas sociais*, Coimbra, Almedina, p. 27.

110 *A Autonomia Local e a evolução do modelo da Gestão Pública Municipal*

de sistemas nacionais universais de saúde pública e de segurança social –, os municípios portugueses nunca tiveram uma intervenção expressiva no campo da acção social. Á semelhança do que se passa nos países membros do Conselho da Europa (excepção para o Chipre, onde o sector da acção social é atribuição exclusiva do poder central), também entre nós os municípios dispõem de atribuições deste tipo, mas a sua prossecução é frequentemente enquadrada por políticas nacionais definidas pelo Estado, de que são exemplos a criação da «rede social» e do «rendimento mínimo garantido». Deste modo, a política de acção social dos municípios tem-se limitado, de um modo geral, ao apoio financeiro e institucional das entidades particulares sem fins lucrativos e das juntas de freguesia, remetendo- -se eles a uma função coordenadora[113]. É, aliás, este o espirito da «rede social», institucionalizada pela Resolução do Conselho de Ministros n.º 197/97 (D.R. de 18-11-1997), que congrega as intervenções das entidades particulares sem fins lucrativos e dos organismos públicos que trabalham no domínio da acção social e cuja articulação deve ser feita *«a nível tão próximo quanto possível do lugar em que se registam os problemas sociais, começando pela freguesia»* (n.º 4 daquele diploma).

Ainda assim, encontramos em alguns dos municípios objecto da nossa investigação empírica exemplos da sua intervenção directa neste sector, através da construção de creches, geridas nalguns casos por comissões de pais, e de centros de dia, a cargo de associações particulares de solidariedade social. Também se verificam intervenções municipais na área do apoio social junto de comunidades sociais minoritárias. É o caso do Município de Sintra que, em conjunto com juntas de freguesia, organiza cursos de língua portuguesa para emigrantes do leste europeu, e do Município de Oliveira do Bairro que, com o apoio da Associação Romani e da «Escola das Mães», tem desenvolvido várias acções de apoio à integração social e laboral da etnia cigana, muito numerosa neste concelho. Outra iniciativa relevante deste município traduz-se na participação em 50% do custo de aquisição de aparelhos de tele-alarme pelos idosos de baixos recursos que vivem sozinhos e que pretendam dispor de um meio de contacto para situações de emergência. O mesmo município presta ainda apoio social às escolas do ensino básico e secundário, através da assistência de psicólogos a alunos com dificuldades de integração.

---

[113] Neste sentido, Ruivo, Fernando (2000), *Poder local e exclusão social*, Coimbra, Quarteto editora, p. 36.

Por seu turno, o Município de Oeiras promove um vasto conjunto de acções de apoio social, de que destacamos a realização de programas de formação para desempregados à procura do primeiro emprego e de longa duração; a criação de um gabinete de mediação familiar para munícipes em situação de divórcio ou separação conflituosa; o apoio a crianças e jovens em risco e suas famílias e a formação de jovens universitários para desenvolvimento de projectos de prevenção das toxicodependências.

5.4. *Cultura e ensino*

A política de cultura e ensino dos municípios que foram alvo do nosso estudo tem um objectivo comum: a construção de equipamentos culturais, como bibliotecas, museus e salas de espectáculos e, por outro lado, a criação de condições de acesso fácil dos jovens do concelho ao ensino superior, procurando evitar que eles se desloquem para as metrópoles universitárias e abandonem as suas terras de origem. Visa-se, portanto, a valorização e retenção do capital humano do município.

As medidas adoptadas pelos órgãos municipais são de tipo variado. O Município de Ferreira do Zêzere, como, aliás, muitos outros, concede bolsas de estudo a alunos que frequentem o ensino secundário e o ensino superior, ambos inexistentes na autarquia. A Câmara Municipal de Alcobaça conseguiu que a Universidade de Coimbra instalasse aí um pólo onde, a curto prazo, será leccionado um curso de mestrado na área das ciências sociais.

Em Abrantes, a Câmara Municipal participou, juntamente com uma Escola Secundária C+S da cidade e a Associação de Agricultores «Abrantejo», na criação de uma Escola Técnica Agrária e promoveu a instalação na cidade de um pólo do Instituto Superior Tecnológico de Tomar.

O Município de Nisa, em colaboração com a Direcção Regional da Educação do Alentejo, criou a Escola Tecnológica, Artística e Profissional de Nisa, que ministra cursos profissionais nível 3 (equivalentes ao 12.º ano) de animadores sócio-culturais/desporto, técnicos de informática de gestão e técnicos de multimédia. Explorando também a via das parcerias com outras instituições, a Câmara Municipal de Ourém criou em Fátima um estabelecimento de ensino e formação profissional, vocacionado para quadros de empresas e da administração pública, em associação com uma

112 A Autonomia Local e a evolução do modelo da Gestão Pública Municipal

universidade privada e uma congregação religiosa que ali dispõe de um edifício devoluto apto para o efeito.

No domínio da política cultural, o Município de Abrantes adoptou um conjunto de medidas inovadoras que acentuam a sua função reguladora. O município aprovou vários programas de apoio às associações desportivas e culturais do concelho e é ao abrigo dos respectivos regulamentos que financia as actividades que elas decidem candidatar. Assim, o programa «Findesp» financia actividades dos clubes desportivos; o programa «Fincult» apoia projectos culturais; o «Finevent» suporta a realização de eventos avulsos das associações locais; o «PAAJ» (programa de apoio ao associativismo juvenil) financia iniciativas que as associações de jovens submetam à câmara municipal. Anualmente são celebrados contratos-programa entre o Município e as associações, estabelecendo as responsabilidades das entidades envolvidas e o montante do subsídio municipal. É manifesta a analogia com os contratos-programa celebrados entre os municípios e o Estado e este *reflexo de mimetismo* dos municípios em relação ao Estado é significativo e começa a despontar noutros domínios.

5.5. *Turismo e lazer*

A política municipal de turismo e lazer tem como objectivos fundamentais atrair visitantes ao município e valorizar os seus recursos culturais, patrimoniais, ambientais e gastronómicos. Em todos os municípios que observamos neste estudo encontramos iniciativas e manifestações que visam esses objectivos, tais como festejos e romarias, feiras anuais, festivais, provas desportivas, exposições temáticas, etc.. Dois projectos, no entanto, merecem-nos uma referência especial. O primeiro, em curso no Município de Nisa, consiste no desenvolvimento pela autarquia do turismo termal, centrado nas termas da Fadagosa. Este equipamento, criado no início dos anos 50, é hoje constituído por instalações modernizadas, frequentadas anualmente por vários milhares de utentes. A sua gestão está confiada à recém-criada empresa pública municipal «Ternisa, EM», cujo capital social é detido pelo Município (80%) e por particulares (20%). O artesanato tradicional de Nisa é um outro motivo de promoção turística e um elemento de identidade deste concelho alentejano, em cuja promoção o Município muito investe.

O segundo projecto de animação turística incide sobre o chamado «Parque Almourol» (área envolvente do rio Tejo, integrando parte dos Municípios de Vila Nova da Barquinha, Chamusca e Constância) promovido pela sociedade «Parque Almourol – Promoção e Desenvolvimento Turístico, Lda.», de que são sócios estas três autarquias e a Associação Empresarial da Região de Santarém – NERSANT. O objectivo do projecto que conta com financiamento comunitário consiste na estruturação de uma área de cerca de 2.400 ha., na qual serão construídos equipamentos hoteleiros, parque de campismo, pousada da juventude, campos de ténis, percursos para peões, ciclistas e cavaleiros, infraestruturas de desportos náuticos, para além de um museu militar, no Castelo de Almourol, e um museu alusivo ao rio Tejo e à sua ligação à história e à vida da população local.

5.6. *Modernização administrativa*

O processo de modernização administrativa dos municípios tem incidido sobretudo sobre os três seguintes aspectos: informatização dos serviços, relação destes com os cidadãos e estrutura dos quadros de pessoal.

A informatização dos serviços municipais teve início, na generalidade dos municípios, em meados da década de 80. Tal como se passou nos demais serviços públicos, incluindo os da Administração central, a introdução da informática correspondeu, numa primeira fase, a uma alteração meramente tecnológica, equivalente ao aparecimento das máquinas de escrever no princípio do séc. XX, ou das fotocopiadoras em meados desse século. A informatização dos serviços teve, nessa fase inicial, efeitos meramente internos, com reflexos na comodidade do trabalho administrativo e na simplificação do acesso à informação. Só mais tarde essa alteração tecnológica ganhou um interesse estratégico, através da sua introdução nos sistemas de gestão e de relação dos serviços com os munícipes.

Neste domínio encontramos inovações importantes em vários dos municípios em que fizemos investigação empírica preparatória deste estudo. As acções de modernização que sobretudo nos últimos vinte anos foram introduzidas com o objectivo de facilitar o acesso dos cidadãos aos serviços municipais são usualmente de quatro tipos:

- criação do chamado «balcão único», onde os interessados

114   A Autonomia Local e a evolução do modelo da Gestão Pública Municipal

podem tratar de todos, ou quase todos, os assuntos (entrega de requerimentos, levantamento de licenças, pagamento de taxas);

• colocação desse balcão no rés-do-chão do edifício sede do município, facilitando o acesso dos cidadãos;

• colocação no interior dos edifícios municipais de sinalização identificativa da designação e localização dos vários serviços;

• distribuição aos interessados de minutas de requerimentos relativos aos vários assuntos que devem ser objecto de pedido dirigido aos órgãos municipais (medida que em vários municípios foi iniciada ainda no período do Estado Novo).

Para além deste conjunto de medidas, relativamente generalizadas nos municípios estudados, outras existem com um maior grau de sofisticação e desenvolvimento da política de modernização administrativa. É o caso do Município de Abrantes, a quem a Direcção Geral das Autarquias Locais atribuiu em 2000 o prémio nacional de modernização autárquica. Dentre as várias medidas aí introduzidas no plano da relação entre os cidadãos e a organização municipal destacam-se: a criação do balcão único no rés-do-chão dos Paços do Concelho, ao qual está acoplado um guichê da tesouraria municipal; o sistema de atendimento unificado com numerador de senhas de chamada de cores diversas, segundo os assuntos em causa; o tratamento informático dos pedidos dos particulares e o acesso à informação dos respectivos processos, desde o balcão de atendimento até aos vários serviços; a criação do serviço de informação e apoio aos consumidores e a instituição do Provedor municipal (no caso, um oficial superior do Exército na reserva), que interpela os serviços camarários sobre as reclamações dos munícipes e promove o relacionamento entre os dois campos.

É também relevante a iniciativa da Câmara Municipal de Nisa de instalar dois postos periféricos de atendimento dos cidadãos nas duas freguesias mais populosas do concelho (Alpalhão e Tolosa), os quais aí podem entregar os seus requerimentos, receber licenças camarárias remetidas pelos serviços, pagar taxas e praticar outros actos, sem necessidade de se deslocarem à sede do município. A experiência, no entanto, não se revestiu de especial êxito porque os munícipes, tendo que se deslocar a Nisa para tratarem de assuntos nos outros serviços públicos (finanças, conservatórias, cartório notarial), preferem ir directamente aos serviços municipais, na convicção de que assim ganham tempo, por encurtarem

Competência e financiamento dos municípios   115

o circuito burocrático e poderem explicar directamente as suas pretensões a quem vai apreciá-las. Porém, apesar da sua escassa utilidade, as populações das referidas freguesias têm-se oposto a que a Câmara desactive esses postos de atendimento.

Também o Município de Oeiras tem dois postos de atendimento dos munícipes, em Carnaxide e Linda-a-Velha, onde, segundo dados de 1999, foram atendidas um total de 735 e 518 pessoas, respectivamente.

Finalmente, a política de modernização administrativa municipal tem tido expressão também no domínio da estrutura dos quadros de pessoal, através do incremento da tecnicidade na organização administrativa, decorrente do aumento muito significativo das dotações do pessoal técnico e técnico superior. Mas isto é matéria que analisaremos no próximo capítulo.

6. Sector público e finanças locais

O racionalismo e a uniformidade que informaram a organização financeira do Estado durante o Liberalismo deram lugar, no nosso tempo, a uma estrutura mais complexa e heterogénea, caracterizada pela intervenção na actividade financeira pública de diferentes instituições, dotadas de autonomia perante o Estado. A autonomia financeira destas instituições é-lhes reconhecida pelo Estado com fundamento em razões de funcionalidade técnica ou de representatividade democrática. No primeiro caso, a actividade financeira é prosseguida através de organismos públicos que constituem os subsectores institucionais financeiros (v.g. subsector empresarial do Estado e Segurança Social), criados pelo Estado segundo um critério de "desconcentração por eficiência"[114]. No segundo caso, a autonomia financeira resulta da descentralização política ou administrativa concedida a certos entes públicos.

A descentralização política pode ter diferentes graus, de acordo com a natureza do Estado: tem a sua máxima expressão nos estados federais (E.U.A. ou Alemanha), sendo menos intensa nos estados regionais (Espanha). No que concerne aos estados unitários, apenas pode falar-se de descentralização política nos casos em que na estrutura e organização constitucional do Estado se combinam elementos dominantes próprios do estado unitário com elementos subordinados típicos do estado regional,

---

[114] Franco, António de Sousa, *Finanças públicas e direito financeiro*, vol. I, p. 143.

116   A Autonomia Local e a evolução do modelo da Gestão Pública Municipal

mas, ainda assim, apenas em relação às parcelas do território em que vigoram estes elementos. É o caso de Portugal, Estado unitário regionalizado, no qual as duas regiões insulares, detendo o estatuto de regiões autónomas, exercem poderes de auto-governo próprios da organização de um estado regional, sem que no entanto fique afectado o princípio constitucional da unidade e integridade da soberania do Estado[115].

Por seu lado a descentralização administrativa pode assumir formas diversas, consoante se trate da descentralização institucional (institutos públicos), da descentralização corporativa (associações públicas) ou da descentralização territorial, fundada na existência de pessoas colectivas de direito público com poderes de jurisdição em determinadas áreas geográficas (autarquias locais)[116].

O sector público integra, portanto, um conjunto variado de entidades públicas. Importa antes de mais distinguir entre sector público administrativo e sector público empresarial: este desenvolve actividades económicas norteado exclusivamente por critérios empresariais e fim lucrativo; aquele promove uma actuação não lucrativa, orientada por critérios não económicos. No sector público administrativo integra-se toda a actividade materialmente administrativa do Estado *latu sensu*, na qual estão compreendidas:

a) a Administração Central, constituída pelos serviços simples subordinados ao orçamento do Estado (v.g. departamentos ministeriais, direcções gerais) e pelos serviços autónomos, com a natureza de serviços administrativos prestadores de utilidades (v.g. hospitais, universidades) ou de fundos autónomos destinados a gerir meios financeiros (v.g. Cofre do Ministério da Justiça);

b) a Segurança Social com atribuições de previdência e assistência públicas e com um regime financeiro integrado na Lei do orçamento do Estado, embora dele diferenciado;

c) a Administração Regional, dispondo de orçamento próprio e com atribuições circunscritas à área de cada uma das regiões autónomas, prosseguidas por órgãos de governo próprio;

---

[115] Canotilho, J.J. Gomes e Vital Moreira (1983), *Constituição da República Portuguesa*, Coimbra, 3ª ed., pp. 72 e 845.

[116] Moreira, Vital (1997), *Administração Autónoma e Associações Públicas*, Coimbra, pp. 142 e ss. Tavares, José (1996), *Administração Pública e Direito Administrativo*, 2ª ed., Coimbra, p.55.

d) a Administração Local, constituída pelas várias categorias de autarquias locais instituídas, igualmente dotadas de orçamentos próprios, geridos de modo autónomo por órgãos representativos da respectiva população.

A satisfação das necessidades públicas a cargo das instituições que constituem o sector público depende do desenvolvimento de uma regular actividade financeira, traduzida na prática de um conjunto de actos que visam a obtenção de receitas e a realização de despesas. As finanças públicas são, pois, as finanças das pessoas colectivas públicas, isto é, das entidades dotadas, em maior ou menor grau, de *jus imperium* no exercício daquela actividade financeira.

Por isso quando aqui se fala de finanças públicas locais ou, mais abreviadamente, de finanças locais, quer-se designar as finanças das autarquias locais instituídas entre nós, isto é, das pessoas colectivas territoriais dotadas de órgãos representativos que visam a prossecução de interesses próprios das populações da respectiva circunscrição[117].

Não cabe, naturalmente, no âmbito deste trabalho uma apreciação exaustiva, ou mesmo abrangente, do conjunto do quadro normativo regulador das finanças locais. Vamos por isso prestar maior atenção à análise do actual regime do financiamento municipal, orientando o nosso estudo para dois aspectos centrais daquele regime: o âmbito do poder tributário dos municípios e o grau da sua autonomia financeira.

A análise do actual regime de finanças locais não dispensa um breve cotejo histórico com o modelo que imediatamente o precedeu ao longo de 40 anos, num contexto político e financeiro muito diferente.

7. As finanças locais no Estado Novo

Como já vimos em capítulo anterior, a Constituição de 1933 suprimiu a legitimação democrática dos órgãos das autarquias locais, submeteu

---

[117] Cfr. art. 235, n.° 2, da C.R.P.

Não abordaremos a matéria das finanças das regiões administrativas em virtude não só desta autarquia não estar ainda instituída, mas também do carácter embrionário do respectivo regime, limitado às normas dos arts 34.° a 39.° da Lei n.° 56/91, de 13-8, – Lei Quadro das regiões administrativas.

118   *A Autonomia Local e a evolução do modelo da Gestão Pública Municipal*

a sua eleição a um sistema orgânico de tipo corporativo e integrou as autarquias na organização política do Estado[118]. Por seu lado, o Código Administrativo de 1936-40 concretizou o modelo constitucional da Administração local do Estado Novo, em que as autarquias locais mais não eram que uma forma de administração indirecta do Estado. Este facto constitui a característica dominante do sistema financeiro local desse período, marcado pela sua forte dependência do orçamento do Estado.

Num sistema de subordinação do escalão inferior ao superior não surpreende que as finanças paroquiais tenham sido marcadas pela dependência relativamente ao município[119], ainda que, no plano formal, o Código conferisse autonomia financeira às freguesias[120]. Com efeito, a principal receita das freguesias eram os subsídios do município. Seguiam-se-lhes o rendimento dos mercados e cemitérios paroquiais, as derramas, o rendimento dos bens próprios e as taxas pelo uso dos bens do logradouro paroquial. Às juntas de freguesia era absolutamente proibido contrair empréstimos[121].

Data deste período a constituição das chamadas "comissões de melhoramentos" a nível de muitas freguesias, sobretudo nos meios rurais. Estas comissões, vistas sempre com antipatia pela Direcção-Geral da Administração Política e Civil do Ministério do Interior, no Estado Novo, eram estruturas *ad hoc* constituídas informalmente em torno das juntas de freguesia e destinadas à promoção de iniciativas (festejos, cortejos de oferendas) visando a angariação de fundos para a promoção de melhoramentos locais[122]. As "comissões de melhoramentos" geradas no âmbito das freguesias, mas fora da sua organização administrativa, foram a primeira manifestação da "fuga" das autarquias para o direito privado...

---

[118] Cfr. arts. 19.° a 21.°.

[119] A perspectiva de que o município é a unidade nuclear da organização administrativa territorial foi plasmada logo no art. 1.° do Código, segundo o qual "O território do continente divide-se em concelhos, que se formam de freguesias e se agrupam em distritos".

[120] Cfr. art. 668.°.

[121] Cfr. art. 781.°.

[122] As «comissões de melhoramentos» foram o equivalente civil das «comissões fabriqueiras» da Igreja Católica, as quais têm a sua origem nas antigas comissões de fábrica das paróquias, que ao longo do séc. XIX promoveram a construção das igrejas em muitas paróquias do país.

Competência e financiamento dos municípios 119

Relativamente às finanças municipais, as receitas ordinárias dos municípios eram os impostos, os rendimentos de bens próprios, as taxas e as multas. Acresciam as receitas extraordinárias, relativamente importantes nalguns anos, oriundas de subsídios e comparticipações financeiras do Estado.

O Código permitia que as câmaras lançassem impostos directos e indirectos. Eram seis os impostos directos municipais: adicionais às contribuições e impostos do Estado incidindo sobre a colecta da contribuição predial, do imposto sobre a indústria agrícola, da contribuição industrial e do imposto de capitais[123]; imposto de prestação de trabalho traduzido na obrigação de uma prestação de *facere*, correspondente ao serviço das pessoas, animais e veículos do concelho em um dia de cada ano[124]; imposto para o serviço de incêndios recaindo sobre os prédios urbanos não isentos de contribuição predial e os estabelecimentos comerciais e industriais quando não seguros pelo seu valor[125]; imposto sobre espectáculos incidindo sobre as actividades passíveis de imposto, para o Estado, sobre espectáculos e divertimentos públicos[126]; imposto de comércio e indústria devido pelo exercício de qualquer actividade passível de contribuição industrial, incluindo as que estivessem isentas deste tributo[127]; e imposto de turismo lançado apenas pelas câmaras municipais onde existiam zonas de turismo e recaindo sobre todos os rendimentos sujeitos às contribuições predial e industrial[128].

Deve referir-se, com interesse para o tema deste trabalho, que as câmaras municipais dispunham de um certo poder tributário, podendo fixar, dentro dos limites estabelecidos no Código, as percentagens adicionais sobre as contribuições e impostos do Estado, as taxas de alguns dos impostos municipais (caso das taxas do imposto sobre espectáculos, do imposto de comércio e indústria e do imposto de turismo) e a tarifa da remição do imposto de prestação de trabalho.

Quanto aos impostos indirectos cobrados pelos municípios, eles consistiam em "taxas lançadas sobre os gados, géneros e artigos vendi-

---

[123] Cfr. art. 705.º
[124] Cfr. art. 707.º
[125] Cfr. art. 708.º
[126] Cfr. art. 709.º
[127] Cfr. art. 710.º
[128] Cfr. art. 772.º

120 A Autonomia Local e a evolução do modelo da Gestão Pública Municipal

dos no concelho para consumo", devendo constar de uma pauta aprovada pela câmara[129].

Das receitas municipais faziam também parte os rendimentos de bens próprios, que o Código enumerava do seguinte modo: rendimento de acções e obrigações na posse da câmara; participações de lucros; rendas, foros e pensões; juros de depósitos e outros rendimentos de natureza análoga[130].

Um terceiro tipo de receitas municipais eram as taxas que as câmaras podiam cobrar pelo aproveitamento do domínio público municipal ou dos bens do logradouro comum do concelho (v.g. ocupação da via pública, afixação de meios de publicidade exterior, utilização de terrenos dos cemitérios, aluguer de bancas e lojas dos mercados), pela prestação de serviços pelos serviços e funcionários municipais (v.g. emissão de atestados e certidões, aferição de pesos e medidas, limpeza de fossas domésticas e industriais, realização de vistorias, registo de minas e nascentes de água) e pela remoção de limites jurídicos à actividade dos cidadãos (v.g. licenciamento de obras particulares, de loteamentos urbanos, do uso e porte de arma, do exercício da caça, da abertura de estabelecimentos de restauração e de hotelaria). O Código fez incidir o regime dos adicionais para o Estado também no domínio das taxas municipais, estabelecendo que sobre todas as taxas cobradas pela emissão de licenças que não fossem relativas a estabelecimentos comerciais e industriais recairia um adicional de 30% para o Estado, cuja importância total era mensalmente entregue na tesouraria da Fazenda Pública[131]. Os municípios desempenhavam deste modo uma função colectora de receitas do Estado, que este, aliás, não remunerava.

As transgressões de posturas e regulamentos policiais era sancionada com multas, que constituíam um quarto tipo de receitas municipais. Sobre o valor das multas, que as câmaras fixavam naqueles regulamentos, recaiam também adicionais de 25% para o Estado, 10% para o Fundo de Socorros a Náufragos nos municípios ribeirinhos e 10% para o albergue distrital.

Para além das receitas ordinárias que acabamos de analisar, os municípios dispunham ainda de receitas extraordinárias, em que se destacavam

---

[129] Cfr. art. 714.º
[130] Cfr. art. 722.º
[131] Cfr. art. 724.º, § ún.

os empréstimos e os subsídios do Estado. A contracção de empréstimos por parte dos municípios estava formalmente condicionada, uma vez que o recurso ao crédito, independentemente do montante e do prazo do empréstimo, carecia da aprovação do Governo. Tal como vimos a propósito da dependência das freguesias relativamente aos subsídios do município, também este dependia em larga medida dos subsídios e comparticipações do Governo. Com excepção dos municípios urbanos e industrializados, onde a receita fiscal já era significativa, todos os outros tinham nos subsídios e comparticipações a sua principal fonte de financiamento, geradora de arbitrariedade governamental e de submissão municipal. A imagem do presidente da câmara que vem da província ao Terreiro do Paço pedir "de chapéu na mão" algum dinheiro para o seu concelho constitui um arquétipo jocoso, mas expressivo, da enorme dependência financeira dos municípios, que ficará para sempre associado ao sistema das comparticipações do Estado Novo e ao centralismo tutelar do regime de então.

O peso dos subsídios e comparticipações do Estado na estrutura da receita dos municípios pode ser ilustrado com os exemplos dos Municípios de Abrantes (1971) e de Nisa (1963 e 1973), expostos nos quadros seguintes:

QUADRO II
Receitas do Município de Abrantes – 1971

Receita ordinária:	
Impostos directos	9.263.949$20
Taxas. Rendimentos de serviços	2.039.649$00
Rendimentos de bens próprios	157.077$40
Reembolsos e reposições	395.463$40
Consiguação de receitas	2.680.707$60
Receita extraordinária:	
Alienação de terrenos e outros bens	123.242$40
Donativos e subsídios eventuais	425.481$60
Subsídios e comparticipações do Estado	2.490.203$00
TOTAL	17.575.773$60

Fonte: Relatório da gerência da Câmara Municipal de Abrantes/1971.

122　*A Autonomia Local e a evolução do modelo da Gestão Pública Municipal*

QUADRO III
Receitas do Município de Nisa – 1963

Receita ordinária:

Impostos directos	1.796.650$50
Taxas. Rendimentos de serviços	535.904$20
Rendimentos de bens próprios	52.688$40
Reembolsos e reposições	320.288$40
Consignação de receitas	261.010$60
Receita extraordinária:	
Empréstimos	1.280.000$00
Alienação de terrenos e outros bens	210.700$50
Subsídios e comparticipações do Estado	4.305.945$00
TOTAL	8.763.187$60

Fonte: Relatório da gerência da Câmara Municipal de Nisa – 1963.

QUADRO IV
Receitas do Município de Nisa – 1973

Receita ordinária:

Impostos directos	2.169.200$10
Taxas. Rendimentos de serviços	937.080$40
Rendimentos de bens próprios	615.640$30
Reembolsos e reposições	282.768$10
Consignação de receitas	471.558$10
Receita extraordinária:	
Alienação de terrenos e outros bens	407.000$00
Subsídios e comparticipações do Estado	17.390.000$00
TOTAL	22.273.247$00

Fonte: Relatório da gerência da Câmara Municipal de Nisa – 1973.

Como pode ver-se, em 1971 o Município urbano e industrializado de Abrantes só dependia em 14% da sua receita dos subsídios e comparticipações do Governo. No entanto, um município rural do interior do país como Nisa viu agravada a sua dependência de 49%, em 1963, para 78%, em 1973.

A situação de absoluta asfixia financeira da generalidade dos municípios portugueses no período da 2ª República pode ser avaliada pela leitura de algumas passagens do Plano de actividades do Município de Nisa, de 1962. Vejamos este excerto de saborosa prosa:

«Não foi possível dar início aos trabalhos [construção do cemitério de Monte Claro], *pelo que veremos se no próximo ano isso poderá acontecer. É que estando a obra orçada em 150 contos e sendo-nos concedida a comparticipação de 40%, ou sejam 60 contos, conforme despacho de Sua Excelência o Ministro das Obras Públicas, de 22 de Maio de 1960, teremos de procurar a forma de saber onde ir arranjar o resto, o que não me parece tarefa fácil a avaliar pelos encargos que temos de solver. (...) Onde ir buscar a verba necessária para a execução dos arruamentos, se a comparticipação para estes trabalhos foi igualmente de 40%? Enfim, teremos de fazer muitas contas e oxalá elas não saiam erradas...».*

A propósito da então nova biblioteca municipal, escreveu-se também naquele documento: *«Continuamos impossibilitados, por falta de verba, de adquirir o mobiliário necessário para a Biblioteca (criada em 1957), o que vem impedindo a sua entrada em funcionamento. O assunto, porém, continuará a não estar esquecido. São sempre, no fim de contas, as disponibilidades da Câmara a contrariar os nossos melhores desejos».*

Escreveu-se então ainda, acerca do fraco equipamento dos bombeiros municipais: *«Como se sabe, o pronto-socorro, adquirido há uns 12 anos em 2ª mão, é um velho carro Ford, hoje com o n.° AC-46-97, ou seja o correspondente à antiga matrícula SUL-24.697 que, há uns 30 anos, fez, de facto, a sua época».*

Mas anos houve em que as despesas com a guerra colonial fizeram escassear os subsídios e comparticipações do Estado. Comentando os efeitos desta quebra no magro orçamento municipal, escreveu-se no Plano de actividades da Câmara de Nisa, de 1965: *«A verdade, porém, é que ninguém poderá ter esperado de nós qualquer «milagre», já que não são as nossas minguadas receitas que no-lo têm permitido fazer até aqui. Por outro lado, o Estado, que tão generoso tem sido, especialmente nuns anos atrás, não o pode ser agora no mesmo grau e no mesmo ritmo, como todos nós teremos de concordar. E, enquanto tivermos de aguentar os efeitos da guerra que nos é imposta em defesa das nossas províncias ultramarinas, a ninguém será lícito esperar dias muito melhores».*

Para além dos subsídios e comparticipações atribuídos directamente às câmaras, o Governo instituía em certos períodos programas de realização de obras públicas de interesse predominantemente municipal ou intermunicipal, através dos quais visava dar trabalho aos assalariados rurais desempregados pela paragem sazonal das actividades agrícolas. É exemplo de programas deste tipo o que foi executado pela Comissão

124 A Autonomia Local e a evolução do modelo da Gestão Pública Municipal

Coordenadora das Obras Públicas do Alentejo (CCOPA, como era conhecida), criada no início da década de 60, através da qual o Governo construiu várias dezenas de estradas, asfaltadas umas, em macadame outras, ligando aldeias e vilas de vários municípios do Alentejo. A estes programas não era também alheia a preocupação de travar o surto de emigração que, mesmo clandestina, se desenvolveu no Alentejo, a partir de 1960, abalando as estruturas agrárias da região.

A importância relativa das diversas receitas municipais no último período de aplicação integral do Código Administrativo de 1936-40 pode ser avaliada pelo quadro seguinte, referido aos anos de 1974 e 1975, sendo os valores deste último ano claramente influenciados pelo peso dos subsídios do Governo, atribuídos com larga dose de generosidade já em pleno período revolucionário.

QUADRO V
Estrutura das diferentes fontes de financiamento dos municípios

Tipo de receita	1974 (%)	1975 (%)
Impostos	61	41
Transferências do O.E.	23	50
Empréstimos	16	9

Fonte: Direcção Geral das Autarquias Locais

8. As finanças locais na 3ª República

Na sequência da Revolução de 25 de Abril de 1974 e da democratização da vida política nacional, verificaram-se importantes alterações no quadro jurídico-constitucional regulador da Administração local autárquica. Já com os órgãos autárquicos eleitos em Dezembro de 1976 no exercício das suas funções, foi aprovada em Julho de 1977 a Lei n.º 79/77, designada primeira Lei das Autarquias Locais, que, tendo revogado expressamente 240 artigos do Código Administrativo, manteve em vigor as normas codiciais relativas à finanças locais.

Decorriam entretanto os trabalhos parlamentares para elaboração da lei das finanças locais. Não foi fácil nem pacífica a elaboração da primeira lei das finanças locais no pós-25 de Abril, revelando o respectivo processo

Competência e financiamento dos municípios   125

legislativo as indecisões e os receios dos órgãos do Estado quanto à medida da autonomia financeira a conceder às novas autarquias locais, em especial, aos municípios.

8.1. *A lógica centralista do financiamento autárquico*

Em Junho de 1977 iniciou-se o processo legislativo de elaboração daquela que iria ficar conhecida como a 1ª Lei das Finanças Locais (Lei n.º 1/79), desde há muito prometida aos eleitos locais sufragados no ano anterior. Este processo, iniciado, repetimos, em meados de 1977, debateu-se com múltiplas vicissitudes associadas à rejeição do projecto de lei do PCP sobre a matéria (n.º 64/I), à dificuldade de aprovação do projecto da Comissão Parlamentar de Administração Interna e Poder Local e à luta política e parlamentar que levou à queda do 1.º Governo constitucional, em Dezembro de 1977, e do Governo PS-CDS, em Junho de 1978, culminando com o encerramento, logo a seguir, da 2ª sessão legislativa da Assembleia da República.

Em Outubro de 1978, estando já em funções o Governo de Nobre da Costa, de iniciativa presidencial e sem suporte partidário no Parlamento, aquela Comissão Parlamentar apresentou um segundo projecto de lei de finanças locais, que desta vez mereceu a aprovação unânime dos vários partidos parlamentares. Foram então rápidos os trabalhos do Plenário e a Assembleia, *sem qualquer dos seus partidos com responsabilidades de governo*, discutiu e aprovou em apenas dois dias (11 e 12 de Outubro de 1978) a citada Lei n.º 1/79, de 2 de Janeiro. Tratou-se de uma lei que, de em modo muito generoso para os municípios, consagrou as bases da sua autonomia financeira e que muito contribuiu para a formação da ideia de incrementalismo na actividade financeira das autarquias locais.

Os princípios constitucionais da autonomia local e da descentralização administrativa, por um lado, mas também da unidade do Estado, por outro, que já haviam inspirado a Lei das Autarquias Locais, não podiam deixar de enformar a Lei das Finanças Locais. De acordo com ela, as fontes de financiamento dos municípios foram assim definidas:

 a) impostos próprios (contribuição predial rústica e urbana; imposto sobre veículos, imposto para o serviço de incêndios e imposto de turismo);

b) participação em 18%, pelo menos, no produto global de impostos do Estado (imposto profissional; imposto complementar; contribuição industrial; imposto de capitais; imposto sobre sucessões e doações e sisa);

c) participação em outras receitas, inscritas no orçamento de Estado como fundo de equilíbrio financeiro, não inferior a 18% das despesas correntes e de capital do OE[132];

d) derramas, até ao limite de 10% da colecta da contribuição predial rústica e urbana, da contribuição industrial e do imposto de turismo cobrados na área do município;

e) taxas pelo aproveitamento do domínio público municipal ou dos bens do logradouro comum do município, pela prestação de serviços pelos serviços e funcionários municipais e pela remoção de limites jurídicos à actividade dos particulares;

f) multas por infracções às posturas e regulamentos municipais, até ao valor de 10.000$00;

g) empréstimos a curto, médio e longo prazo.

O cotejo entre o regime de finanças locais vigente do período do Estado Novo e o que foi instituído pela Lei n.º 1/79 revela profundas e importantes alterações, não sendo de menor relevo as que dizem respeito ao poder tributário dos municípios. O poder tributário pode definir-se como o poder de instituir impostos, ou seja, de produzir modificações gerais e abstractas no ordenamento jurídico a que correspondem sujeições tributárias. Trata-se de um poder anterior ao nascimento da relação jurídica tributária, situado no plano da actividade tributária normativa. O poder tributário é um poder de natureza legislativa em sentido material, próprio do Estado. Mas pode também revestir natureza regulamentar, nos limites previamente fixados na lei, competindo então também a outras pessoas públicas não soberanas, como é o caso das autarquias locais[133]. Um dos tipos de regulamento tributário é representado pelas deliberações

---

[132] É curioso verificar que a Lei n.º 1/79 refere-se uma única vez a este fundo (art. 5.º, al. c), referindo-o, aliás, em letra minúscula. Estava-se ainda longe do relevo que viria a ter a celebrada sigla FEF. A importância que ele veio a ter no financiamento municipal conferiu-lhe grande destaque e desenvolvida regulamentação nas posteriores leis de finanças locais, que até passaram a distingui-lo com letra maiúscula...

[133] Cfr. Xavier, Alberto, *Manual de Direito Fiscal*, I vol., pp. 305 e segs.

Competência e financiamento dos municípios

dessas entidades públicas menores ao instituírem um tributo previsto na lei ou ao fixarem a taxa de um imposto dentro dos limites fixados por lei[134].

Como vimos acima, o Código Administrativo conferiu competência às câmaras municipais para fixarem não só o valor das suas taxas, mas também a taxa de alguns dos impostos municipais. Pelo contrário, a Lei n.° 1/79 não atribuiu aos órgãos municipais o poder de fixarem a taxa dos impostos cujo produto constitui receita sua. Assim sendo, podemos concluir do cotejo entre os dois regimes que no domínio da vigência do Código os municípios dispunham de um certo grau de poder tributário que não lhes foi outorgado em 1979. Nesta medida pode dizer-se que a autonomia financeira dos municípios, corolário do seu poder tributário, foi formalmente cerceada a partir dessa data. Inversamente, porém, a capacidade financeira dos municípios aumentou, mercê do incremento das transferências do orçamento do Estado. O mesmo pode dizer-se quanto às freguesias, beneficiárias de transferências do orçamento do município.

A partir da entrada em vigor da 1ª Lei das Finanças Locais e até ao último ano da sua aplicação, a estrutura das receitas municipais alterou-se substancialmente, como pode ver-se no quadro seguinte:

QUADRO VI
Estrutura das diferentes fontes de financiamento dos municípios
(em percentagem)

Tipo de receita	1974	1975	1976	1977	1978	1979	1980	1981	1982	1983
Impostos	61	41	35	29	31	19	19	19	24	20
Transferências	23	50	58	68	66	78	76	68	62	66
Empréstimos	16	9	7	3	3	3	5	13	14	14

Fonte: Direcção Geral das Autarquias Locais

A partir de 1979, em consequência da repartição pelos municípios, como transferências financeiras, dos 18% dos impostos estaduais, verifica-se um acentuado acréscimo das transferências do orçamento do Estado através do já referido Fundo de Equilíbrio Financeiro, que passam a constituir mais de 75% das receitas municipais.

O recurso ao crédito passa a representar valores mais elevados a partir de 1980 à medida que vai aumentando o nível das despesas de inves-

---

[134] *Idem, ibidem*, pp. 138 e 305.

128 *A Autonomia Local e a evolução do modelo da Gestão Pública Municipal*

timento dos municípios, que passaram de 3,9 milhões de contos, em 1974, para 13,5 milhões, em 1979, acabando nos 29,1 milhões de contos, em 1984, ano em que foi aprovada uma nova lei de finanças locais.

A 3ª República, liberal e democrática, herdara porém o modelo centralista do Estado Novo no sistema de financiamento autárquico. Tal como no passado, eram as transferências do orçamento do Estado, agora estabelecidas em lei e não decididas arbitrariamente, que constituíam a parcela dominante das receitas municipais, tendo o seu montante passado de 22,3 milhões de contos, em 1979, para os 46,5 milhões de contos, em 1983.

Ao longo dos cinco anos de vigência da Lei n.º 1/79 os montantes do FEF transferidos para os municípios situaram-se anualmente entre os 2% e os 2,3% do PIB. Mas o FEF foi o "calcanhar de Aquiles" da Lei n.º 1/79, como, aliás, de outras leis de finanças locais que lhe sucederam. Como veremos, a importância de que ele se reveste no financiamento municipal coloca-o sob constante crítica, nuns casos quanto ao seu cálculo, noutros quanto à sua distribuição.

8.2. *O período da crise financeira do Estado*

Com o Dec. Lei n.º 98/84, de 29 de Março, foi aprovada a 2ª lei das finanças locais e revogada a Lei n.º 1/79. A nova lei é o reflexo da subordinação dos municípios a uma política financeira fortemente restritiva, em resultado da crise que o país atravessou nessa época.

A nomenclatura das receitas municipais continua a ser a que fora estabelecida na anterior lei de finanças locais, com a diferença da supressão da participação no produto de impostos do Estado. O legislador procurou compensar a eliminação desta fonte de financiamento com a inclusão entre as receitas municipais do produto da cobrança de dois novos impostos de reduzida expressão financeira: o imposto de mais-valias e a taxa municipal de transportes, a qual já tinha sido criada pelo D.L. 439/83, de 22 de Dezembro. À semelhança do regime instituído pela Lei n.º 1/79, os municípios continuam a não dispor de competência para a fixação da taxa dos impostos que a nova lei lhes atribui.

O sistema de financiamento estabelecido pelo Dec. Lei n.º 98/84, aplicado num período de intensa crise da economia nacional, acarretou uma maior dependência dos municípios relativamente ao orçamento do

Estado, fruto do aumento significativo do peso das transferências do FEF na estrutura do financiamento das autarquias locais: de 66% em 1983, passou para 74% em 1984.

O Fundo de Equilíbrio Financeiro continuou a ser calculado com base nas despesas do Estado. Porém, a tipologia das despesas correntes agora consideradas para o efeito foi ampliada relativamente à Lei n.º 1/79. Ainda que o montante global do FEF continue a crescer, a percentagem de crescimento é em 1984 a menor de sempre: apenas 11% no Continente e 3% nas Regiões Autónomas (ver quadro seguinte).

QUADRO VII
Evolução do FEF (NUTS I)

MILHÕES DE CONTOS

FEF	1979	1980	1981	1982	1983	1984	1985	1986
Cont.		28 593	33 050	38 284	43 975	48 922	61 900	74 567
% Δ	21 136	35	16	16	15	11	27	20
Reg. Aut.		1 536	1 730	2 016	2 497	2 575	3 100	3 737
% Δ	1 264	22	12	17	24	3	20	21
Total		30 129	34 780	40 300	46 472	51 497	65 000	78 304
% Δ	22 400	35	15	16	15	11	26	20

Fonte: Direcção Geral das Autarquias Locais

O aumento do peso relativo do FEF verificado durante a vigência da 2ª lei de finanças locais teve correspondência na redução do recurso ao crédito, que de 14% em 1983 passou para cerca de metade no período de 1984 a 1986. As receitas fiscais mantiveram o peso estrutural idêntico ao do período anterior: 20% (ver Quadro VIII).

QUADRO VIII
Estrutura das principais fontes de financiamento dos municípios

Tipo de receita	1984 (%)	1985 (%)	1986 (%)
Impostos	20	20	20
Transferências	74	73	72
Empréstimos	6	7	8

Fonte: Direcção Geral das Autarquias Locais

130   *A Autonomia Local e a evolução do modelo da Gestão Pública Municipal*

No entanto, como salienta Renato Campos, apesar do relativo acréscimo a preços correntes do volume de transferências do Estado para os municípios, verificado durante a vigência do Dec. Lei n.° 98/84, o certo é que, por força das restrições nas finanças públicas, a participação percentual do montante do FEF no PIB decresceu de 2% para 1,7%[135].

8.3. *Os efeitos da integração europeia*

A relativa superação da crise financeira nacional, por um lado, e a adesão do país à Comunidade Económica Europeia, por outro, determinaram a aprovação de uma nova lei de finanças locais, a Lei n.° 1/87, de 6 de Janeiro. No que às autarquias locais dizia respeito, a adesão de Portugal à Europa comunitária colocava o problema do aproveitamento a nível local dos fundos de desenvolvimento regional, importando que os municípios pudessem suportar a participação nacional no financiamento de investimentos locais elegíveis no âmbito do FEDER.

A nova lei manteve com poucas inovações a anterior estrutura das receitas municipais, designadamente no que respeita à prevalência das transferências financeiras anuais do orçamento do Estado para as autarquias. Em matéria de impostos locais esta lei atribuiu aos municípios a receita integral da sisa, imposto de grande importância financeira que estimulou, em larga medida negativamente, o incontrolável crescimento de muitas áreas urbanas e a expansão descaracterizada de muitas zonas rurais. Subsiste, no entanto, o regime de fixação pelo Estado da taxa dos impostos municipais, o qual, como já referimos, vem enformando as sucessivas leis de finanças locais aprovadas na 3ª República.

A principal inovação consistiu no estabelecimento de uma nova forma de cálculo do FEF que passou a ser calculado com base na receita do IVA, em vez de o ser, como até então, com base numa percentagem da despesa pública. Esta forma de cálculo estabeleceu uma relação directa entre o acréscimo anual do FEF e o crescimento da economia, representado tendencialmente pelo aumento da receita daquele imposto. O Código da Contribuição Autárquica, aprovado durante a vigência desta lei, introduziu uma novidade no sistema, ao conferir aos órgãos municipais com-

---

[135] Campos, Renato (1999), *Autonomia e Financiamento das Autarquias Locais*, ed. CEDREL – Centro de Estudos para o Desenvolvimento Regional e Local, p. 23.

petência para a fixação da taxa desse imposto. Trata-se, porém, de um poder tributário mitigado, uma vez que essa taxa tem de compreender-se entre percentagens mínima e máxima fixadas pelo legislador.

O quadro seguinte mostra a evolução das receitas locais ao longo dos onze anos de vigência da Lei n.º 1/87.

QUADRO IX
Evolução das receitas locais

MILHÕES DE CONTOS

RECEITAS	1987	1988	1989	1990	1991	1992	1993	1994	1995	1996	1997
Impostos	46,3	67,2	75,5	94,1	107,2	125,8	132,1	140,9	170,2	185,9	218,5
FEF	89,5	91,2	107,6	128,4	157,5	180,0	194,4	199,5	221,1	241,2	253,1
Δ %	14	2	18	19	23	14	8	3	11	9	4
Outras transfer.	17,6	25,2	35,5	43,9	76,6	73,1	70,1	59,6	61,3	78,5	149,6
Venda bens/serv.	14,1	17,8	28,1	35,4	46,1	59,8	61,4	62,3	70,0	75,4	88,0
Empréstimos	7,1	13,3	16,0	18,5	23,7	30,4	38,8	43,3	29,4	35,7	68,7
Outras (a)	15,7	20,8	19,8	20,4	28,2	54,0	59,0	56,6	58,1	76,6	56,3
TOTAL	190,3	235,5	282,5	340,7	439,3	523,1	555,8	562,2	610,1	693,3	834,5

(a) Inclui as verbas registadas nas seguintes rubricas: taxas, multas e outras penalidades, rendimentos de propriedade, outras receitas correntes, activos financeiros (receita) e outras receitas de capital

Fonte: Direcção Geral das Autarquias Locais

Numa breve análise das fontes de financiamento das autarquias locais no período de vigência da Lei n.º 1/87 verifica-se que a alteração mais significativa consistiu na gradual redução do peso relativo das transferências do orçamento de Estado a favor do aumento de importância das receitas próprias, incluindo receitas fiscais, tarifas, rendimentos e multas (vd. Quadro X). Este facto merece ser salientado pelo seu significado em termos de desenvolvimento da autonomia financeira municipal.

132   A Autonomia Local e a evolução do modelo da Gestão Pública Municipal

QUADRO X
Percentagens das principais fontes de financiamento local

Tipo de receita	1987	1990	1992	1994	1996	1997
Receitas próprias	28,7	34,8	32,9	34,1	35,7	43,4
Transferências	66,9	58,9	60,0	56,6	57,8	48,4
Empréstimos	4,4	6,3	7,1	9,3	6,5	8,2

Fonte: Direcção Geral das Autarquias Locais

8.4. *O reforço da autonomia financeira*

As leis de finanças locais não deixam de ser um reflexo da perspectiva do Estado relativamente ao Poder Local. Tanto ou mais do que o quadro legal de atribuições e competências das autarquias locais, o regime das finanças locais traduz o equilíbrio institucional entre o centro e a periferia.

Se a Lei de 1979 foi a lei dos quatro partidos parlamentares (todos sem responsabilidades governativas e com representação a nível municipal) contra um Governo presidencial, a de 1984 foi a lei do Bloco Central e a de 1987 foi a lei do PSD. Também o Governo socialista saído das eleições de Outubro de 1995 promoveu a aprovação de uma lei de finanças locais, a Lei n.° 42/98, de 6 de Agosto, actualmente em vigor. Trata-se de um diploma que, tendo seguido a estrutura formal das anteriores leis de finanças locais, apresenta importantes inovações substantivas, designadamente em matéria de competência tributária e de equilíbrio financeiro.

Quanto ao primeiro aspecto assume grande relevo a concretização, ainda que mitigada, dos poderes tributários conferidos às autarquias pelo n.° 4 do art. 238.° da Constituição (quarta revisão constitucional). O art. 4.° da nova Lei permite aos municípios concederem benefícios fiscais *«relativamente aos impostos a cuja receita tenham direito e que constituam contrapartida de fixação de projectos de investimento de especial interesse para o desenvolvimento do município».*

Relativamente ao equilíbrio financeiro há a assinalar o acentuado crescimento real das transferências financeiras do orçamento do Estado desde a entrada em vigor da Lei. O FEF foi substituído por uma nova forma de transferência baseada na afectação aos orçamentos dos municípios de um montante equivalente a 30,5% da média aritmética simples da receita proveniente da cobrança líquida do IRS, do IRC e do IVA. O montante desta receita passa a constituir os novos Fundo Base Municipal (4,5%), Fundo Geral Municipal (20,5%) e Fundo de Coesão Municipal (5,5%). Esta Lei criou também um Fundo de Financiamento das Freguesias, autonomizado dos orçamentos municipais e directamente transferido do orçamento do Estado, constituído por uma participação em impostos do Estado equivalente a 2,5% da média aritmética simples da receita proveniente do IRS, do IRC e do IVA.

O acentuado crescimento real das transferências financeiras após a entrada em vigor da Lei n.º 42/98 é verificável nos quadros seguintes:

QUADRO XI

Ano	Transferências financeiras(*) (milhões de euros)	Taxa de crescimento	Taxa de inflação	Crescimento real
1995	1068	10,7%	4,1%	6,6%
1996	1165	9,1%	3,1%	6,0%
1997	1250	4,8%	2,2%	2,6%
1998	1308	7,1%	2,8%	4,3%
1999	1495	14,3%	2,0%	12,3%
2000	1637	9,5%	2,0%	7,5%
2001	1860	13,6%	2,8%	10,8%
2002	2073	11,5%	2,8%	8,8%

(*) De 1995 a 1998, às transf. financ. foram deduzidas as transf. para as freguesias e acrescido o IVA turismo.

Fonte: Direcção Geral das Autarquias locais

QUADRO XII
Transferências financeiras para os municípios (1995-2002)

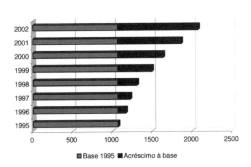

Fonte: Direcção Geral das Autarquias locais

134 *A Autonomia Local e a evolução do modelo da Gestão Pública Municipal*

Para as freguesias a Lei n.º 42/98 representa a "carta de alforria" face aos municípios. Com efeito, a instituição do Fundo de Financiamento das Freguesias autónomo do orçamento municipal traduz, no plano formal, a independência entre ambas as autarquias e dá satisfação a uma antiga aspiração das freguesias. Igualmente relevante foi a extensão da autonomia creditícia às freguesias que passaram a poder recorrer ao crédito a curto prazo.

Refira-se ainda que da análise do Quadro IX, conjugado com os Quadros VII e XI, verifica-se não poder confirmar-se a ideia, por vezes propalada por sectores partidários mais arredados do poder, de que os sucessivos governos geraram um ciclo de crescimento do FEF coincidente com anos de eleições. Com efeito, não se verificou um acréscimo anormal das transferências do Estado nos anos de 1982, 1985, 1989 e 1993, em que se realizaram eleições autárquicas. Em 1997, também ano de eleições locais, as transferências do FEF foram de 253 milhões de contos, correspondendo a uma taxa de crescimento de 4,8% relativamente ao ano anterior (vd. Quadro XI).

9. Estrutura das receitas municipais: estudos de casos

A estrutura das receitas dos municípios portugueses não é uniforme. Nos grandes municípios urbanos, intensamente urbanizados e com um denso tecido empresarial, as suas receitas próprias são, em regra, muito superiores às transferências do orçamento do Estado. Nos municípios rurais do interior do país, com fraca implantação empresarial, a situação é precisamente a inversa.

Analisemos os quadros seguintes representativos da estrutura das receitas de alguns dos municípios sobre que incidiu o nosso estudo.

Competência e financiamento dos municípios 135

QUADRO XIII
Município de Nisa
Receitas (milhares de escudos)

Anos	Receitas próprias	%	Orçamento do Estado	%	Fundos comunitários	%	Empréstimos	%	Receita total
1982	36.519	20	100.290	55	0	0	45.657	25	182.466
1990	152.380	25,5	294.887	49,5	131.884	22	17.770	3	596.921
2000	294.297	21	887.560	63	189.655	13,5	35.670	2,5	1.407.182

QUADRO XIV
Município de Oeiras
Receitas (milhares de escudos)

Anos	Receitas próprias	%	Orçamento do Estado	%	Fundos comunitários	%	Empréstimos	%	Receita total
1980	543.769	78,4	147.800	21,3	1.949	0,3	0	0	693.518
1990	3.355.023	61,3	1.133.904	20,7	323.174	6	656.322	12	5.468.423
2000	16.676.141	70,5	2.658.062	11,2	594.048	2,5	3.730.516	15,8	23.658.767

QUADRO XV
Município de Oliveira do Bairro
Receitas (milhares de escudos)

Anos	Receitas próprias	%	Orçamento do Estado	%	Fundos comunitários	%	Empréstimos	%	Receita total
1979	27.941	37,5	46.524	62,5	0	0	0	0	74.465
1990	133.658	26,7	285.550	57,1	56.009	11,2	24.553	5	499.770
2000	989.628	44,5	930.991	42	133.915	6	166.486	7,5	2.221.020

Tomando como paradigmas os Municípios de Nisa (rural, de economia predominantemente agrária, com 8.500 habitantes) e de Oeiras (metropolitano, densamente industrializado, dotado de um terciário superior, com 160.000 habitantes), verificamos que, na média dos últimos vinte anos, Oeiras depende do orçamento do Estado em apenas 17%, enquanto que Nisa depende em 56%. Não muito menor é a dependência do Município de Oliveira do Bairro, cujos orçamentos são, em média, alimentados pelo Estado em 54%. O cotejo entre os dois Municípios financeiramente mais próximos (Nisa e Oliveira do Bairro) é revelador das diferenças de ritmo de desenvolvimento entre as zonas do litoral e do interior. Enquanto que Oliveira do Bairro inverteu, entre 1990 e 2000, a relação percentual entre as receitas próprias e as transferências do orçamento do Estado,

136   *A Autonomia Local e a evolução do modelo da Gestão Pública Municipal*

o Município de Nisa viu aumentar nesse período a percentagem das transferências do orçamento do Estado, reduzindo a das receitas próprias.

Os dados expostos permitem-nos ainda concluir que o actual regime é conforme ao princípio da solidariedade horizontal, consagrado na Constituição[136]. O Estado vem cumprindo a função reguladora de correcção de desigualdades de desenvolvimento dos municípios, através da perequação financeira estabelecida na lei das finanças locais. Feitas as contas, descobrimos que a capitação da despesa municipal em 2000 foi em Oeiras de 148 mil escudos por habitante, enquanto que em Nisa foi de 165 mil escudos. E se considerarmos apenas as transferências do orçamento do Estado nesse ano, concluímos que elas representam em Oeiras apenas 17 mil escudos por habitante, enquanto que em Nisa ascenderam a 104 mil escudos. No entanto, esta diferença não permitiu inverter o diferente ritmo de desenvolvimento destes Municípios, o que vem confirmar que, em Portugal, o sistema financeiro municipal, por ser residual no conjunto do sistema financeiro nacional, é insuficiente para promover o crescimento económico local.

O sistema de transferências do Estado instituído pela Lei n.° 42/98 afigura-se-nos poder permitir uma repartição mais equitativa dos fundos públicos pelos municípios do que os sistemas instituídos pelas anteriores leis de finanças locais. Mas, se alguns aspectos do novo regime parecem mais positivos, estamos ainda longe da consagração legislativa de um sistema que seja gerador de um juízo público de mérito sobre a gestão financeira das autarquias locais e que conduza à responsabilização política da despesa por via da legitimação democrática da receita. Senão vejamos: a fiscalidade local continua a ter um peso reduzido na estrutura das receitas municipais. Abstraindo das taxas, ela é constituída por impostos que só são municipais quanto ao destino da respectiva colecta. Em tudo o mais têm sido centrais: na criação; na fixação das taxas[137]; no estabelecimento de isenções; no lançamento; na cobrança. A relação financeira em que assenta a administração local autónoma deveria ter por sujeitos o município (sujeito activo) e o cidadão (sujeito passivo), em vez de se estabelecer predominantemente, como tem sido o caso, entre o Estado (sujeito activo) e o município (sujeito passivo).

---

[136] Art. 238.°, n.° 2.

[137] Mesmo a taxa da contribuição autárquica é fixada pelos órgãos municipais dentro de limites estabelecidos na lei.

Competência e financiamento dos municípios 137

Tendo a revisão constitucional de 1997 (n.° 4 do art. 238.° da CRP) constitucionalizado a autonomia tributária das autarquias locais, deverá reforçar-se a autonomia fiscal dos municípios no domínio dos impostos a cuja receita têm direito, incluindo a avaliação dos bens geradores do facto tributário e a fixação das respectiva taxas, para além da concessão de benefícios fiscais já autorizada aos órgãos municipais pela Lei n.° 42/98. Uma tal medida teria três efeitos, a nosso ver, benéficos:

• o acento tónico do financiamento municipal deixaria de estar colocado nas transferências do orçamento do Estado, ainda que o seu peso relativo pudesse manter-se relevante;
• o Estado deixaria de sofrer a reivindicação dos autarcas clamando por mais verbas do Estado, porque são estas as que, no actual sistema, mais facilmente podem crescer;
• imprimir-se-ia uma maior disciplina financeira na gestão dos municípios, já que os munícipes formularão um juízo crítico mais exigente se sentirem que a actividade municipal é alimentada pelo dinheiro dos seus impostos[138].

O sistema financeiro local continua, desde 1979, centrado nas transferências do orçamento do Estado, não só pelo peso que elas assumem no financiamento autárquico, mas também pela ênfase que Estado e autarquias lhes dão na sua relação institucional.

Este regime não propicia a autonomia financeira, gera uma deslocada expectativa social de paternalismo do Estado e não desenvolve a responsabilização pelo mérito da gestão autárquica. Como já se escreveu a propósito do financiamento autárquico, "Em termos financeiros não se tem vindo, assim, a reforçar a personalidade própria e a responsabilização inerentes à descentralização"[139]. Se há dinheiro mal gasto a nível local, o subconsciente colectivo tende a considerar que o problema não é da colectividade, mas sim do Estado, uma vez que os munícipes não sentem esse dinheiro como produto directamente seu.

Por outro lado verifica-se a adopção por muitos municípios de desadequados critérios de tributação. A política de taxas dos municípios (bem como das freguesias) é geralmente estabelecida em nome de critérios

---

[138] Vd., neste sentido, Sanches, J.L. Saldanha, *Jornal Expresso*, de 23.10.1999.
[139] Ruivo, Fernando *et al.*, (1998) "Questões pelo Poder Local", in *Revista Crítica de Ciências Sociais*, n.° 25/26 (Dez.), pp.7-20.

sociais e sob influência de uma excessiva motivação eleitoral, ao arrepio do custo dos serviços prestados aos cidadãos e do princípio do utilizador/pagador. Esta política acaba por provocar uma insuficiente arrecadação de receitas próprias, contribuindo para a continuação do excessivo peso das transferências do Estado nos orçamentos municipais.

Em conclusão, diremos que a reformulação do sistema de financiamento da administração local autónoma, com vista ao reforço da fiscalidade e da tributação próprias acabará por se impor por força da drástica diminuição das transferências comunitárias a partir de 2006. O nosso país deverá ficar então a par da tendência dominante dos países membros da União Europeia, em que o peso das transferências do Estado não é em geral tão acentuado como em Portugal (cfr. Quadro XVI).

QUADRO XVI
Origem das receitas dos orçamentos locais

País	Fiscalidade própria	Tarifas	Transferências	Empréstimos	Outros
Alemanha	35,00	4,00	32,00	7,00	12,00
Áustria	16,30	21,00	43,70	10,00	9,00
Bélgica	40,75	6,00	44,26	0,00	8,99
Dinamarca	52,20	22,30	24,50	0,00	1,00
Espanha	29,80	18,50	27,10	14,90	9,70
Finlândia	39,50	24,00	28,40	5,60	2,50
França	42,00	8,00	29,00	9,00	12,00
Grécia	27,00	8,00	63,00	2,00	0,00
Holanda	15,00	2,00	83,00	0,00	0,00
Irlanda	16,00	21,00	56,00	0,00	7,00
Itália	31,00	11,00	41,00	7,00	10,00
Luxemburgo	33,9	25,1	33,00	8,00	0,00
Portugal	23,00	10,80	49,30	7,50	9,40
Reino Unido	26,00	11,00	51,00	8,00	4,00
Suécia	56,00	15,00	20,00	0,00	9,00

Fonte: Conselho da Europa, 1998

Competência e financiamento dos municípios 139

10. A cooperação financeira Estado-municípios

Reagindo contra a política do Estado Novo de concessão de subsídios e comparticipações aos municípios, a Assembleia da República não deixou de consagrar na 1ª Lei das finanças locais a proibição de *«quaisquer formas de subsídio ou comparticipação financeira às autarquias locais por parte do Estado ou de outros institutos públicos»* (art. 16.°, n.° 1). Admitiu a mesma Lei que *«Em caso de calamidade pública ou quando se verifiquem circunstâncias anormais, a definir por decreto-lei, o Governo tomará as providências orçamentais necessárias à concessão de auxílio financeiro às autarquias locais afectadas»* (art. 16.°, n.° 2). Nas posteriores leis das finanças locais foram incluídas normas correspondentes àquela. O art. 7.° da actual Lei n.° 42/98 postula a mesma proibição, admitindo, porém, que *«excepcionalmente»* o Estado promova o *«financiamento de projectos das autarquias locais de grande relevância para o desenvolvimento regional e local, quando se verifique a sua urgência e a comprovada e manifesta incapacidade financeira das autarquias para lhes fazer face»*. Lamentavelmente e como iremos ver a excepção tornou-se regra!

Como acima dissemos, o regime dos investimentos intermunicipais foi substituído pelo dos contratos-programa e dos acordos de cooperação financeira entre o Estado e os municípios. Ao abrigo deste novo regime, o apoio do Estado à realização de investimentos municipais deixou de estar dependente da sua natureza intermunicipal. O Dec. Lei n.° 384/87 investiu o Governo no poder de, com larguíssima margem de arbítrio, apoiar ou rejeitar projectos avulsos de interesse estritamente local apresentados por um único município. A concessão de subsídios e comparticipações aos municípios processa-se desde há anos contra a lei das finanças locais, financiando o Estado projectos que não têm *«grande relevância para o desenvolvimento regional e local»* e que não assumem a *«urgência»* que a lei das finanças locais exige.

São exemplos recentes de investimentos municipais, objecto de contratos-programa e de acordos de cooperação, os seguintes: recuperação de um cine-teatro; reparação de uma igreja (D.R. II Série, de 26-10-2001); construção de um campo de jogos e balneários (D.R. II S., de 20-11-2001); revitalização de um campo de feira (D.R. II S., de 21-11-2001); pavimentação de uma zona industrial (D.R. II S., de 2-1-2002); modernização de equipamento informático (D.R. II S., de 16-1-2002); construção de

140   *A Autonomia Local e a evolução do modelo da Gestão Pública Municipal*

infra-estruturas de transportes; reparação da rede viária; arranjo urbanístico de uma praça (D.R. II S., de 1-2-2002); infra-estruturas urbanísticas numa azinhaga; ampliação de cemitério; remodelação de paços do concelho; recuperação de quartel de bombeiros municipais (D.R. II S., de 14-2--2002); instalações de apoio ao edifício dos paços do concelho (D.R. II S., de 1-3-2002); construção de edifício para serviços e arquivo municipal (D.R. II S., de 7-3-2002); construção de um parque de estacionamento (D.R. II S., de 22-3-2002).

Como pode ver-se muitos destes investimentos foram financiados pelo Estado à margem do critério da sua grande relevância para o desenvolvimento regional e local ou da sua integração em políticas ou programas nacionais ou regionais, conforme se verificou na década de 90 com o apoio do Estado a investimentos municipais enquadrados nos programas de promoção da leitura pública (que financiou a construção e equipamento de bibliotecas municipais), do desenvolvimento do desporto escolar (construção de ginásios e pavilhões desportivos) e da promoção da cultura (recuperação de salas de espectáculos). O apoio aos projectos acima referidos parece revelar que a regra da cooperação municípios-Estado é a do financiamento por este de toda a espécie de investimentos municipais avulsos, subordinado ao critério único de alguma equidade na distribuição regional dos fundos do orçamento do Estado. Nesta medida os contratos-programa e os acordos de cooperação entre os municípios e o Estado são um expediente através do qual municípios com insuficientes receitas próprias se sujeitam a «mendigar» suplementos financeiros, em posição de total dependência e sujeitos à magnânima boa-vontade de um qualquer governo. A situação actual não se distingue do regime dos subsídios e comparticipações que os governos do Estado Novo concediam às obras dos municípios de então... Apesar de criticável, o sistema era então coerente com a natureza autoritária e anti-democrática do regime político. Hoje o sistema é chocante, porque atenta contra a dignidade institucional que a Constituição dispensa ao Poder Local e viola a Lei das finanças locais que proíbe o Estado de conceder aos municípios subsídios ou comparticipações financeiras, salvo quando destinados a projectos «de grande relevância para o desenvolvimento regional e local» (art. 7.º, n.os 1 e 2).

À margem de um quadro regulamentar explícito e formal, as decisões do Governo sobre estas comparticipações financeiras são tomadas, em muitos casos, através da mediação do presidente da câmara junto dos departamentos da administração central. Como mostra Fernando Ruivo,

Competência e financiamento dos municípios 141

a função que, na opinião dos autarcas portugueses, melhor caracteriza o papel dos presidentes das câmaras é a recolha de recursos para o seu concelho através do acesso a elementos da administração central (67,9%) ou mediante os seus conhecimentos no mundo da política (56,5%)[140], num quadro relacional que o mesmo autor qualifica de «rede de cumplicidades»[141].

Estamos face a uma situação que deve ser denunciada e combatida porque mina e enfraquece a autonomia municipal e coloca o Poder Local numa grande dependência política e institucional do Estado. No fim de contas, talvez os subsídios do Estado para o tipo de obras acima descrito ajudem, aqui e ali, a ganhar algumas eleições, mas têm o efeito político de colocarem os municípios à mercê dos governos e de consolidarem uma imagem de grande fraqueza do Poder Local. Esta situação não parece ser alterável por iniciativa individual dos presidente das câmaras municipais, a quem ela pode oferecer vantagens políticas de curto prazo, mas é de supor que a Associação Nacional de Municípios Portugueses ou, em última instância, a Assembleia da República possam adoptar iniciativas tendentes à conformação da concessão de subsídios e compartipações pelo Governo com as pertinentes normas da Lei das finanças locais.

A cooperação municípios-Estado tem-se centrado exclusivamente num âmbito marcadamente financeiro. Contrariamente ao que se verifica noutros países da Europa[142], o regime legal vigente entre nós não permite, designadamente, o exercício pelos municípios de poderes delegados pelo Estado, o que poderia constituir uma fase transitória no processo de descentralização de novas competências para essas autarquias. Aliás, foi este o percurso da cooperação estabelecida entre os municípios e as freguesias: várias das novas competências próprias atribuídas em 1999 às juntas de freguesia vinham sendo exercidas por elas até então ao abrigo de delegações de poderes das câmaras municipais.

---

[140] Ruivo, Fernando (2000), *O Estado labiríntico,* Porto, Ed. Afrontamento, p. 149.

[141] Ruivo, Fernando (1990), «Local e Política em Portugal», in *Revista Crítica de Ciências Sociais,* n.° 30, p. 75-95.

[142] Casos da Alemanha, Áustria, Espanha, Finlândia, Suécia, entre outros países.

CAPÍTULO IV
A ORGANIZAÇÃO MUNICIPAL

> *«Cada vez mais, o conhecimento especializado do perito torna-se a base da posição de poder do ocupante do cargo».*
>
> MAX WEBER, *Ensaios de Sociologia*

> *«Au fur et à mesure que les activités administratives s'étendent, la complexité de l'appareil bureaucratique s'accroît».*
>
> JACQUES CHEVALLIER, *Science Administrative*

1. A estrutura política

1.1. *O modelo do Estado Novo*

O regime do Estado Novo caracterizou-se pela concentração do poder político no Governo, segundo um sistema de "presidencialismo do primeiro-ministro"[143], e pela organização corporativa do Estado fundada num organicismo social hierarquizado, contrário ao individualismo atomista próprio do liberalismo. Estes dois elementos moldaram naturalmente a organização das autarquias locais durante esse período, tendo determinado a génese e a constituição da estrutura política municipal, segundo o sistema consagrado no Código Administrativo de 1936, revisto em 1940.

---

[143] Caetano, Marcello (1972), *Manual de Ciência Política e Direito Constitucional*, tomo II, Lisboa, p. 573.

144 *A Autonomia Local e a evolução do modelo da Gestão Pública Municipal*

O presidente e o vice-presidente da câmara municipal eram designados por despacho governamental, desempenhando o primeiro a dupla função de órgão do município e de magistrado administrativo, isto é, representante local do governo. Por sua vez, os órgãos colegiais do município eram constituídos com base no sufrágio orgânico de tipo corporativo: o conselho municipal era constituído por representantes das juntas de freguesia, das misericórdias, das ordens profissionais, de cada sindicato nacional, de cada casa do povo, de cada casa dos pescadores e de cada grémio ou outro organismo corporativo de entidades patronais ou produtores do concelho e era esse órgão que elegia os vereadores da câmara municipal. Nos municípios de Lisboa e Porto não existia conselho municipal, sendo os vereadores da câmara eleitos pelas juntas de freguesia e pelos organismos corporativos com sede nessas autarquias. O sufrágio directo estava confinado à eleição das juntas de freguesia e, ainda assim, apenas os "chefes de família" podiam exercê-lo. Os órgãos municipais, em especial as câmaras municipais, estavam submetidos a uma rigorosa tutela inspectiva, correctiva e substitutiva do governo, sobre a legalidade e o mérito da sua actividade. O Código Administrativo instituiu mesmo o chamado *regime de tutela*, ao abrigo do qual o governo podia suspender temporariamente o direito de uma autarquia escolher, ainda que mitigadamente, os membros dos seus órgãos e nomear uma comissão administrativa para gerir os seus interesses.

Os presidentes das câmaras dessa época eram homens[144] nomeados pelo governo, em regra sob proposta do governador civil do distrito, de entre uma certa "aristocracia" local (proprietários rurais, industriais, comerciantes, militares, profissionais liberais, membros das estruturas do partido único), cuja condição económica, para além de lhes conferir o necessário ascendente social, lhes permitia aceitar o exercício de um cargo que não era remunerado. Com efeito, à excepção dos 70 presidentes das câmaras dos municípios de 1ª ordem e dos urbanos de 2ª ordem[145], que auferiam um ordenado, todos os outros limitavam-se a receber uma magra compensação para despesas de representação, que não era extensiva à restante vereação. Não sendo exigível ao presidente uma ocupação especialmente

---

[144] Na acepção biológica da palavra, não tendo qualquer mulher exercido esse cargo durante o Estado Novo.

[145] Segundo a última classificação geral dos concelhos aprovada na 2ª República – D.L. n.º 46139, de 31-12-1964.

A Organização Municipal   145

intensa com os assuntos municipais e limitando-se o conjunto da vereação a participar nas reuniões semanais ou quinzenais da câmara, todos podiam (e deviam...) manter as respectivas actividades profissionais, públicas ou privadas.

Três factos moldaram o estatuto dos municípios dessa época: a natureza autoritária e centralizadora do regime político; a longa crise financeira, de que o país começava a sair nos finais da década de 30, que aconselhava grande rigor e contenção na gestão das finanças públicas; finalmente, a avaliação muito negativa que era feita sobre a experiência da gestão municipal durante a 1ª República[146]. Este contexto político e económico determinou a orientação do Código Administrativo de 1936-40 quanto à organização municipal, caracterizada por três elementos nucleares: o severo controlo político e financeiro dos municípios pelo Governo; a subalternização da estrutura política municipal, remetida a um papel relativamente simbólico e destituída de capacidade de intervenção no desenvolvimento dos seus concelhos; o grande relevo da estrutura administrativa municipal, que adiante estudaremos, dirigida pelos chefes das secretarias municipais (equivalentes dos actuais directores dos departamentos municipais de administração e finanças).

1.2. *A 3ª República e a implosão do modelo autoritário*

A estrutura política municipal iria ser profundamente abalada pela alteração do regime político-constitucional verificada em 1974. Para uma caracterização sumária dessa fase da vida municipal permitimo-nos transcrever o que há anos escrevemos sobre o tema:

«Os impactos do movimento revolucionário de 25 de Abril de 1974 na Administração pública portuguesa foram, à excepção de uns quantos saneamentos pessoais que nada contribuíram para alterações estruturais, extremamente atenuados no plano da administração central. Foi sobretudo ao nível da administração local que se projectaram os efeitos imediatos da ruptura com o anterior regime e com a máquina administrativa em que se apoiava. Esta situação explica-se fundamentalmente pela circunstância de

---

[146] Sobre este facto, Serra, João B. (1996), «Os poderes locais: Administração e Política no 1.º quartel do século XX», in *História dos Municípios e do Poder Local*, dir. César Oliveira, Lisboa, pp. 268-270.

146 A Autonomia Local e a evolução do modelo da Gestão Pública Municipal

os cidadãos sentirem a administração local como a expressão do Estado mais próxima de si, a qual, por se encontrar mais próxima e por ser mais familiar, foi mais vulnerável à reacção social pós-25 de Abril.

A demissão de todas as câmaras municipais do país, longe de assumir o carácter punitivo dos saneamentos verificados na administração central, permitiu afinal dar expressão à contestação das estruturas do regime deposto e abrir o campo à intervenção dos partidos marxistas, que nesse momento preenchiam integralmente o leque político-partidário português[147]. Porém a informalidade que revestiu a designação das comissões administrativas municipais, logo contestadas pelas forças partidárias nascidas no pós-25 de Abril; a ausência de base democrática na designação desses órgãos; a oposição por eles desencadeada às leis da administração local herdadas do anterior regime, *maxime* o Código Administrativo, tudo contribuiu para a criação duma situação de vazio de poder legítimo ao nível da administração local. Esta situação manteve-se até à aprovação da Constituição de 1976 que contem as bases da organização do novo Poder Local. No entanto, foram as primeiras eleições autárquicas, realizadas em 12 de Dezembro desse ano, que assinalaram o termo desta primeira fase da vida da administração local após a instauração da 3ª República, marcada pela transição dos municípios de estruturas tentaculares e auxiliares da administração do Estado para o modelo de verdadeiras autarquias locais»[148].

Não querendo deixar para o legislador ordinário a tarefa de definir a nova organização política municipal, o legislador constituinte tratou de, logo na Constituição de 1976, estabelecer as suas linhas fundamentais: a organização dos municípios compreenderia um órgão deliberativo – a assembleia municipal – eleito por sufrágio universal, directo e secreto, e um órgão colegial executivo – a câmara municipal – eleito pela mesma forma e responsável perante ela.

---

[147] Sobre a ocupação das Câmaras "fascistas" pela frente unitária constituída em torno do MDP/CDE, com envolvimento do PCP e mesmo do PS, Oliveira, César, «O 25 de Abril e a ruptura com os municípios corporativos», *loc. cit.*, pp. 349-351.

[148] Montalvo, António Rebordão (1988), "O Poder local e a participação dos cidadãos", in *Portugal – O sistema político e constitucional, 1974-1987*, pp. 469-483, Lisboa, ed. Instituto de Ciências Sociais, Universidade de Lisboa.

1.3. *O sistema de governo municipal*

A Constituição constitucionalizou o sufrágio directo e universal dos cidadãos residentes para a eleição da assembleia municipal e da câmara municipal. Consagrou-se, assim, entre nós um sistema de governo municipal com dois órgãos colegiais eleitos por sufrágio universal e directo dos cidadãos residentes no município, o que constitui um caso único em toda a Europa.

A avaliação dos sistemas de governo autárquico, ou, por outras palavras, a análise das relações entre os órgãos deliberativo e executivo subordina-se à distinção clássica entre o modelo *parlamentar* e o modelo *presidencial*. A diferença entre ambos é mais uma questão de grau do que de natureza e, por isso, a conjugação de elementos próprios de cada um permite ainda que se fale de um modelo *misto*. No modelo parlamentar, o executivo é eleito pelo deliberativo, é responsável perante ele e pode ser por ele destituído, segundo condições e procedimentos diversos. É o caso dos sistemas de governo municipal da Bélgica, Dinamarca, Espanha, Finlândia, França, Luxemburgo ou Suécia. No modelo presidencial tanto o órgão executivo como o deliberativo são eleitos por sufrágio directo, o executivo goza duma grande independência face ao deliberativo e não pode ser responsabilizado por ele senão em casos extremamente limitados. É o caso da Hungria, da Roménia, da Turquia, da Ucrânia, da Macedónia e da Itália desde a reforma de 1993, onde o órgão executivo tem natureza singular.

Como classificar o sistema de governo dos municípios portugueses? A fraca confluência de elementos do modelo parlamentar (responsabilidade mitigada do executivo face ao deliberativo, sem possibilidade de destituição) a par da acentuação de elementos próprios do modelo presidencial (eleição directa do executivo e forte preponderância do seu presidente na direcção política e administrativa do município), leva-nos a enquadrá-lo na categoria dos modelos presidenciais. É um sistema no qual se quis consagrar o elemento essencial do modelo parlamentar (a eleição directa da assembleia), acentuando o peso político do órgão que, na nossa cultura administrativa, simboliza o município e, reflexamente, o Poder Local – o presidente da câmara municipal. No entanto, este sistema, tal como existe entre nós, é contraditório porque encerra um duplo antagonismo: tem o elemento essencial do parlamentarismo (a assembleia é directamente eleita), mas não é parlamentarista (o executivo não brota

148   *A Autonomia Local e a evolução do modelo da Gestão Pública Municipal*

da assembleia); por outro lado, a característica central do presidencialismo (a eleição directa do presidente da câmara) insere-se num sistema orgânico que contraria o presidencialismo, dada a integração do presidente num órgão colegial, que é simultaneamente governo e parlamento, onde ele pode estar em minoria pela formação de coligações da oposição. Como refere Marcelo Rebelo de Sousa, "há, portanto, dois parlamentos, dos quais o mais fraco é o verdadeiro parlamento – a assembleia municipal –, o qual não pode destituir a câmara municipal e tem poderes bastante limitados, existindo aliás legislação recente (de 1991) que veio limitar ainda mais alguns aspectos da intervenção dessa assembleia"[149].

A revisão da legislação autárquica realizada em 1999 veio reforçar a competência da câmara municipal e, em especial, do seu presidente. Ao órgão executivo colegial foram conferidos poderes regulamentares que sempre estiveram confiados à assembleia e que constituíam uma reserva tradicional de competência dos órgãos deliberativos[150]. Por outro lado, a neutralização política que ambos os órgãos colegiais exercem entre si teve como resultado o contínuo acréscimo das competências do presidente da câmara, a ponto dele se ter tornado no principal órgão do município, assumindo assim na prática um estatuto que a Constituição não previu.

O enfraquecimento da assembleia municipal relativamente ao executivo é também provocado pela própria composição desse órgão. A participação dos presidentes das juntas de freguesia na assembleia do município respectivo, a par dos membros eleitos directamente, enfraquece a autonomia deste órgão em razão da dependência em que muitos deles se encontram face ao presidente da câmara. Esta dependência é gerada não só pelo facto do presidente da câmara ter, em regra, uma intervenção determinante na escolha dos candidatos à presidência das juntas de freguesia, mas também pela posição de favor em que ficam muitos presidentes das juntas em relação ao presidente da câmara por motivo da concessão de apoio financeiro e técnico do município à realização de obras pelas freguesias.

---

[149] *Que reforma eleitoral? I Forum eleitoral: intervenções e debates* (1992), Lisboa, ed. Comissão Nacional de Eleições, p. 46.

[150] Vd. Art. 64.º, 7.a) da Lei n.º 169/99, de 18-9.

QUADRO XVII
Sistema de governo municipal

	Tese	Antítese	Síntese
Sistema parlamentar	• eleição directa da Assembleia	• eleição directa da Câmara • controlo simbólico da Assembleia	• Assembleia – parlamento fraco • Câmara – parlamento forte
Sistema presidencial	• eleição directa do Presidente	• composição heterogénea da Câmara • minoria presidencial	• presidencialismo camarário • subalternização dos vereadores

O sistema de governo municipal carece, portanto, de uma revisão que resolva as contradições de que actualmente enferma. É esse o sentido de algumas iniciativas legislativas recentes apresentadas à Assembleia da República pelo governo socialista à época em funções e pelos grupos parlamentares do PCP, do PSD, do Bloco de Esquerda e do CDS-PP.

As opções do Governo de então, vertidas na proposta de lei n.° 34//VIII[151], adoptam em síntese, as seguintes orientações gerais:

- eleição directa, secreta e universal das assembleias das autarquias e dos presidentes das câmaras municipais e das juntas de freguesia, como cabeças das listas mais votadas para as respectivas assembleias;
- designação dos restantes membros dos executivos pelo respectivo presidente, de entre os membros das assembleias;
- aprovação pelo órgão deliberativo da constituição e do programa do executivo.

O projecto de lei n.° 354/VIII do PCP[152] centra-se na ideia do "reforço dos poderes e competências das assembleias municipais, dos direitos dos seus membros e dos seus meios de funcionamento", assumindo uma oposição frontal à alteração da forma de eleição directa da câmara municipal e ao afastamento dos vereadores da oposição da sua composição.

---

[151] Diário da Assembleia da República, IIª Série A, n.° 52, de 28-6-2000.
[152] Diário da Assembleia da República, IIª Série A, n.° 30, de 1-2-2001.

150 *A Autonomia Local e a evolução do modelo da Gestão Pública Municipal*

Mais próximo da proposta de lei n.º 34/VIII está o projecto de lei n.º 357/VIII apresentado pelo PSD[153]. São as seguintes as traves mestras deste projecto:

- eleição directa do presidente da câmara como cabeça da lista mais votada para a assembleia municipal;
- designação pelo presidente da câmara de, pelo menos, metade dos vereadores, escolhidos de entre os membros da assembleia municipal eleitos directamente para este órgão (excluindo, portanto, os presidentes das juntas de freguesia que também dela fazem parte);
- reforço dos poderes de fiscalização da assembleia e dissolução de ambos os órgãos municipais em caso de rejeição, por duas vezes consecutivas, do orçamento e do plano de actividades apresentado pelo executivo;
- possibilidade de apresentação de candidaturas independentes por grupos de cidadãos para os órgãos municipais.

O projecto de lei n.º 360/VIII, de iniciativa do Bloco de Esquerda[154], contendo um único artigo, visa exclusivamente introduzir um limite à recandidatura dos presidentes das câmaras e dos vereadores a tempo inteiro, impedindo-os de exercerem mais de dois mandatos consecutivos e de, em caso de renúncia ao cargo, o exercerem no mandato imediato.

Finalmente, o CDS-PP, através do projecto de lei n.º 364/VIII[155], orienta-se no sentido de manter a eleição dos titulares de ambos os órgãos municipais por sufrágio directo, universal e proporcional. No entanto, partindo da ideia de que "quem ganha deve governar", o projecto prevê o acréscimo de dois vereadores por cada câmara visando-se "permitir a formação de maiorias absolutas no executivo", sem reduzir a participação dos partidos minoritários neste órgão.

A dissolução da Assembleia da República, em Janeiro de 2002, provocou a caducidade da proposta e dos projectos de lei a que nos referimos. No entanto, eles traduzem o pensamento das várias forças políticas sobre o assunto, sendo de admitir que novas iniciativas legislativas não se afastem muito das posições já assumidas.

---

[153] Diário da Assembleia da República, II Série A, n.º 30, de 1-2-2001.
[154] Diário da Assembleia da República, II Série A, n.º 30, de 1-2-2001.
[155] Diário da Assembleia da República, II Série A, n.º 31, de 3-2-2001.

A revisão do sistema de governo municipal não é tarefa fácil face aos fortes interesses instalados, favoráveis à manutenção do *status quo*. No entanto, as contradições do sistema e a necessidade de o rejuvenescer acabarão por impor a sua reforma. Em nossa opinião, um novo sistema de governo municipal deverá caracterizar-se pelos seguintes elementos fundamentais: composição da assembleia municipal apenas por membros directamente eleitos; reforço da sua intervenção na orientação geral da vida municipal; efectiva responsabilização do executivo perante a assembleia; eleição directa do presidente da câmara, como cabeça da lista mais votada para a assembleia; designação por este de metade dos vereadores, escolhidos de entre os membros da assembleia ou fora dela; ratificação dessa escolha pela assembleia municipal (no exercício de um verdadeiro poder-dever) e eleição por este orgão da outra metade dos vereadores; exercício de funções a tempo inteiro pelos vereadores designados pelo presidente da câmara, deixando este de decidir quem exerce funções nesse regime.

A designação de metade dos vereadores por livre escolha do presidente da câmara confere homogeneidade a este órgão, sem erradicar dele a oposição nem eliminar a função de controlo de primeiro nível que ela deve desempenhar. Mas significa também dar às câmaras municipais a configuração que o próprio eleitorado tem vindo a imprimir-lhes, ao reforçar em sucessivas eleições o número das maiorias absolutas na composição desses órgãos. Esse número aumentou de 185 em 1976 (ano das primeiras eleições locais no pós-25 de Abril) para 232 em 1979; nos dez anos seguintes esse número estabilizou, atingindo-se nas eleições de 1993 as 237 maiorias absolutas; de 1993 para 1997 esse número subiu exponencialmente de 237 para 276, o que corresponde a maiorias absolutas em 90,45% de câmaras do país[156]. A tendência manteve-se nas eleições de 2001 com o mesmo número de maiorias absolutas de 1997 (276), correspondendo a 89,6% de municípios[157].

A reforma do sistema do governo municipal no sentido que defendemos permitiria aproximá-lo do modelo parlamentar, que a Constituição da República parece propor, sobretudo depois da quarta revisão constitu-

---

[156] Diário da Assembleia da República, II Série A, n.º 33, de 10-2-2001, pág. 1346.

[157] A diminuição da percentagem em 2001 deve-se à existência dos três novos municípios de Vizela, Trofa e Odivelas, criados em 1998 (Leis nos 63/98, 83/98 e 84/98, respectivamente).

152 *A Autonomia Local e a evolução do modelo da Gestão Pública Municipal*

cional, de 1997, ao deixar de exigir a eleição da vereação por sufrágio directo e admitindo que seja eleita, no todo ou em parte, pela assembleia[158], sem, no entanto, reduzir a forte legitimidade do presidente da câmara, como líder de um executivo local mais homogéneo e menos parlamentarizado.

1.4. *As candidaturas de independentes*

Particularmente relevante é a recente alteração ao regime eleitoral dos órgãos municipais que passou a admitir candidaturas de independentes. Portugal era dos poucos países da Europa ocidental, onde a democracia representativa tem uma tradição mais consolidada, em que os candidatos aos órgãos municipais tinham que ser propostos pelos partidos políticos. Com aquela alteração ampliou-se às eleições municipais o direito de apresentação de candidaturas independentes já antes instituído para os órgãos das freguesias.

Pretendeu o legislador parlamentar desvincular dos partidos políticos o exercício da democracia representativa a nível local, de tal modo que os cidadãos deixassem de precisar da sua mediação necessária para exercerem o direito de intervenção activa na vida política das suas comunidades. Nesta perspectiva, as candidaturas exteriores aos partidos políticos são uma forma de desenvolvimento da cidadania activa e um meio de revitalização da democracia local.

Nas recentes eleições autárquicas de 16 de Dezembro de 2001 apresentaram-se, pela primeira vez, candidaturas independentes em 22 câmaras municipais e em 19 assembleias municipais. Mas cabe perguntar se essas candidaturas aos órgãos municipais foram verdadeiramente exteriores aos partidos políticos, ou se, pelo contrário, não foram um resultado directo da sua lógica de funcionamento.

Centrando a nossa análise nas candidaturas independentes às câmaras municipais – das quais só três saíram vencedoras: Alcanena, Penamacor e Ponte de Lima – pode dizer-se que em todas elas se verificou um de dois fenómenos: ou os candidatos independentes se apresentaram con-

---

[158] Cfr. art. 252.º da C.R.P..

A Organização Municipal   153

tra o seu próprio partido, quando este decidiu apresentar outro candidato, ou contaram com o apoio de partidos políticos que renunciaram a apresentar candidatos próprios. No primeiro caso contam-se, entre outras, as candidaturas independentes às câmaras municipais de Alcanena e Ponte de Lima (vencedoras com 57,8 e 57,4% dos votos, respectivamente), Entroncamento, Famalicão, Bombarral, Terras de Bouro, Sertã, São Pedro do Sul, Leiria, Penafiel e Setúbal. No segundo caso incluem-se as candidaturas independentes às câmaras de Penamacor (vencedora com 46% dos votos), Vila Verde, Aguiar da Beira, Penedono, Mealhada, Albergaria-a--Velha e Vizela.

Fenómeno semelhante verificou-se na conquista da presidência das câmaras municipais de Celorico da Beira e de Salvaterra de Magos por candidatos propostos respectivamente pelo Movimento Partido da Terra e pelo Bloco de Esquerda, que não tinham conseguido o apoio dos partidos pelos quais foram eleitos nas anteriores eleições (PS e PCP, respectivamente).

Constatamos assim, que, por enquanto, as candidaturas independentes não conseguiram sair da órbita dos partidos políticos nem impor-se a eles de forma expressiva. No entanto, é de prever que as candidaturas independentes sejam um dos mais poderosos elementos de renovação do sistema político local e um factor de mudança da lógica exclusivamente *clubista* que tem presidido à escolha dos candidatos à presidência das câmaras pelos partidos políticos.

1.5. *O regime de permanência e a funcionalização dos eleitos*

Um outro elemento diferenciador do novo modelo da gestão municipal relativamente ao do antigo regime diz respeito ao estatuto da estrutura política dos municípios. Mais do que o conteúdo jurídico das funções do presidente da câmara e dos vereadores, o que aqui é verdadeiramente relevante é a forma como elas são exercidas.

Já vimos que segundo o regime estabelecido pelo Código Administrativo de 1936-40 a larga maioria dos presidentes e demais membros das câmaras municipais do Estado Novo exerciam as suas funções graciosamente, sem dedicação exclusiva e com uma actividade funcional que não ia muito além da participação nas reuniões semanais ou quinzenais do

154   *A Autonomia Local e a evolução do modelo da Gestão Pública Municipal*

órgão. O novo regime democrático rompeu radicalmente com esta forma de exercício de funções por parte dos membros da estrutura política municipal. Desde a primeira lei das autarquias locais do pós-25 de Abril (Lei n.º 79/77) que foi consagrada a profissionalização dos presidentes das câmaras, passando as suas funções a ser exercidas em regime de permanência. A situação não é exclusiva de Portugal, sendo também este o regime de exercício de funções dos presidentes dos executivos dos municípios da maioria dos *Länder* da Alemanha, por exemplo.

A consagração do regime de permanência do presidente da câmara e de alguns vereadores pareceu à data corresponder ao escopo de reabilitação e revalorização do Poder Local, de que o município é o paradigma, e de reforço do papel da estrutura política no seio da organização municipal. Para além disso, o regime de permanência era também aquele que melhor parecia adequar-se a uma certa ideia de *municipalismo militante* que encontramos nos nossos municípios, sobretudo nos primeiros anos do pós-25 de Abril. Com efeito, durante os primeiros mandatos o grau de identificação entre o eleitorado e o respectivo presidente da câmara era muito forte, de um modo geral maior do que hoje. O líder eleito detinha, num grande número de casos, um conjunto de atributos naturais que se aproximam do conceito de carisma usado por Weber[159]. Sendo filho da terra[160], conhecido de todos, geralmente digno e respeitado, antigo comandante dos bombeiros locais, provedor da misericórdia ou presidente de uma colectividade[161], o presidente eleito rapidamente assumia uma dimensão patriarcal; o subdesenvolvimento instalado e as carências dos habitantes cedo lhe conferiam um estatuto messiânico.

A proximidade afectiva entre a comunidade e o líder local e uma forte identidade mútua na partilha de um destino histórico comum, autorizavam os cidadãos a romper com a racionalidade organizacional: o presidente da câmara passou a receber munícipes em casa ao domingo porque a iluminação pública falhou ou a água faltou nas torneiras; em muitos concelhos apadrinhou o casamento de jovens casais e foi chamado

---

[159] Weber, Max (1982), *Ensaios de Sociologia*, Rio de Janeiro, Zahar Editores, pp. 282 e segs.

[160] Num período em que não se admitiam «candidatos paraquedistas» enviados de Lisboa ou das estruturas centrais dos partidos políticos.

[161] Sobre a ligação dos presidentes das câmaras à vida associativa local, Mozzicafreddo, Juan et al., *Gestão e legitimidade no sistema político local*, ed. Escher, pp. 23--24.

a arbitrar desavenças conjugais; muitos dos seus dias de descanso semanal foram passados em reuniões com munícipes, associações e comissões de moradores; uma ida sua ao café era ocasião para receber queixas ou pedidos de solução para problemas de cidadãos[162].

O legislador da primeira lei das autarquias locais do regime democrático terá intuído que a pressão social sobre a organização municipal e a dimensão das necessidades que esta era chamada a satisfazer exigiam a disponibilidade diária do presidente da câmara para os assuntos municipais. De acordo com o novo regime jurídico, o presidente da câmara passou a assumir a gestão do pessoal, a coordenação da estrutura administrativa, a direcção das obras municipais, a orientação da actividade administrativa e financeira do município, mesmo nos assuntos da gestão corrente diária. Sobretudo nos pequenos municípios, onde o número de vereadores em permanência sempre foi menor e onde o quadro de pessoal é menos qualificado, o presidente da câmara tornou-se, por força da centralidade e do conteúdo do seu cargo, no «primeiro funcionário» do Município. Longe ia o tempo em que o presidente e os vereadores, em regra, só se deslocavam «à Câmara»[163] para as suas reuniões semanais ou quinzenais! Mas a instituição do regime de permanência na lei de 1977 teve também o efeito de colocar nas mãos da estrutura política municipal o efectivo controlo da actividade da autarquia, em detrimento da posição de destaque que, como veremos, a estrutura administrativa ocupava até então.

Para esse objectivo contribuiu também o alargamento do regime de permanência aos vereadores, que, em número variável, se ocupam diariamente dos pelouros que o presidente da câmara lhes confia. A existência de vereadores em regime de permanência não retirou protagonismo nem centralidade institucional ao presidente da câmara. Pelo contrário, a evolução normativa acentuou, também nesta matéria, o presidencialismo municipal: a fixação do número de vereadores em regime de permanência, que até 1999 era da competência da assembleia municipal, passou, com a Lei n.º 169/99, a competir ao presidente da câmara. Segundo o regime jurídico actualmente em vigor, é ele quem decide sobre a existência de vereadores

---

[162] Relato de três antigos presidente de câmaras: Rui Coelho (Alcobaça – PSD), Rui Pichiocci (V. N. Barquinha – PS) e Eufrásio Filipe (Seixal – PCP)

[163] Por abreviação da antiga expressão «Casa da câmara», *câmara* passou a designar também os «Paços do concelho».

156 *A Autonomia Local e a evolução do modelo da Gestão Pública Municipal*

em permanência e em meio tempo e quem os escolhe[164]. Esta alteração tem importantes efeitos políticos. No plano conceptual, reforça a tendência presidencialista do sistema de governo municipal, já antes acentuada pela legislação de 1984 e 1991[165] que conferiu mais poderes próprios ao presidente da câmara. No plano político, o poder do presidente decidir da existência dos vereadores em permanência e escolhê-los gerou um fenómeno de efeitos opostos: por um lado, aumentou a pressão política exercida sobre o presidente pelos vereadores, sobretudo pelos do seu partido que mais expectativas alimentam no exercício do cargo em permanência; por outro, ampliou a margem de manobra do presidente na difícil tarefa de neutralizar e conquistar sectores políticos adversos no seio da vereação. A interacção destes efeitos alimentou a tendência para o aumento do número de vereadores em permanência que já vem a acentuar-se há alguns anos, como nos revela a análise empírica realizada nos municípios de Abrantes, Ferreira do Zêzere, Nisa, Oeiras, Oliveira do Bairro e Vila Nova da Barquinha.

QUADRO XVIII
Membros da câmara em regime de permanência e de meio tempo
(incluindo o presidente)

Mandato	Abrantes	Ferreira do Zêzere	Nisa	Oeiras	Oliveira do Bairro	V. N. da Barquinha
Jan.77 / Jan. 80	2	1	1	3	1	1
Jan.80 / Jan. 83	2	1	1	4	1	1
Jan.83 / Jan. 86	2	1	1	5	1	1
Jan.86 / Jan. 90	3	2	2	6	3	2
Jan.90 / Jan. 94	3	2	2	6	3	2
Jan.94 / Jan. 98	4	2	2	6	3	2
Jan.98 / Jan. 02	5	3	2	6	3	3
Jan.02 / Jan. 06	5	3	3	7	3	3

Sendo esta a tendência, temos que concluir que o sistema ganhará em coerência se evoluir no sentido da maior colegialidade da actividade do

---

[164] Art. 58.º, nos 1 e 4, da Lei n.º 169/99.
[165] Dec. Lei n.º 100/84 e Lei n.º 18/91.

A Organização Municipal 157

órgão executivo através do exercício do mandato em permanência por um maior número de vereadores.

A posição nuclear que o presidente da câmara desempenha na gestão municipal tem vindo a ganhar um âmbito mais alargado à medida que se desenvolvem as relações do município com a administração central e com os agentes dinamizadores da sociedade local. Até há relativamente pouco tempo a acção do presidente da câmara circunscrevia-se a três esferas: a esfera do funcionamento da câmara e da relação de forças entre os seus membros; a da organização e superintendência dos serviços e dos funcionários; a da relação com os cidadãos, na qual se joga o prestígio público do presidente e a manutenção do seu poder. Actualmente, o presidente da câmara tem uma quarta esfera de acção, que consiste no envolvimento na gestão local da rede institucional de agentes políticos, económicos e sociais exteriores à organização municipal, de que cada vez mais depende o desenvolvimento do município. No âmbito dessa esfera incluem-se também múltiplos contactos que, em nome do município, ele promove junto dos serviços desconcentrados do Estado, movendo influências e dinamizando um complexo processo de negociação com os departamentos ministeriais com o objectivo de obter financiamento do governo para a realização de investimentos municipais. A acção promocional do presidente da câmara estende-se ao sector económico e financeiro, procurando atrair empresas para o seu município, oferecendo os melhores apoios ao investimento privado e construindo soluções de engenharia financeira que colocam o município no centro da economia local. A função presidencial incide, por fim, na distribuição de subsídios municipais às freguesias e às instituições da sociedade civil.

A acção social do *Município-Providência* é também um poderoso meio de promoção da personalidade e da influência do presidente da câmara junto de associações culturais, clubes desportivos, bandas de música, ranchos folclóricos, grupos de teatro, misericórdias e outras instituições de apoio social. Não menos relevante no plano político é, como já referimos, o sistema de relações entre o município e as suas freguesias que gera uma forte dependência dos presidentes das juntas de freguesia relativamente ao presidente da câmara e que, em larga medida, determina a forma como os primeiros se manifestam na assembleia municipal face às propostas apresentadas ou apoiadas pelo segundo.

O presidente da câmara assume em cada uma destas quatro esferas um papel central e muito frequentemente revela-se o único elemento da organização municipal que estabelece a ligação entre elas.

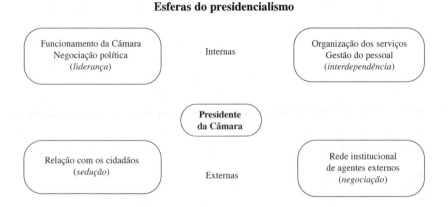

2. A estrutura administrativa e a sua relação com a estrutura política

2.1. *Administração e Política*

Os municípios são, no nosso país, o principal instrumento de auto--administração dos interesses dos cidadãos, enquanto membros de uma determinada comunidade de base territorial. Para que a administração autónoma se efective não basta que os legítimos representantes das populações estabeleçam as linhas de orientação do seu desenvolvimento colectivo, definam as prioridades da sua acção e afectem os meios necessários à realização dos objectivos fixados. A esta actividade eminentemente política, a cargo dos órgãos municipais, tem de associar-se outra, de natureza administrativa, realizada no âmbito de serviços estruturados segundo um determinado sistema de interdependências e dotados de competências específicas. Veremos adiante os efeitos que o desenvolvimento da actividade administrativa e a crescente especialização destas competências tiveram no desdobramento e multiplicação das unidades orgânicas do sistema administrativo municipal.

Um município não é só uma pessoa colectiva de direito público. É também, uma organização que prossegue objectivos, que é servida por agentes e funcionários, que gere recursos e que actua em função e ao serviço de cidadãos que dela esperam grande parte dos bens necessários ao seu bem-estar e desenvolvimento. Um município é uma organização que integra uma rede de serviços e um elenco de servidores cuja estrutura

A *Organização Municipal* 159

e actividade são reguladas por normas jurídicas, obedecem a poderes hierárquicos, submetem-se ao controlo de órgãos de tutela e são avaliados pelos cidadãos que é suposto servirem. Estrutura política e estrutura administrativa são as duas faces da organização municipal: a primeira define os fins e as prioridades da acção pública, a segunda executa as opções assim estabelecidas.

2.1.1. *A subordinação da Administração*

Constitui uma questão recorrente a reflexão sobre as relações entre o nível político e o nível administrativo no âmbito dos estudos da Ciência da Administração. O problema teve a sua génese no estudo das relações de poder no seio da organização do Estado, alimentando o debate teórico sobre a neutralidade ou a dependência política da administração pública face ao governo.

Segundo a concepção *instrumental* da administração pública, esta encontra-se submetida a um estatuto de dupla subordinação jurídica e política. A subordinação jurídica é imposta pelo direito: a actividade administrativa desenvolve-se nas formas e nos limites fixados por lei, não podendo a administração pública exorbitar deles. A subordinação política decorre do enquadramento institucional da administração pública sob a direcção e controlo do poder político. Estando a administração pública subordinada à autoridade e ao controlo do governo, a sua posição seria, de acordo com a concepção instrumental, de uma absoluta neutralidade e passividade no processo político. Como salienta Paolo Urio[166], tratar-se-ia, no fundo, de submeter as relações entre governo e administração pública ao princípio da separação de poderes, para concluir que ela, enquanto instrumento de poder executivo, não participa na criação de normas nem na condução da política do Estado, limitando-se à realização de funções executivas sob orientação e em nome do governo. Para Herbert Simon[167] a neutralidade da administração pública baseia-se na distinção entre «opções de valor» (os fins) e «opções de facto» (os meios). As primeiras estão reservadas ao domínio da política e relevam da hierarquia dos

---

[166] Urio, Paulo (1984), *Le rôle politique de l'administration publique*, ed. LEP, Lausanne, p.21.

[167] Simon, Herbert (1965), *Administrative Behavior*, New York, Free Press, pp. 4 e 45.

160 *A Autonomia Local e a evolução do modelo da Gestão Pública Municipal*

objectivos e prioridades definida pelo poder político; as segundas são instrumentais e subordinadas das primeiras. Assim sendo, à administração pública mais não resta do que escolher as soluções mais eficazes para realizar os fins definidos pela política. Esta ideia de subordinação da administração pela política deriva da teoria de Weber sobre a autonomia orgânica e a identidade *natural* da burocracia face ao poder político e apoia-se na chamada *teoria dos papéis*, que separa claramente as tarefas dos dois grupos[168].

Mas a tese da hegemonia do político sobre o administrativo é também sustentada a partir de uma posição de interpenetração ou osmose entre os dois níveis. Assim, na teoria marxista é clássica a divisão da sociedade em três estruturas: a economia, a ideologia e o jurídico-político. Como salienta Martha Harnecker[169] «na sociedade de classes, o jurídico--político é assegurado por um aparelho autónomo, o Estado, que tem o monopólio da *violência legítima*», visando a supremacia da classe dominante sobre as outras classes. A função principal do Estado é a dominação política das classes oprimidas. Mas ao Estado cabe ainda uma função subordinada daquela, que consiste na actividade técnico-administrativa a cargo do seu aparelho burocrático. Contrariamente à teoria weberiana, para a qual a burocracia é um sistema de dominação organicamente distinto do poder[170], o marxismo vê a burocracia como o conjunto indiferenciado de funcionários, identificando a administração com o próprio Estado. Para a teoria marxista a dependência do aparelho administrativo em relação ao poder político não deriva da simples ausência de *autonomia ideológica* da administração; resulta da sua absoluta falta de *identidade institucional*.

2.1.2. *A função política da Administração*

Contrariando as teses enunciadas, é hoje relativamente pacífica a posição fundada na concepção *estrutural* do fenómeno político, segundo a

---

[168] Peters, B. Guy, Jon Pierre (2000), *Gaceta de Administración y Políticas Públicas,* n.º 17-18 (Jan.-Ago.)

[169] Harnecker, Marta (1974), *Les concepts élémentaires du matérialisme historique,* Bruxelles, Ed. Contradiction, p.99.

[170] Alcázar, Mariano Baena del (2000), *Curso de Ciência de la Administración,* vol. I, Madrid, Tecnos, p. 224.

A Organização Municipal   161

qual a administração pública detém um certo grau de autonomia relativamente ao poder político. A própria doutrina weberiana cauciona esta concepção. Com efeito, Max Weber, fundado no processo de divisão do trabalho que marca o capitalismo e na profissionalização das funções públicas, conceptualizou a organização administrativa moderna, a burocracia, como um sistema de racionalização e normação da organização e do funcionamento da administração pública que influencia e condiciona o exercício do poder político[171]. A ideia central em que se apoia a concepção estrutural é a de que «a administração exerce por essência uma função política e situa-se no *espaço da política*: os funcionários, pela sua função e pelo seu estatuto, estão situados no cerne dos processos políticos»[172].

A relativa autonomia da administração face ao poder político nas sociedades democráticas é explicável por razões orgânicas, técnicas e sociológicas. Organicamente, a administração pública constitui um universo com uma cultura própria e interesses específicos, distinto do sector político. Tecnicamente, a experiência profissional e a preparação técnica dos funcionários permite-lhes serem chamados ao nível da gestão cada vez mais complexa dos assuntos públicos e influenciarem a decisão política. Sociologicamente, a administração pública ganhou uma função de mediação entre o político e o cidadão que lhe é dada pelo seu lugar de charneira no crescente processo de participação cívica e de concertação política de interesses sociais. Esta função se por um lado acentua a autonomia da administração pública face ao poder político, por outro «empurra» sectores do funcionalismo, em particular a *alta função pública*, para o campo político.

2.1.3. *O contexto ideológico da Administração*

A maior ou menor subordinação da administração ao poder político é também condicionada pelo contexto político e ideológico dessa relação. Como salienta Jacques Chevallier[173], se a aplicação do princípio democrático justifica em todos os casos o esbatimento da posição da adminis-

---

[171] Weber, M. (1971), *Economie et Société*, vol. I, Paris, Plon, pp. 14-16.
[172] Chevallier, Jacques (2002), *Science Administrative*, Paris, PUF, p. 267.
[173] *Idem, ibidem*, p. 262.

162 A Autonomia Local e a evolução do modelo da Gestão Pública Municipal

tração pela presença dos eleitos, esta subordinação é por vezes reforçada em regimes políticos onde se verificou a consagração do papel dirigente do partido na sociedade.

Nos regimes liberais, o princípio democrático determina a subordinação da administração aos eleitos legitimados pelo voto popular. A administração, desprovida de legitimidade própria, é legítima na medida em que actua sob a orientação e em execução da vontade do poder político sufragado pelos cidadãos. Daí resulta uma dupla subordinação política da administração, colocada sob a direcção do governo, de quem recebe orientações para a sua acção, e sujeita ao controlo do parlamento, a cujos membros deve prestar informações[174].

Nos regimes de ditadura pessoal ou de partido único a confusão verificada entre o poder político e a administração coloca noutro plano o problema da subordinação desta. Na verdade, não existe nestes casos uma verdadeira sujeição da administração ao poder político por não existir uma clara distinção entre as respectivas estruturas. A recondução de toda a vida do Estado ao partido único ou à vontade do ditador converte a relação entre todos os níveis de acção pública do país num sistema que podemos designar de *osmose institucional*, assente numa rede de interacções e complementaridades hierarquizadas e submetido a uma orientação política forte e centralizada.

2.1.4. *O contexto político da governação*

Na reflexão sobre a relação entre a administração e a política não podemos abstrair da inserção das estruturas administrativas no processo da governação dos nossos dias. Mais do que saber qual é a *posição* da administração face à política, devemos hoje concentrar-nos sobre a sua *atitude*. E a análise empírica do processo político, tanto ao nível do governo central como do governo local, revela-nos que os escalões superiores dos aparelhos administrativos são crescentemente chamados a intervir num plano

---

[174] De acordo com o art. 156.º da nossa Constituição, os deputados têm o poder de fazer perguntas ao Governo sobre quaisquer actos deste ou da Administração pública (al. *d)*), e requerer informações ao Governo ou aos órgãos de qualquer entidade pública (al *e)*). O mesmo poder de controlo sobre os actos da Administração pode ser exercido através da actividade das comissões parlamentares de inquérito.

A *Organização Municipal* 163

que é próprio do processo político (auscultação de interesses, negociação de litígios, distribuição de recursos, amortecimento da pressão de grupos, elaboração de normas). Não parece possível limitarmos a análise da atitude da administração dos nossos dias à clássica dicotomia da sua neutralidade ou dependência do poder político uma vez que, como refere Paolo Urio, "ela surge-nos como uma estrutura relativamente independente do governo e activa no processo político"[175].

2.2. A Administração municipal e o Poder político local: colocação do problema

A reflexão da Ciência da Administração sobre a relação entre a estrutura administrativa e o poder político integra-se tradicionalmente no domínio da teoria do Estado moderno. O objecto dessa reflexão tem-se centrado na análise do grau da dependência da administração central relativamente ao governo e da sua intervenção no âmbito do processo político que este conduz.

Mas poderá este problema e a reflexão a ele associada ser transposto para o domínio da instituição municipal? Faz sentido o estudo da estrutura administrativa municipal na perspectiva da sua relação de subordinação ou de autonomia face à estrutura política municipal, *maxime* à câmara municipal? Julgamos que sim, no pressuposto de que o município desenvolve um conjunto de políticas públicas, cuja formulação compete aos respectivos órgãos eleitos. Mas para compreendermos o conteúdo actual das relações entre política e administração a nível municipal teremos que averiguar qual foi a evolução ocorrida no aparelho administrativo e que efeitos ela gerou. Para tanto há que analisar as transformações sofridas nos seus elementos estruturantes: o quadro de pessoal e o organograma dos serviços camarários. É este o sentido do nosso estudo.

---

[175] Urio, Paulo (1984), *Le rôle politique de l'administration publique*, Lausanne, LEP, p. 24.

164   *A Autonomia Local e a evolução do modelo da Gestão Pública Municipal*

2.3. *O período do Estado Novo*

2.3.1. *Um aparelho administrativo reduzido*

Tomando como paradigma os tipos organizacionais propostos por Paul DiMaggio[176], podemos dizer que a organização municipal adoptada durante os 40 anos de vigência do Estado Novo correspondeu a um modelo de «forte cultura burocrática» organizado segundo uma «estrutura simples», de acordo com a tipologia de H. Mintzberg[177]. Durante aquele período a estrutura burocrática municipal era constituída por um corpo reduzido de funcionários de carreira subordinados à superintendência não só dos órgãos municipais, mas também do ministro do Interior.

No plano formal, os funcionários ao serviço de cada município integravam-se em dois quadros de pessoal: o quadro privativo da autarquia e o quadro geral administrativo dos serviços externos do Ministério do Interior. Ao primeiro pertencia o pessoal menos qualificado: os escriturários-dactilógrafos e o chamado «pessoal menor». O segundo era constituído pelos funcionários de maior qualificação: o chefe da secretaria municipal, o tesoureiro e os primeiros, segundos e terceiros oficiais[178]. O acesso aos lugares destas categorias de pessoal do quadro geral administrativo era feito através de concursos públicos nacionais de prestação de provas, abertos e decididos pela Direcção Geral da Administração Política e Civil do Ministério do Interior. O elevado grau de exigência das provas desses concursos e o número relativamente reduzido de admissões e promoções deles resultantes atestam a boa qualificação técnica geral dos funcionários desse quadro.

Durante o período em análise era muito reduzido o número de funcionários na generalidade dos municípios, quer se tratasse dos integrados nos seus quadros privativos, quer dos que pertenciam ao quadro geral administrativo. É o que se conclui dos elementos recolhidos em municípios que foram objecto da nossa análise empírica.

---

[176] DiMaggio, Paul (1992), «Nadel's Paradox Revisited: Relational and Cultural Aspects of Organizational Structure», in *Networks and Organizations; structure, form and action* – chapter 4; Boston.

[177] Mintzberg, M. (1983), *Power in and around organizations.*

[178] Ao quadro geral administrativo pertenciam também os agentes do Ministério Público junto dos tribunais administrativos de primeira instância (as auditorias administrativas), os secretários dos governos civis e os administradores dos bairros de Lisboa e Porto.

O Município de Abrantes tinha, em 1967, 81 funcionários. Seis anos mais tarde, em 1973, tinha só mais sete unidades.

A Câmara Municipal de Nisa tinha ao seu serviço, em 1963, 60 funcionários. Em 1973, volvidos dez anos, esse número tinha aumentado em apenas uma unidade.

Fazendo a correspondência das suas categorias com a actual nomenclatura de grupos de pessoal, esses funcionários distribuíam-se do seguinte modo:

QUADRO XIX
Número de funcionários do Município de Nisa

Grupo de pessoal	1963	1973
Chefia	1 (a)	1 (a)
Técnico superior	6 (b)	6 (b)
Técnico	1	1
Técnico profissional	3 (c)	2 (c)
Administrativo	6 (d)	7 (e)
Auxiliar	26 (f)	26 (f)
Operário	17	18
TOTAL	**60**	**61**

(a) chefe da secretaria municipal, funcionário do quadro geral administrativo
(b) 4 médicos e 2 veterinários
(c) inclui a parteira municipal e o responsável pelo controlo da qualidade do leite vendido porta a porta
(d) inclui o tesoureiro, funcionário do quadro geral administrativo
(e) inclui um 3.º oficial, também do quadro geral administrativo
(f) inclui o carcereiro da prisão, entretanto extinta, e o servente do lavadouro

2.3.2. *Um aparelho administrativo unitário*

No âmbito de cada município, os funcionários eram dirigidos pelo chefe da secretaria, que era o funcionário municipal de topo do quadro geral administrativo dos serviços externos do Ministério do Interior e o único dirigente dos serviços da autarquia[179]. O relevo que o Código Admi-

---

[179] Abstraímos dos casos de Lisboa e Porto, cuja organização administrativa sempre teve um regime especial. Em alguns municípios de maior desenvolvimento urbanístico foram sendo criados, desde finais dos anos 50, a par dos tradicionais serviços administrativos, os chamados «serviços técnicos», em regra chefiados por um engenheiro.

nistrativo conferia a este cargo pode aferir-se pelo vasto leque de competências que lhe eram conferidas[180]. Competia-lhe dirigir a actividade dos serviços administrativos e financeiros e promover a execução de todos os despachos e deliberações municipais; gerir o pessoal da autarquia; exercer as funções de notário privativo e de juiz das execuções fiscais do município; organizar as contas de gerência; como primeiro responsável pelo cumprimento da lei na actividade administrativa municipal, devia informar a câmara acerca da legalidade das suas deliberações e exarar nas actas o sentido dos seus pareceres.

Ao mesmo tempo que atribuía ao presidente e aos vereadores da câmara um apagado papel de representação simbólica do município «estatizado», o Código conferia àquele alto funcionário um estatuto de gestor de carreira, profissionalizado e altamente especializado nos domínios da administração municipal. Na generalidade dos municípios do país ele era o único dirigente dos serviços da autarquia, com funções de coordenação do conjunto da estrutura administrativa municipal. Este facto moldou decisivamente a natureza unitária do aparelho administrativo dos municípios no período do Estado Novo.

A organização municipal tipo dessa fase histórica correspondia, como já dissemos, aos aspectos dominantes do modelo de «estrutura simples», para usarmos a terminologia de H. Mintzberg.

Organização de estrutura simples

A estrutura política representava o topo da organização e estava ligada à estrutura administrativa por um polo dirigente reduzidíssimo, personalizado no chefe da secretaria municipal. A estrutura administrativa era constituída por um núcleo funcional pouco numeroso, onde predominava o pessoal administrativo e operário, sendo o pessoal técnico quase inexistente.

---

[180] Vd. art. 137.º do Código.

A Organização Municipal 167

Não só em razão da sua integração num quadro de pessoal dependente do Ministério do Interior, mas também pela sua competência e especialização nos vários domínios da gestão autárquica, o chefe da secretaria municipal exercia um acentuado ascendente funcional sobre os membros da câmara que, em regra, não tinham a menor experiência em matéria da administração pública. Em larga medida por emanação do estatuto desse alto funcionário, o peso da estrutura administrativa na organização municipal do Estado Novo era muito grande. A relação de poderes entre ela e a estrutura política era-lhe favorável, alimentando-se assim o modelo de relativa separação entre os dois sectores. Para isso contribuía também a «protecção» que o Código Administrativo conferia aos funcionários do quadro geral administrativo subtraindo-os, em larga medida, ao poder disciplinar da câmara municipal e do seu presidente[181].

O aparelho administrativo municipal, alimentado pelo quadro geral administrativo de carácter centralista, constituiu um outro instrumento de intervenção do Governo na actividade dos municípios. O mesmo Governo que nomeava os presidentes e vice-presidentes das câmaras geria o «núcleo duro» da estrutura administrativa municipal. Deve, porém, em abono da verdade dizer-se que aquele quadro revelou-se um instrumento de rigorosa preparação e selecção de funcionários municipais de elevado nível técnico, de cujo saber e experiência muitos municípios beneficiaram já no período democrático.

2.4. *O período da 3ª República*

2.4.1. *A extinção do quadro geral administrativo*

Sendo um produto da política centralista do regime autoritário do Estado Novo, a queda deste deixou o quadro geral administrativo ferido de morte. Ainda que *de jure* a sua extinção só tenha ocorrido em 1984[182], o seu fim teve lugar, *de facto*, dez anos antes. Isto deveu-se não só ao espírito autonomista que invadiu a vida municipal, mas também à inércia do

---

[181] Os órgãos municipais só podiam aplicar a estes funcionários penas menores: advertência, repreensão e multa. A aplicação das penas de suspensão, aposentação compulsiva e demissão estava reservada ao Ministro do Interior.

[182] Cfr. art. 13.º do D.L. n.º 116/84, de 6 de Abril.

168   *A Autonomia Local e a evolução do modelo da Gestão Pública Municipal*

Ministério da Administração Interna que tutelava aquele quadro (por sucessão ao Ministério do Interior da antiga orgânica governamental) e que, a partir de 1974, deixou de praticar os actos inerentes à sua gestão (aberturas de concursos, nomeações de ingresso, promoções). Dir-se-ia que o Governo saído do movimento revolucionário se inibiu de gerir e dinamizar o quadro geral administrativo, deixando-o em estado de letargia até à sua supressão em 1984. Os funcionários que o integravam perderam, logo em 1974-75, o estatuto inerente a esse vínculo, verificando-se a sua integração informal no corpo de funcionários do respectivo município.

2.4.2. *A expansão dos quadros de pessoal*

Desde os primeiros meses do regime fundado em Abril de 1974 que se iniciou um processo, ainda não concluído, de sucessivo crescimento do funcionalismo municipal. Este fenómeno teve duas fases: a primeira entre 1974 e 1984; a segunda desde aí até aos nossos dias.

A expansão do funcionalismo local durante a primeira fase deveu-se a duas ordens de razões, induzidas pelo próprio processo revolucionário então vivido. A primeira consistiu na corrida das várias forças partidárias à colocação de pessoal político, clientela partidária ou, mais descaradamente, de amigos e familiares em lugares da administração municipal. A segunda razão radicou na quebra, durante esse período, da generalidade dos princípios essenciais da organização do tipo burocrático. Assistiu-se então a um conjunto de fenómenos de decomposição do modelo burocrático: o repúdio do quadro normativo vigente, *maxime* do Código Administrativo, sem imediata criação de regulamentação nova; a absoluta crise da direcção da estrutura política, fruto da «guerrilha» partidária e da quebra da sua unidade; o surgimento de múltiplos pólos internos de novos poderes informais (vereadores de diferentes partidos políticos, assessores e consultores, comissões de trabalhadores, delegados sindicais); a tomada de decisões baseadas na pessoalidade e parcialidade. Esta conjuntura não podia deixar de estimular o recrutamento de pessoal em larga escala, sem concurso e à margem de todas as normas formais que deviam ser observadas.

Na segunda fase, iniciada em 1984, o constante crescimento do funcionalismo municipal é uma consequência directa da expansão e do desdobramento da própria estrutura dos serviços, agora alimentada não só

A Organização Municipal 169

pelos políticos locais, mas também pelos dirigentes intermédios e de topo daqueles serviços. Não é nova nem exclusiva da administração local a ideia de que um serviço é tanto mais relevante e indispensável quantos mais funcionários tiver! O Dec. Lei n.º 116/84, num escopo de modernização da organização dos serviços municipais, determinou que os mesmos fossem reestruturados de modo a *«adequarem-se aos objectivos de carácter permanente do município»*. O apetrechamento das novas unidades orgânicas assim criadas não podia deixar de provocar um crescimento exponencial dos recursos humanos municipais. E, como os recursos financeiros dos municípios têm continuado (e bem!) a crescer, a norma travão do art. 10.º do Dec. Lei n.º 116/84, segundo a qual as despesas com pessoal não podem exceder 60 % das receitas correntes do ano económico anterior, não trava o sucessivo aumento do funcionalismo municipal.

A análise dos quadros de pessoal aprovados nas câmaras municipais objecto do nosso estudo revela um forte crescimento do número de lugares entre 1991 e 2001, com um acréscimo médio de dotações de 46%[183].

Para além desta tendência expansionista, merece ser assinalado o enorme aumento em todos os municípios estudados dos segmentos do pessoal técnico, técnico superior e técnico profissional, com acréscimo médio de 260% na década, o que é revelador do incremento da tecnicidade da gestão, associada à política de modernização administrativa da generalidade dos municípios.

O acentuado aumento dos efectivos dos serviços das câmaras municipais estudadas tem afinal o valor de uma amostragem relativamente ao conjunto da administração autárquica, na qual se verificou entre 1996 e 1999 um acréscimo de 10.716 empregos, segundo os dois recenseamentos gerais da administração pública realizados nesses anos. Mas, para além desta, outras tendências de carácter estrutural merecem ser referidas.

Por um lado, verifica-se em todas as câmaras municipais um esforço no sentido de reforçar a tecnicidade e a especialização, sem dúvida ainda reduzidas, através do aumento do número de técnicos profissionais e de técnicos superiores licenciados, representando estes actualmente, no conjunto da administração local, apenas 6,4% do total dos seus 116.066 funcionários[184]. Apesar disso a pirâmide não deixa de alargar na base,

---

[183] A análise baseia-se no número de lugares *criados* nos quadros de pessoal, embora nem todos estejam *providos*.

[184] 2.º Recenseamento Geral da Função Pública – Dez. 1999.

170 A Autonomia Local e a evolução do modelo da Gestão Pública Municipal

mantendo-se também o constante aumento de efectivos nos grupos de pessoal administrativo, auxiliar e operário.

Por outro lado, verifica-se na administração local um fenómeno que tem contornos semelhantes na administração central: as câmaras municipais continuam a contratar trabalhadores além quadro, quer para tarefas técnicas quer manuais. Porém, não resistem muito tempo à pressão do mercado e, não podendo pagar mais do que a lei lhes permite, oferecem a esses contratados um «seguro de vida», isto é, a nomeação vitalícia para um lugar do quadro. Estando todo o ordenamento jurídico da função pública informado pelo conceito de estatuto que deriva da ideia de estabilidade, o *sistema de carreira* rege quase em absoluto a relação laboral pública nos municípios, não facilitando o desenvolvimento do *sistema de emprego*, que neles seria vantajoso em relação a certo tipo de tarefas, incluindo funções dirigentes[185]. Portanto, os municípios só confirmam a análise feita no 2.° Recenseamento Geral da Função Pública (Dezembro 1999), segundo o qual «a relação jurídica de emprego revela que as nomeações definitivas e provisórias (funcionários) representam 81% do total, os contratos administrativos de provimento (agentes) 8,5% e os contratos a termo certo 6,4%». Esta situação é tanto mais relevante quanto é certo que em muitas zonas do país em que a oferta de emprego escasseia a pressão social exercida sobre os eleitos municipais acaba por fazer das câmaras os maiores empregadores a nível local. O caso de Nisa é paradigmático: o quadro de pessoal do Município, aprovado em 2000, tem cerca de quatrocentos lugares, enquanto que a maior empresa local, de extracção de granitos, não emprega mais do que uma vintena de trabalhadores.

Finalmente, refira-se ainda que quase sempre o quadro de pessoal se limita a ser um simples inventário dos lugares providos ou à espera de o serem, estando longe de ser um instrumento de gestão do pessoal, na perspectiva da retribuição do mérito e da promoção da qualidade dos serviços. Mais uma vez este facto é o resultado do rígido sistema de carreiras e de remunerações que vigora entre nós e que vincula os gestores à satisfação de expectativas que, em regra, têm como único fundamento o decurso do tempo necessário para uma promoção...

---

[185] Sobre a evolução do estatuto de funcionário e a redução de efectivos nalguns países da Europa, *Les administrations qui changent – Innovations techniques ou nouvelles logiques?* (1996), coord. Timsit, Gérard, Claisse, Alain et Belloubet-Frier, Nicole, Paris, PUF, p. 111-120.

A Organização Municipal   171

2.4.3. A multiplicação das unidades orgânicas

Desde o primeiro Código Administrativo português, de 1836, que a estrutura dos serviços da grande maioria dos nossos municípios se circunscrevia a uma única unidade orgânica – a secretaria municipal. E até ao fim dos anos 70 do século XX era essa a estrutura administrativa da generalidade dos municípios portugueses, à excepção dos que tinham por sede uma das 40 cidades então existentes (caso de Abrantes) ou vilas em forte expansão urbanística (caso de Oeiras). Pela secretaria municipal corria não só a actividade de gestão administrativa e financeira da autarquia, mas também a execução dos procedimentos relativos às obras e investimentos municipais, a instrução dos pedidos dos cidadãos sujeitos a licenciamento camarário, as execuções fiscais e todo o demais expediente municipal.

Desde inícios da década de 50 do século passado, foi sendo criada nos municípios mais populosos e desenvolvidos urbanisticamente uma segunda unidade orgânica – os serviços técnicos, incumbida da elaboração dos projectos das obras municipais e respectiva execução e da instrução dos pedidos de licenciamento de obras particulares e de loteamentos urbanos. Era o caso, como acima referimos, de municípios como Oeiras, que, já nessa época, tinha natureza marcadamente urbana, ou Abrantes, onde a expansão urbanística era já uma vertente do seu desenvolvimento. A característica essencial das unidades administrativas dos municípios de então, seja a secretaria municipal sejam os serviços técnicos, era a sua estrutura *simples* e *unitária*. Elas eram coordenadas por um único dirigente e no seu seio não existiam sub-unidades nem chefias intermédias (repartições e secções e respectivos chefes). Esta característica conferia à estrutura administrativa dos municípios uma grande solidez, ao mesmo tempo que facilitava a sua direcção e potenciava a sua eficiência.

Quando o regime democrático sobreveio em Abril de 1974 esta estrutura não tinha obviamente a elasticidade necessária para poder absorver e enquadrar os impulsos gerados no plano político não só pelo *processo de forte «intervencionismo municipal, urbano e socio-económico»*[186], mas também pela partilha da máquina camarária entre as várias forças políticas representadas na autarquia. Começaram então a surgir novos serviços municipais, com designações tão díspares como «gabinete», «sector» ou «nú-

---

[186] Mozzicafreddo, Juan, et alia (1988), «Poder Autárquico e Desenvolvimento Local», in *Revista Crítica de Ciências Sociais*, n.° 25/26 (Dez.).

172   *A Autonomia Local e a evolução do modelo da Gestão Pública Municipal*

cleo», criados, em regra, informalmente por iniciativa de cada câmara ou de alguns dos seus membros. Outros tiveram criação formal, como foi o caso dos serviços municipais de habitação, instituídos pelo Dec. Lei n.º 797/76, de 6-11.

Em 1984, o Governo pretendeu «pôr ordem na casa» e aprovou o Dec. Lei n.º 116/84 estabelecendo princípios uniformizadores a adoptar na organização dos serviços municipais. A aplicação das normas deste diploma fez surgir um novo paradigma de estrutura orgânica, resultante em parte da letra da lei, em parte de um certo efeito de imitação.

À sombra da reestruturação administrativa determinada pelo Dec. Lei n.º 116/84 foi medrando o organograma dos serviços de cada câmara municipal. De reestruturação em reestruturação os serviços foram-se multiplicando e a estrutura administrativa foi-se expandindo. Como pode concluir-se dos números revelados pelos organogramas das câmaras municipais que foram objecto dos estudos de caso, as restruturações realizadas entre 1991 e 2001 determinaram os seguintes aumentos médios percentuais do número das unidades orgânicas:

Serviços dependentes da presidência...................... 101 %
Departamentos.. 73 %
Divisões.. 60 %
Secções.. 34 %

(Nesta análise não foram consideradas as direcções municipais, cuja criação só se tornou possível, nos maiores municípios, desde a entrada em vigor da Lei n.º 95/99, de 17 de Julho, nem as repartições, por terem sido suprimidas com a extinção do cargo de chefe de repartição, nos termos dos Dec. Leis n.º 404-A/98 e n.º 412/98, respectivamente de 18 e 30 de Dezembro).

Aqui chegados estamos em condições de extrair algumas ilações sobre a evolução verificada nas últimas duas décadas no aparelho administrativo dos nossos municípios, que nos permitam compreender o conteúdo das actuais relações entre os seus níveis político e administrativo.

Ultrapassando o modelo simples e unitário do passado, a administração municipal está hoje estruturada segundo o modelo de *decomposição em sectores* de que fala H. Mintzberg[187].

---

[187] Mintzberg, H. (1983), *Power in and around organizations*, Englewood Cliffs, NJ, Prentice Hall.

Estrutura decomposta em sectores

A estrutura política é apoiada por unidades dela dependentes directamente, não integradas nas unidades sectoriais. Estas são coordenadas por funcionários de direcção cuja acção é desenvolvida sob a orientação imediata do presidente e de alguns vereadores, titulares dos vários pelouros.

A sucessiva multiplicação das unidades administrativas municipais no pós-25 de Abril tem fundamentos técnicos e políticos. Na primeira fase da democracia local esse fenómeno teve uma justificação de ordem técnica resultante da ampliação das frentes de intervenção municipal na satisfação de carências e de reivindicações, a que havia que dar respostas tecnicamente especializadas. Mas resultou também, como já referimos, da necessidade política de ampliar e seccionar uma estrutura administrativa até então simples e unitária para poder repartir-se o seu controlo por vários agentes políticos de uma única ou de várias forças partidárias.

Numa segunda fase a multiplicação das unidades administrativas passou a resultar da própria dinâmica interna da estrutura municipal no seu conjunto. A segmentarização administrativa, resultante da crescente especialização dos saberes e das técnicas, é também efeito da pressão exercida sobre o nível político por sectores da alta e média administração municipal, para quem a fragmentação da estrutura administrativa representa uma via – por vezes a única no rígido sistema de carreira em vigor – para a desejada promoção ou valorização de estatuto. No contexto da relação de forças entre política e administração, a segmentarização administrativa representa, em contrapartida, um meio de reforço da autoridade do sector político, através «de uma estratégia deliberada de *responsabilização*, que favorece o aumento da *autonomia* dos serviços, visando uma maior eficácia»[188]. A fragmentação promove a competição entre os serviços e pode ser adoptada como instrumento de controlo da actividade através da ava-

---

[188] Chevallier, Jacques (1994), *Science administrative*, Paris, PUF, p. 407.

174   A Autonomia Local e a evolução do modelo da Gestão Pública Municipal

liação dos seus resultados. Poderíamos ser tentados a descobrir neste fenómeno a adopção de uma política de reforma administrativa fundada no «manageralismo», que insiste na necessidade de agilizar as estruturas administrativas, substituindo os procedimentos e os métodos administrativos por modelos da gestão empresarial. No entanto não nos parece poder retirar-se essa conclusão, uma vez que o processo de fragmentação administrativa não tem sido acompanhado, na generalidade dos municípios estudados, de outras medidas próprias de uma política de reforma baseada nos paradigmas do *new public management*, designadamente no que respeita à redução dos recursos humanos e à introdução na gestão municipal de mecanismos de mercado típicos da gestão privada. Seria, aliás, contraditório que os municípios, na sua actual feição de Município Providência com elevado grau de intervenção no desenvolvimento local, adoptassem uma política de reforma administrativa assente num paradigma desintervencionista e redutor da despesa pública.

É certo que as pequenas unidades permitem ao funcionário perceber melhor a sua contribuição para os fins da autarquia e este objectivo de motivação pessoal poderia justificar, até certo ponto, a decomposição de alguns serviços. Mas apesar do grau de fragmentação já atingido, não nos parece que a tendência para o desdobramento das estruturas administrativas esteja a esgotar-se. Ela deverá manter-se, sem prejuízo desse desdobramento vir a fazer-se para fora da estrutura administrativa clássica, nomeadamente através da criação de empresas municipais, que analisaremos adiante. Não deixa, aliás, de ser sintomático que a generalidade dos organogramas de serviços municipais incluam uma série de sub-unidades atípicas e informais, aí designadas por «núcleos», nuns casos, e por «sectores», noutros, que tenderão a constituir o embrião de novas unidades orgânicas a consagrar em futuras reestruturações. Ora, o simples facto de elas estarem *sugeridas* nos organogramas dos serviços gera expectativas sobre a sua criação e favorece a posição do nível político na sua relação com a administração.

A compartimentação da estrutura administrativa segundo um critério de especialização técnica deu origem a sectores funcionais relativamente autónomos (pelouros), atribuídos a diferentes vereadores, e *ministerializou* a organização municipal aproximando-a de um modelo de estrutura governativa e enriquecendo o conceito de *governo municipal*. É também este o sentido para que aponta a Lei n.° 169/99 ao prever a constituição pelos vereadores em regime de permanência de gabinetes de apoio ao exercício das suas funções. No entanto, estas transformações tiveram também o efeito de reforçar a qualificação da estrutura administrativa e de acentuar o peso da tecnoestrutura na vida da organização municipal, uma vez que é ela que dispõe do *know-how* técnico e do acesso à informação necessários ao processo de decisão política.

Por outro lado, este processo tem cada vez mais uma dimensão pública e participada. Os cidadãos interpelam os políticos nas sessões públicas dos órgãos municipais; múltiplas matérias são objecto de inquéritos públicos ou de reuniões com as populações; os *media* e a opinião pública colocam questões a que é necessário responder. Mais: a execução de muitos projectos municipais passou a exigir, sobretudo a partir do acesso de Portugal aos fundos estruturais, o estabelecimento de parcerias públicas e privadas e a envolver a estrutura técnica na preparação de candidaturas, na realização dos investimentos e na elaboração de múltiplos relatórios. Em todo este processo de governação à escala local os técnicos municipais são chamados a exercer uma actividade pública de mediação entre os eleitos e os cidadãos, assessorando os decisores políticos e mesmo justificando as suas opções. Esta crescente exposição e visibilidade da estrutura técnica na gestão municipal conferiu-lhe um papel de relevo no processo político local, incrementando a sua autonomia face à estrutura política e acentuando a politização do alto funcionalismo municipal.

A politização dos altos funcionários dos municípios – fenómeno já antes verificado no alto funcionalismo do Estado – é um efeito estrutural do ritmo acelerado imprimido à gestão local nos nossos dias e à necessidade dos eleitos conferirem rapidez e coerência à sua acção. Esta tendência de assalto dos funcionários ao poder (agradecendo a Francis de Baecque o empréstimo do título do seu artigo «Les fonctionnaires à l'assaut du pouvoir»[189]) manifesta-se em dois sentidos. Por um lado, acentua a intervenção dos altos funcionários na gestão municipal e confere maior acuidade à relação de confiança entre eles e os políticos em funções, podendo vir a criar condições para a implantação de um *spoils system* local, com o inerente rotativismo administrativo nos cargos cimeiros da estrutura administrativa. Por outro lado, a politização do topo da administração coloca os altos funcionários em posição privilegiada no recrutamento do pessoal político, sendo já inúmeros os dirigentes de serviços camarários e dos

---

[189] *Pouvoirs*, n.° 40, 1980, p. 61-80.

176   *A Autonomia Local e a evolução do modelo da Gestão Pública Municipal*

GAT's que foram eleitos para os órgãos municipais e, nalguns casos, para o Parlamento.

Mas este fenómeno de intersticialidade do corpo político – de que é reflexo a recente legislação que habilita os presidentes das câmaras a delegarem competências suas nos dirigentes dos serviços[190], é o reverso de um outro, de sentido oposto, que consiste na funcionalização dos políticos municipais, diariamente concentrados na gestão e no equilíbrio financeiro da autarquia, em detrimento da acção política[191].

Este «fenómeno migratório»[192] em direcções opostas ajuda-nos a compreender a permanente interacção entre políticos e funcionários e a relativa autonomia da estrutura administrativa face à política. Esta define as opções políticas e dispõe de poderes formais para impor a sua execução por aquela, mas a administração contrapõe à legitimidade da política a sua competência técnica e a capacidade de mediação entre o poder e a sociedade civil. Como salienta Jacques Chevallier, «os dois parceiros formam, em suma, um conjunto indissociável: a burocracia administrativa está organicamente colada ao executivo eleito, uma vez que os governantes estão colocados *à testa* da administração; a relação entre os eleitos e a administração não é, portanto, de exterioridade nem mesmo de contiguidade, mas antes de *imbricação* ou de *aderência*»[193].

Atendendo ao contexto político e social dominante no Estado Novo e na 3ª República, a caracterização evolutiva da relação entre política e administração na nossa organização municipal pode ser assim representada:

---

[190] Art. 70 da Lei n.º 169/99 de 10 de Setembro.
[191] Huron, David, e Jacques Spindler (1998), *Le management public local*, Paris, L.G.D.J., p.88.
[192] Huron, David, e Jacques Spindler (1998), *Le management public local,* Paris, L.G.D.J., pp. 88-89.
[193] Chevallier, Jacques (1994), *Science administrative*, Paris, PUF, p. 264.

QUADRO XX
Contexto e inter-relações da organização municipal

	Natureza do regime político	Grau de autonomia local	Participação da Sociedade civil	Relação entre estrutura administrativa e política
Estado Novo	Corporativo anti-democrático	Muito reduzido	Inexistente	Autonomia da Administração
3ª República	Democracia liberal	Elevado com grande dependência financeira	1ª fase 1974/77 – Expontânea	Total hegemonia da Política
			2ª fase 78/86 – Casuística	Dependência da Administração
			3ª fase 87/... – Estruturada	Interdependência

3. A administração municipal indirecta

3.1. *Formas de administração municipal indirecta*

Os municípios cumprem a sua função de prestação de serviços às populações por três formas distintas: directamente, através das suas estruturas administrativas indiferenciadas; mediante contratos de concessão de serviços com outras entidades, regidas pelo direito privado e pelo direito público; ou indirectamente, por intermédio de estruturas com autonomia administrativa e financeira de tipo empresarial, dotadas ou não de personalidade jurídica distinta da do município. Naquele primeiro caso, o município exerce a *administração directa* das suas atribuições através dos seus órgãos e com o apoio dos serviços integrados na estrutura administrativa que estes dirigem. Em contrapartida, neste terceiro caso, as atribuições municipais são confiadas a organismos públicos dotados de autonomia administrativa e financeira, sujeitos à superintendência da câmara municipal, que realizam uma *administração indirecta* do município. Estes organismos podem ou não ter personalidade jurídica distinta do município. No primeiro caso, estamos perante um *instituto público* que pode revestir

178 A Autonomia Local e a evolução do modelo da Gestão Pública Municipal

natureza fundacional, se destinado a gerir um património especial (*fundação pública*), ou natureza empresarial, quando se propõe produzir bens ou serviços destinados a ser colocados no mercado mediante um preço (*empresa pública*). No caso do organismo da administração municipal indirecta não ser personalizado estamos perante um *serviço municipalizado*, que continua a ser a forma de administração municipal indirecta mais corrente em Portugal.

A opção por cada uma dessas formas de prestação de serviços depende do tipo de serviço em causa e do grau de eficácia e economia que elas permitam, estando todas elas presentes na actividade prestadora dos municípios portugueses. Serviços locais como a conservação dos espaços verdes, o enterramento dos mortos, a organização das feiras e dos mercados são, em regra, prestados directamente pelo município através dos seus serviços indiferenciados. Outros serviços como a captação e distribuição de água e a recolha e tratamento de resíduos são prestados, no conjunto dos nossos municípios, pelas três formas acima descritas. Na generalidade dos municípios portugueses os serviços locais de captação e abastecimento de água e de conservação da rede de esgotos estão a cargo de serviços municipalizados que, como abaixo veremos, são empresas públicas sem personalidade jurídica, integradas, portanto, na organização do município, que gozam de grande autonomia administrativa e financeira. Os serviços municipalizados constituem a primeira forma de exploração empresarial de serviços municipais e são os antecessores directos das actuais empresas públicas municipais[194].

3.2. *Os serviços municipalizados*

Com a Lei n.° 88, de 7 de Agosto de 1913, foi conferida às câmaras municipais a faculdade de deliberarem «*sobre a municipalização dos serviços locais*». A municipalização de serviços locais traduz-se na criação de serviços públicos locais explorados sob forma empresarial por conta e risco dos municípios. O Código Administrativo de 1936-40[195] estabeleceu

---

[194] O projecto de novo Código Administrativo apresentado em Março de 2002, previu a transformação dos serviços municipalizados em empresas públicas municipais personalizadas.

[195] Arts. 164.°, 165.°, 168.°.

A Organização Municipal   179

as condições da municipalização dos serviços locais: o serviço deve destinar-se a satisfazer necessidades colectivas que a iniciativa privada não proveja satisfatoriamente; ter organização autónoma adentro da organização municipal; exploração sob forma industrial e intuito económico. Segundo o mesmo Código, os serviços municipalizados podiam ter por objecto, designadamente, os sectores da água, energia eléctrica e gás de iluminação, esgotos e lixos, transportes colectivos, mercados e matadouros.

Os serviços municipalizados são empresas públicas[196] cujo empresário é o município, embora não tenham personalidade jurídica. Têm autonomia administrativa e financeira, mas estão integrados no município.

3.3. As empresas públicas municipais

Desde 1977 que a Lei n.° 79/77, de 25 de Outubro, previu a criação pelos municípios de empresas municipais. No entanto, só com a Lei n.° 58/ /98, de 18 de Agosto, foi regulamentada a criação das empresas municipais, intermunicipais e regionais, dotadas de personalidade e capacidade jurídica. Contrariamente aos serviços municipalizados, as empresas públicas municipais são organismos personalizados, isto é, com identidade jurídica distinta do município ainda que sujeitos à superintendência do seu órgão executivo.

A personalização das empresas públicas municipais, isto é, a atribuição por lei de uma identidade jurídica formal distinta da do município, é uma característica que pode alterar o paradigma da relação município-sociedade civil. Com efeito, a criação dessas empresas com o objectivo de substituírem o município na produção de bens e na prestação de serviços públicos representa uma profunda alteração da posição da organização municipal face aos munícipes. À semelhança do que se vem verificando nas últimas décadas no âmbito do Estado, cujo desmembramento em distintas pessoas jurídicas com funções prestadoras provocou a emergência de um novo modelo de Estado Regulador, também a nível local a proliferação de empresas públicas tenderá a provocar o recuo do município na esfera

---

[196] Neste sentido, Caetano, Marcello (1980), *Manual Administrativo*, I vol., p. 348; Franco, A. Sousa (1986), *Finanças Públicas e Direito Financeiro*, p. 175; Amaral, Diogo Freitas do (1994), *Curso de Direito Administrativo*, vol. I, pp. 359-360.

180 A Autonomia Local e a evolução do modelo da Gestão Pública Municipal

económica, remetendo-o a uma função reguladora e reduzindo o âmbito da relação da sua estrutura política e administrativa com os cidadãos.

A criação de empresas públicas municipais tem-se processado a um ritmo muito acelerado, após a entrada em vigor da Lei n.° 58/98, de 18 de Agosto. Segundo dados da Inspecção Geral de Finanças[197], existiam em 1999 34 empresas municipais e intermunicipais e 143 sociedade anónimas com participação de municípios. Em Outubro de 2001, esses números já eram de 114 e 187, respectivamente, envolvendo 269 municípios. Se juntarmos a estes números 58 sociedades por quotas, 35 cooperativas, 21 fundações e 19 instituições bancárias, concluímos que aqueles municípios têm participação financeira em 434 entidades.

A constituição pelos municípios, em pouco mais de três anos, de um tão elevado número de variadas formas jurídico-organizatórias tem sido motivada pela tendência para evitar os constrangimentos normativos da gestão financeira dos serviços públicos, empreendendo-se a chamada «fuga para o direito privado». Como salienta a propósito João Pacheco de Amorim, «cada vez mais o Estado e as restantes pessoas colectivas públicas de população e território se tentam libertar do espartilho do direito público e das apertadas regras da contabilidade pública, recorrendo a instrumentos e formas de direito privado para mais eficazmente prosseguirem as respectivas funções»[198]. Assim sendo efectivamente e estando o próprio Estado na primeira linha da «fuga para o direito privado», com a criação de sociedade anónimas de capitais públicos regidas pelo direito privado, esperar-se-ia que se introduzisse alguma descompressão no regime jurídico-financeiro da gestão pública que, sem prejuízo do efectivo controlo dos seus resultados, desencorajasse aquele pouco saudável fenómeno.

Por forma a contrariar o acentuado aumento do número de empresas municipais, a Lei do orçamento do Estado para 2002 (Lei n.° 109-B/01, de 27 de Dezembro) instituiu no seu art. 18.° a autorização legislativa que habilitará o Governo a alterar a lei de criação daquelas empresas, no sentido, designadamente, de «evitar a adopção desajustada e sistemática desta forma de organização jurídica», do «reforço dos poderes de superintendência das entidades promotoras» e da «sustentabilidade económico-financeira das empresas», em geral demasiado dependentes do orçamento dos municípios.

---

[197] Jornal «Expresso», de 5-10-2001, p. 10.

[198] Amorim, João Pacheco de (2000), As empresas públicas no direito português – em especial, as empresas municipais, ed. Almedina, p. 41.

A *Organização Municipal*   181

As empresas municipais têm uma natureza instrumental, constituindo formas organizacionais de prestação de serviços públicos, de acordo com um critério económico e uma gestão empresarial. Na Europa ocidental o número de empresas públicas locais tem crescido exponencialmente, cifrando-se o seu número actualmente em cerca de 12.000, das quais 3500 na Alemanha, 1500 na Suécia e na Noruega, 1400 na Áustria, 1300 em França e 1000 em Itália e na Espanha[199].

No contexto europeu é possível distinguir dois tipos principais de empresas públicas locais. Num primeiro tipo agrupam-se as empresas de prestação de serviços liberalizados ou em relação aos quais existe um mercado concorrencial. É o caso das empresas públicas municipais dos sectores da água, da energia, dos transportes públicos ou do saneamento, nos quais elas devem competir a nível nacional e, mesmo, internacional, o que exige a aplicação de estratégias de intervenção em mercados liberalizados e de alargamento da sua actividade para além do território de origem. Um segundo tipo de empresas, que corresponde à maior parte das empresas públicas municipais, é constituído pelas que têm por objecto interesses estritamente locais, tais como o desenvolvimento local, a habitação social municipal, o turismo local, a renovação urbana municipal, o estacionamento local, etc, para cuja prossecução não existe um mercado desregulado. A estratégia destas empresas concentra-se na optimização da eficácia da sua gestão.

Para concluir refira-se ainda que o fenómeno de recuo dos municípios *qua tale* na esfera económica, mercê da substituição da sua administração directa por empresas públicas personalizadas, é coincidente com o desenvolvimento da participação dos municípios em sociedades de economia mista que, tal como as empresas públicas, prosseguem algumas atribuições autárquicas. As sociedades de economia mista são, para além de entidades jurídicas, instrumentos de parceria entre os municípios e empresários privados. Mas este facto não as isenta, por vezes, da crítica de certos sectores do mundo empresarial que acusam o expansionismo um pouco incontrolado da economia mista local de privilegiar as empresas associadas aos municípios e de distorcer as regras da livre concorrência[200].

---

[199] Centre Européen des Entreprises à Participation Publique et des Entreprises d'Intérêt Economique Général, *Services publics locaux et ouverture des marchés: le rôle des entreprises publiques locales*, Mars 2001.

[200] Bizet, Jean-François, e Claude Deves (1991), *Les sociétés d'économie mixte locales*, Paris, ed. Economica, pp. 28-29.

CAPÍTULO V
A SOCIEDADE LOCAL

> *"Le droit de cité ne peut pas s´acquérir par le paiement de l´impôt; il est dans la nature."*
>
> DUBOIS-CRANCÉ, Sessão da *Convention Nationale* de 23 do messidor de 1793

> *"Os Estados que se rotulam de democráticos têm sempre alguns processos para envolver os cidadãos em actividades de governação, por mínimo que esse envolvimento seja na prática."*
>
> ANTHONY GIDDENS, in *As consequências da Modernização*

1. Participação e associativismo

A dicotomia Estado *versus* sociedade civil, que é um corolário do Estado Liberal, deu lugar, com o Estado Providência, ao paradigma Estado *mais* sociedade civil. O encontro do Estado com o sector privado no campo da satisfação das necessidades dos cidadãos quebrou o isolacionismo da administração pública, mas também revelou as suas incapacidades. Os erros da administração, os abusos dos políticos, a alteração conceptual do serviço público, a erosão da ideia de interesse público são fenómenos que alimentam a crise de legitimidade do poder político, questionado por uma sociedade democrática, informada e exigente. É este o contexto em que se inscreve a participação cívica como elemento do processo de governação local. Como salientam David Huron e Jacques Spindler, uma das especificidades da gestão pública local é fazer participar a

184 *A Autonomia Local e a evolução do modelo da Gestão Pública Municipal*

população, de uma maneira ou de outra, nas tomadas de decisão dos diferentes dirigentes locais[201].

A vida local assenta sobre uma federação de grupos e interesses de diferentes ordens (económicos, culturais, étnicos, profissionais) que constituem formas sociais e que correspondem não só a sectores de actividade, mas também a lugares de integração colectiva, na feliz expressão de Alain Bourdin[202]. A integração dessas formas sociais na vida local, em regime de democracia liberal, impõe a sua participação no processo político, em sentido amplo, sob pena de se gerarem contra ele fenómenos de oposição. A participação a nível local assume assim a dupla função de relegitimação da organização municipal e de regulação de interesses privados e sectoriais na busca do interesse geral. A participação tem também a virtualidade de revelar conflitos de interesses que confluem na gestão pública, permitindo "desenvolver a visibilidade social"[203] e ancorar a acção municipal nos valores da equidade e da ética pública. A promoção da ética é um imperativo de qualquer democracia sã. A análise empírica revela-nos, aliás, que participação e ética pública caminham a par em ambos os sentidos: alimentam-se mutuamente em condições políticas propícias, mas, se não cultivadas, o fim de uma arrasta o fim da outra.

Entre nós, a participação cívica a nível local foi muito intensa nos primeiros anos da 3ª República. A taxa de participação nas primeiras eleições locais (12 de Dezembro de 1976) foi de 64,6%, tendo subido para 73,8% nas segundas eleições (16 de Dezembro de 1979)[204]. Também as actas de reuniões públicas de órgãos municipais realizadas nesse período revelam um elevado grau de participação e de intervenções de cidadãos sobre problemas gerais e necessidades particulares. Foi uma fase de participação personalizada desenvolvida sob forma espontânea e, em muitos casos, desarticulada de quaisquer corpos sociais. Essas e outras formas de participação cívica espontânea que constituem a concepção "tradicional e individualista de cidadania"[205], associadas a outras alterações organizacio-

---

[201] Huron, David e Jacques Spindler (1998), *Le management public local*, Paris, L.G.D.J., p. 7.

[202] Bourdin, Alain (2000), *La Question Locale*, Paris, PUF, p. 38.

[203] Rosanvallon, Pierre (1986), *A Crise do Estado-Providência*, Lisboa, ed. Inquérito, p.100.

[204] STAPE, *Eleições autárquicas 1976/93 – Atlas Eleitoral*, ed. Stape, p.10.

[205] Schmitter, Philippe C. (1993), «Organizations and Social Movements», in *Sociology and Public Agenda*, Sage publications, p.156.

nais ocorridas nesse período, afectaram profundamente a racionalidade da organização municipal. A restauração e consolidação dessa racionalidade burocrática durante as últimas duas décadas é um elemento, entre outros, que explica o contínuo e acentuado decréscimo da participação individual. Como escreveu Max Weber a propósito da relação entre as instituições permanentes, de que o município é um exemplo, e a comunidade, "(...) de todas as forças que diminuem a importância da acção individual a mais irresistível é a disciplina racional"[206]. É esta lógica que explica que as comissões de moradores, apesar de previstas na Constituição da República desde a sua versão originária, nunca tenham sido acarinhadas pelo legislador ordinário e só raramente tenham tido o apoio das autoridades locais.

O fenómeno da quebra de participação a nível local não é exclusivamente português. Afecta muitos países ocidentais que procuram contrariá--lo adoptando vários procedimentos formais tendentes a incrementar a participação. É o caso do recente estabelecimento da eleição directa dos presidentes das câmaras em Itália; da organização de referendos locais, instituídos pela primeira vez na Suíça e praticados em muitos países; da função mediadora do Provedor de Justiça (*Mediateur*, em França; *Defensor del Pueblo*, em Espanha), criado na Suécia, existente na generalidade dos estados democráticos; da criação de um crescente número de procedimentos de informação, audiência e consulta dos cidadãos, como sucede em Portugal nos domínios do urbanismo, do ordenamento do território ou do ambiente. Verifica-se, no entanto, que estes procedimentos, até pela sua natureza ocasional, não inverteram o relativo alheamento a que os cidadãos votam os assuntos locais em muitos municípios portugueses. Os procedimentos de consulta dos cidadãos não obedecem a um verdadeiro objectivo de participação. São antes instrumentos de preparação de decisão política. Com efeito, a sua metodologia não estimula a participação. A sua aplicação está regulamentada em diplomas legais que definem minuciosamente o seu conteúdo. Desta regulamentação em detalhe resulta um excesso de formalismo e uma relativa uniformização dos procedimentos de consulta que leva alguns autores a considerar que eles, em vez de estimularem a participação dos cidadãos, conduzem a uma "burocratização da participação"[207] que não melhora o processo participativo nem permite a sua adequação às particularidades de cada município.

---

[206] Weber, Max (1982), *Ensaios de Sociologia*, Rio de Janeiro, Zahar Editores, p. 292.

[207] Vries, Michiel S. de (2000), «La Bureaucratisation de la participation», in *Revue Internationale des Sciences Administratives*, vol. 66, n.° 2, Bruxelas, (Junho), pp. 385-412.

186 *A Autonomia Local e a evolução do modelo da Gestão Pública Municipal*

A quebra da participação cívica e política individual revela-se também no aumento da taxa de abstenção nas eleições locais (36,2% nas de Dezembro de 2001). Este é um problema que também não afecta só Portugal. Nos estados membros do Conselho da Europa o voto não é, em regra, obrigatório, salvo na Bélgica, Chipre, Luxemburgo e Turquia e em dois *länder* da Áustria[208]. Para além de se notar uma tendência para o aumento da taxa de abstenção, verifica-se que nesses países essa taxa é maior nas eleições locais (superior a 50% na Eslovénia, Holanda, Hungria, Letónia e Reino Unido) que nas eleições centrais, à excepção da Estónia e da Itália. Este facto, que contradiz a ideia da proximidade das autarquias relativamente aos cidadãos, pode ter explicação na convicção dos eleitores de que as decisões verdadeiramente importantes para o seu futuro são tomadas a nível central.

Um outro instrumento de participação política individual que permite avaliar a situação neste campo é o referendo local. Em Portugal ele está regulado desde 1990 (Lei n.° 49/90, de 24 de Agosto). Pois, apesar das cerca de 2750 autarquias locais portuguesas poderem realizar referendos locais, volvidos doze anos sobre a aprovação daquela Lei ainda só se realizaram dois: um promovido pela Assembleia de Freguesia de Serrelei, município de Viana do Castelo, sobre a localização de um pavilhão polidesportivo, e outro realizado pela Assembleia Municipal de Tavira, sobre a demolição de um antigo reservatório de água (acórdãos do Tribunal Constitucional n.ᵒˢ 30/99 e 187/99, respectivamente)[209]. Em larga medida este reduzido número deve-se a erros de ordem jurídica e administrativa cometidos na decisão e preparação do complexo e pesado procedimento da consulta local, os quais fundamentam a decisão do Tribunal Constitucional de inviabilização do referendo[210]. Também aqui o excesso de racionali-

---

[208] Conselho da Europa (2001), *5 ᵉᵐᵉ Rapport Général sur le contrôle de la mise en oeuvre de la Charte Européenne de l'Autonomie Locale*, Estrasburgo, p. 13.

[209] Assinale-se que na Suécia realizaram-se 70 referendos locais, desde 1994 – *5 ᵉᵐᵉ Rapport Général sur le contrôle de la mise en oeuvre de la Charte Européenne de l'Autonomie Locale sur «L'organisation institutionnelle de la démocratie local»* (2001), Estrasburgo, Conselho da Europa, p.8.

[210] Houve ainda outras iniciativas em doze autarquias para a realização de outros tantos referendos. Estes, porém, não se efectivaram porque o Tribunal Constitucional, em sede de fiscalização prévia, declarou a sua ilegalidade e inconstitucionalidade – vd. Acórdãos n.ᵒˢ 390/98, 391/98, 113/99, 398/99, 495/99, 518/99, 694/99, 1/2000, 2/2000, 93/2000, 94/2000 e 95/2000.

dade normativa é um obstáculo à participação dos cidadãos e à dinamização da democracia local.

O défice de participação cívica é uma constante da vida pública em Portugal. Na opinião do presidente de uma câmara municipal onde realizamos trabalho de campo, "Não existe em Portugal uma cultura de participação. São sempre as mesmas pessoas que aparecem nas reuniões públicas da câmara ou que estão à frente das associações locais". A dinamização da participação social reclama a adopção de soluções corajosas e imaginativas que possam promover a democracia directa em simultâneo com a democracia representativa. A quase mitificação da experiência do orçamento participativo na Prefeitura de Porto Alegre, no Brasil, revela a necessidade de promover a participação directa dos cidadãos na gestão pública municipal[211].

O associativismo constitui, a nível local, um importante meio de intervenção social e mesmo política. Ele está na origem da participação organizada dos interesses sociais na gestão local e constitui um dos principais meios de diálogo e concertação das câmaras municipais com os cidadãos. Na verdade, o movimento associativo é nos nossos dias o instrumento mais comum de participação colectiva na vida local. A organização e *socialização* dos interesses que animaram a participação individual espontânea do período revolucionário pós-25 de Abril deu origem a formas institucionalizadas de participação colectiva, que a nível local promovem a mediação entre a sociedade e a administração municipal. Esta função *política* das associações reveste-se de grande utilidade para os eleitos locais e contribui para a renovação da sua legitimidade. Mas elas desempenham ainda, nalguns casos, um papel de tipo *administrativo*, participando na prossecução de algumas atribuições do município como seu «braço oculto». Exemplo deste tipo de parceria entre municípios e associações é a concessão por algumas câmaras municipais de bolsas de estudo a estudantes do ensino superior através de associações culturais, para evitar as sanções do Tribunal de Contas que, em jurisprudência entretanto revista, considerava esses apoios ilegais. A câmara municipal, a título de subsídio, transfere anualmente para a associação local a verba correspondente às bolsas de estudo e esta atribui-as aos alunos mais carenciados com base num regulamento que a câmara aprovou. Noutros casos, as

---

[211] Sobre o tema, Santos, Boaventura de Sousa (2002), *Democracia e Participação – o caso do orçamento participativo de Porto Alegre*, Porto, Afrontamento.

188   *A Autonomia Local e a evolução do modelo da Gestão Pública Municipal*

associações podem ser «pontas de lança» do município, que através delas prossegue actividades administrativas livre dos constrangimentos impostos pelas regras orçamentais, pelas normas de recrutamento de pessoal e pelo regime das despesas e contratos públicos[212]. É o caso de muitas câmaras municipais que incumbem as associações dos trabalhadores do próprio município de organizarem os festejos anuais do concelho, suportando as despesas através de um subsídio que concedem a essas associações.

A relação da organização municipal com as associações é uma componente fundamental do processo político local na medida em que elas asseguram a contínua ligação dos políticos ao tecido social da autarquia, tecendo uma constante teia de alianças e cumplicidades e renovando deste modo a sua legitimidade. Independentemente do sector em que actuem (cultura, desporto, acção social) as associações estão hoje tão ligadas à administração municipal que na realidade algumas representam um desdobramento dos municípios. É esta conexão e interdependência funcional que justifica a atribuição às associações de significativas verbas municipais, a título de subsídios para apoio à sua actividade. Este fenómeno parece indiciar a profunda crise em que se encontra o associativismo, apesar do crescimento do número de associações nos municípios que incluímos no nosso estudo.

Ao longo de muitas décadas, até inícios dos anos 70 do século XX, as associações dispuseram de um elevado grau de autonomia e de uma vida interna dinâmica. A crise que hoje se verifica no movimento associativo tem razões de ordem sociológica, mas também política. As razões sociológicas decorrem, em larga medida, da alteração dos hábitos e das formas de convivialidade e de integração social dos cidadãos que acentuaram fenómenos de individualismo. Mas há também razões políticas, que se prendem com a perda de influência das associações na satisfação de necessidades de comunidades cada vez mais urbanizadas, qualificadas e exigentes. Durante muitos anos, por este país fora, as associações satisfaziam as necessidades dos seus associados com uma reduzida oferta de serviços. Na respectiva sede, os associados bastavam-se com o convívio gerado à volta de um baralho de cartas, de um jogo de matraquilhos ou de uma mesa de bilhar. A partir do início dos anos 60, o aparelho de televisão passou também a ser um elemento indispensável na animação dos serões

---

[212] Gontcharoff, Georges (1998), *Guide du partenariat des associations et des pouvoirs publics locaux*, Paris, éditions l´Harmattan, p.98.

A Sociedade Local   189

associativos. No entanto, esse tempo passou, para o bem e para o mal. O desenvolvimento da sociedade e o incremento do intervencionismo do Estado e das autarquias locais verificado desde 1974, também na oferta de serviços culturais e recreativos aos cidadãos, estimularam as necessidades da população neste domínio e roubaram espaço de intervenção ao movimento associativo. Ao mesmo tempo foi-se acentuando a sua incapacidade para competir com os poderes públicos e o mercado na oferta de produtos de animação cultural e recreativa, deixando os associados de sentir a motivação e a necessidade que, ao longo de anos, tinham justificado a sua pertença a uma associação. Este processo de esvaziamento e de crise do associativismo teve como efeito que actualmente uma larga parte das associações não consegue subsistir apenas com o contributo dos seus associados, tendo que recorreu aos apoios financeiros públicos que o Estado e os municípios lhes vão concedendo.

Vejamos alguns exemplos da dependência municipal em que se encontram as associações. Uma câmara municipal incluida no nosso estudo concedeu a associações e outras instituições particulares do concelho 45.386.608$00, em 1980, 447.986.478$00, em 1990 e 1.348.794.198$00, em 2000. Outra câmara municipal, durante o ano de 2000, transferiu para idênticas instituições do concelho subsídios no montante de 1.199.639.389$00. Também a câmara de um município rural de menores recursos concedeu em 2000 às associações do concelho subsídios no total de 71.376.652$00, correspondentes a 5% do seu orçamento nesse ano. Todos os municípios sobre que incidiu este nosso estudo prevêem, desde há muitos anos, nos seus orçamentos a transferência de avultadas subvenções financeiras para as associações e outras instituições privadas. Este é um procedimento que já se encontra institucionalizado na gestão municipal. Todos os anos são inscritas nos orçamentos municipais dotações destinadas às associações locais, para que elas possam manter-se. E é necessário que elas subsistam porque as câmaras municipais não podem dispensar a interacção e parceria das associações na gestão pública municipal[213], do mesmo modo que a classe política local conta com elas como centros difusores da influência eleitoral que é gerada pelos subsídios concedidos. Mas ainda que eles possam ser úteis como *lubrificante* do processo político local, a absoluta dependência em que as associações se

---

[213] Mozzicafreddo, Juan *et al., Gestão e legitimidade no sistema político local*, ed. Escher, p. 27.

190 *A Autonomia Local e a evolução do modelo da Gestão Pública Municipal*

encontram face aos municípios coloca a questão de saber que grau de autonomia pode o associativismo manter face à organização municipal. A situação presente é reveladora de um processo de reajustamento das relações entre o Município Providência e os grupos sociais locais, que conduz à hegemonia do primeiro sobre os segundos e à colocação da vida local sob a tutela do município. Parafraseando a análise de Jaques Chevallier sobre a redefinição do papel da sociedade civil face ao declínio do Estado Providência[214], podemos dizer que o dinamismo do Município Providência conduz à absorção progressiva da sociedade civil pela administração municipal, deixando o tecido social vazio de substância e privado de autonomia. A reanimação da sociedade civil parece reclamar a transferência contratualizada para as associações e outras instituições sociais de algumas tarefas que estão cometidas aos municípios e que podem ser exercidas mais perto dos seus destinatários. O próprio princípio da subsidariedade confere suporte político e doutrinário a uma tal reforma, sendo comum em democracias liberais a delegação nas associações de competências municipais que não envolvem o exercício de poderes de autoridade[215].

No entanto, esta perspectiva dinamizadora da «democracia associativa» reclama grande prudência e alguns cuidados na sua aplicação. O modelo de participação social através da acção das associações voluntárias não é isento de controvérsia, na medida em que coloca a vida social na dependência de organizações que podem assumir um carácter individualizado e autoritário e cuja legitimidade representativa se circunscreve ao estreito universo dos seus membros. Por outro lado, como salienta Sigrid Roâteutscher, «há um certo perigo de o conceito de «democracia associativa» ser (ab)usado no discurso público para justificar cortes nas políticas de assistência social, promovendo assim as organizações sociais como substituto mais barato para a actividade do Estado»[216].

Não obstante, afigura-se-nos extremamente relevante a função de dinamização da participação cívica e mesmo política que as associações podem desempenhar. Para além de constituírem «escolas de democracia»

---

[214] Chevallier, Jacques (2002), *Science Administrative*, Paris, PUF, p. 217.

[215] Deporcq, Dominique e Philippe Schmidt (2001), *Collectivités territoriales et associations*, Paris, Berger-Levrault, p. 195.

[216] Roâteutscher, Sigrid (2000), «Democracia associativa: as instituições voluntárias como campo de treino para a democracia?», in *Cidadania, Integração, Globalização*, Oeiras, Celta, pp. 233-254.

A Sociedade Local 191

e de promoverem a pedagogia da sociabilidade em tempos de feroz individualismo, a actividade das associações pode, se for correctamente orientada, penetrar mais intimamente no tecido social das comunidades locais e realizar mais eficazmente objectivos públicos que lhes sejam confiados. Uma tal opção não implica necessariamente a desvalorização do ente público que nelas delegar algumas funções, uma vez que este nunca deverá demitir-se da regulação e controlo das actividades em causa, como meio de garantir equidade e economia no respectivo exercício.

2. O serviço público e as parcerias público-privado-social

Desde que em França o Estado Liberal gerou em finais do séc. XIX os conceitos de interesse geral e de serviço público que se admitiu que a sua realização cabia à administração pública, investida numa função de autoridade pública. Como salienta Rui Machete a propósito da evolução conceptual do serviço público, "A jurisprudência administrativa construiu a doutrina de serviço público fazendo-a assentar em dois pilares: na legitimidade de intervenção pública consubstanciada na ligação orgânica da actividade ao Estado ou a uma outra pessoa colectiva de direito público – critério orgânico; numa missão de interesse geral – critério funcional ou material"[217].

Segundo a doutrina jurídica francesa, resultava da própria natureza do serviço público que os seus utentes estivessem, face à entidade pública que o prestava, numa posição de natureza administrativa, regida pelas normas que iam sendo criadas para regularem a actividade da Administração e que, ganhando autonomia no ordenamento jurídico, deram origem ao direito administrativo. A subordinação necessária do serviço público às normas do direito administrativo foi posta em causa com a entrada do Estado na economia, através da criação de serviços de natureza industrial e comercial e, mais tarde, das empresas públicas. A expansão da actividade económica do Estado Providência gerou então a distinção entre os dois tipos de serviços públicos: os de carácter administrativo, regidos pelo direito administrativo, e os de carácter industrial e comercial, submetidos a normas de direito privado. Seguindo de perto a exposição de Rui Ma-

---

[217] Machete, Rui Chancerelle de (2002), «Um novo paradigma nas relações Estado--Sociedade», in *Revista Nova Cidadania*, n.º 12 (Abr.-Jun.), pp. 27-32.

192 A Autonomia Local e a evolução do modelo da Gestão Pública Municipal

chete, a concepção francesa do serviço público que marcou a doutrina juspublicista portuguesa, sofreu um segundo revés através da influência das teorias neoliberais, adversas ao Estado Providência e favoráveis à livre iniciativa e ao mercado, "conjunto de ideias que se tornou juridicamente operacional nos ordenamentos continentais por via do direito comunitário". Por efeito desta tendência e da sua recepção no ordenamento jurídico, as relações entre as entidades prestadoras dos serviços públicos e os utentes passam a ser geridas pelo direito privado, colocando-se tais entidades num plano de igualdade e, em muitos casos, de concorrência com o sector privado. Este enquadramento histórico e doutrinal do serviço público permite-nos observar a erosão que foi sofrendo a ideia da correspondência necessária entre o serviço público e a posição de subordinação dos seus utentes à entidade prestadora e, ao mesmo tempo, perceber a evolução tendente à abertura da produção de bens e serviços públicos à iniciativa privada e à livre regulação do mercado. Compreende-se, assim, que a cultura administrativa dominante nos nossos dias favoreça a entrada do sector privado e do terceiro sector na actividade administrativa.

Cingindo-nos, por razões de método, ao campo da administração municipal, a intervenção da iniciativa privada circunscreveu-se durante o período da Estado Novo quase exclusivamente à gestão de equipamentos públicos, mediante um contrato de concessão, mantendo o município a titularidade do bem que para ele revertia no final do contrato. Em muitos municípios a exploração de cinemas, termas, estabelecimentos hoteleiros ou simples bares em espaços de lazer era concessionada a privados. Actualmente esta forma de intervenção do sector privado na prestação de serviços públicos municipais tem-se incrementado na razão directa do aumento do número de equipamentos públicos e segundo uma nova filosofia desintervencionista da sua gestão. Disto são exemplos também a concessão a entidades privadas do serviço de transportes colectivos urbanos, da recolha e tratamento de resíduos sólidos e da captação e distribuição de água. Mas, a par desta, outras formas de *parceria contratual* entre os municípios e as entidades privadas têm-se desenvolvido, à semelhança, aliás, do que ocorre no campo da administração do Estado. É o caso da contratação de serviços a entidades privadas que se encarregam da limpeza e tratamento de jardins, da vigilância e segurança de edifícios públicos ou da realização dos transportes escolares.

Porém, o que de mais significativo se verifica em termos de cooperação público-privado-social no espaço municipal é a *parceria estratégica* entre as câmaras e as estruturas empresariais e associativas na concepção e concretização de projectos municipais ou de interesse municipal. A política de desenvolvimento prosseguida nos municípios sobre que incidiu a nossa investigação empírica revela uma crescente atenção à problemática da criação de emprego e da implantação de actividades económicas privadas, através da infraestruturação de zonas industriais e da criação de equipamentos de apoio às empresas. Em vários casos estes projectos são desenvolvidos em parcerias com investidores privados, sejam eles proprietários de terrenos infraestruturados para a actividade empresarial ou sócios do município em sociedades de economia mista. Também a criação de sociedades de desenvolvimento regional, reunindo aos municípios vários agentes económicos e sociais, constitui uma outra forma de materializar as parcerias público-privado-social a nível local na prossecução de políticas públicas de desenvolvimento municipal. O processo de cooperação público-privado é um fenómeno verificável na generalidade dos municípios, independentemente da sua cor político-partidária. Dir-se-ia que esta parceria estratégica é o reflexo do seu pragmatismo gestionário, do «fim das ideologias» e da competição entre espaços geográficos (fixos) pelo acesso ao mundo (móvel) dos negócios. Mas, como salientam Laurent Davezies e Christian Lefèvre, o envolvimento do sector privado no mundo da gestão pública é também um mecanismo «de competição social pela partilha dos frutos do crescimento, uma vez que o desenvolvimento regional e local aparece hoje, num contexto de incerteza e ajustamento permanente, como uma mobilização geral, consensual e livre do conjunto dos actores no quadro de uma competição geográfica»[218].

A ânsia com que os municípios abraçam o sector empresarial privado é revelador da importância crescente que este assume na economia local, mas é também uma confissão da incapacidade que os municípios sentem de fazerem face sozinhos aos desafios que coloca a gestão pública do nosso tempo. O incremento das parcerias fundamenta-se na convicção dos políticos locais de que um quadro de relações dinâmicas com os sectores privado e social reforça a sua legitimidade e confere maior solidez e apoio ao exercício eficaz do poder público.

---

[218] Davezies, Laurent e Christian Lefèvre (1994), «Les coalitions public-privé dans le développement urbain», in *Territoires de l'Europe*, vol. V, ed. Junta de Castilla y Leon e CEDRE, p. 127.

194 A Autonomia Local e a evolução do modelo da Gestão Pública Municipal

3. A descentralização inframunicipal

O processo de descentralização administrativa está configurado no nosso ordenamento jurídico como um corolário do princípio da subsidariedade. Com efeito, a Constituição contém normas programáticas que determinam que a administração pública seja estruturada de modo «*a aproximar os serviços das populações e a assegurar a participação dos interessados na sua gestão efectiva*», devendo a lei estabelecer para esse efeito «*as adequadas formas de descentralização e desconcentração administrativas*» – art. 267.°, n.ᵒˢ 1 e 2. Também as mais recentes leis das autarquias locais prevêem que as câmaras municipais deleguem competências nas juntas de freguesia (art. 15.° da Lei n.° 159/99 e art. 66.° da Lei n.° 169/99), podendo elas ainda celebrar protocolos de colaboração com «*instituições públicas, particulares e cooperativas*», com vista à gestão e utilização de equipamentos públicos, à prestação de serviços e à realização de actividades de interesse municipal.

A análise da experiência das câmaras municipais sobre que incidiu a nossa pesquisa empírica revela-nos que, de um modo geral, elas só nos últimos três mandatos (de 1989 para cá) celebraram protocolos de delegação de competências com as juntas de freguesia e que, ainda assim, apenas incluíram no seu âmbito uma pequena parte dos poderes cuja delegação a lei autorizava. Várias das competências camarárias que desde então estavam delegadas nas juntas de freguesia – como a limpeza das escolas primárias e de educação pré-escolar, o licenciamento dos cães e a realização de empreitadas de obras públicas – vieram a ser-lhes atribuídas como competência própria pela última lei das autarquias locais (Lei n.° 169/99), reduzindo-se na prática o âmbito das delegações de competências municipais nas juntas.

O reduzido incremento da descentralização de poderes municipais nas freguesias pode ser explicado não só por razões de ordem política, relativas a uma certa tendência neocentralista do nível municipal face às freguesias (tendência essa que marca também a relação entre as regiões e os municípios nos nossos arquipélagos e em muitos países da Europa), mas também por razões administrativas, inerentes à insuficiência dos meios humanos e financeiros das freguesias, em especial as localizadas nos meios rurais. Menos reservas parecem revelar os municípios estudados à colaboração com associações e outras instituições locais. Conforme vimos neste capítulo, as várias formas de colaboração que se estabelecem entre as câmaras municipais e essas entidades traduzem-se, em regra, na prestação de apoio das primeiras às segundas ou na realização de parcerias informais entre ambas, sem verdadeira transferência de competências camarárias nem diminuição da efectiva capacidade de intervenção municipal. Nesta medida podemos concluir que a descentralização inframunicipal, quer nas juntas de freguesia quer em instituições locais, encontra-se entre nós ainda num nível muito incipiente, podendo no entanto ser incrementada à medida que se reforce a capacidade dessas entidades para realizarem tarefas que as câmaras lhes deleguem.

CONCLUSÃO

ELEMENTOS ESTRUTURANTES DO ACTUAL MODELO DA GESTÃO PÚBLICA MUNICIPAL

"À côté ou plutôt derrière cette crise financière, on peut diagnostiquer une crise de la décision. Il est extraordinairement difficile de décider, beaucoup plus que par le passé. (...) Si bien que pour prendre la moindre décision, il faut consulter un grand nombre de personnes, compte tenu des intérêts en présence ".

MICHEL CROZIER, «Le changement dans les organisations», in *Revue Française d'Administration Publique*, n.° 59

1. A alteração do paradigma

O paradigma da relação município-sociedade local transformou-se nos últimos anos como efeito do novo quadro jurídico-institucional do Poder Local, do processo de desenvolvimento do país e do reforço da cidadania associado ao surgimento de novos centros de poder a nível local.

O município ganhou protagonismo como agente dinamizador do desenvolvimento local. Catalisou múltiplas iniciativas da sociedade civil e serviu de placa giratória de parcerias entre os sectores público, privado e social. O município legitimou-se não só pelo sufrágio directo dos seus órgãos, mas também pela sua acção. O mimetismo do município relativamente ao Estado manifesta-se sob várias formas: ampliou o seu campo de intervenção, expandiu a sua estrutura administrativa, aumentou a despesa pública, desdobrou-se em novas entidades de direito público e privado, criou mecanismos de dependência da sociedade civil pela oferta de

200 A Autonomia Local e a evolução do modelo da Gestão Pública Municipal

empregos e subsídios... Enfim, à sua escala o Município «copiou» o modelo do Estado-Providência. Também como o Estado, a organização municipal vem perdendo a posição de monopólio no processo de desenvolvimento da autarquia, deixou em muitos casos de marcar o ritmo da vida local e passou a ter que repartir o palco com outros actores e a conjugar com eles as suas iniciativas.

Estes fenómenos determinaram a instituição de um novo paradigma da gestão pública municipal marcado fundamentalmente por alterações ao nível das estruturas política e administrativa do município e da forma destas conviverem com outros agentes, públicos e privados, que interagem no mesmo território. Com fundamento no estudo analítico do tema que nos propusemos tratar e, muito especialmente, na investigação empírica desenvolvida nos vários municípios, podemos concluir que o novo paradigma da gestão pública municipal se caracteriza pelos seguintes elementos fundamentais:

- natureza política do poder municipal;
- reduzida expressão do processo de descentralização de competências da administração central e forte dependência financeira dos municípios do orçamento do Estado;
- reforço progressivo do presidencialismo no sistema de governo municipal;
- crescente expansão das estruturas administrativas e dos quadros de pessoal;
- politização do alto funcionalismo municipal;
- quebra do ancestral isolacionismo da organização municipal e desenvolvimento de mecanismos e formas de cooperação e contratualismo;
- baixo grau de participação dos cidadãos na vida pública local;
- subordinação da gestão pública à interacção dos novos poderes da sociedade local;
- emergência de uma nova função de tipo regulador a cargo dos municípios.

Sobre cada um destes elementos, resta-nos concluir de forma sintética.

Conclusão 201

2. A natureza política do Poder municipal

Rompendo com a tradição secular de ingerência e controlo da organização municipal pelo poder central, a Constituição de 1976 suprimiu o modelo de municipalismo corporativo, consagrou a autonomia local e erigiu as autarquias locais em estruturas de poder político, com a designação de Poder Local. Pela primeira vez na nossa história, o Estado reconheceu expressamente às autarquias locais o estatuto de administração autónoma constitucionalmente garantida, subtraindo-as do universo das formas de administração indirecta do Estado em que até Abril de 1974 se integravam na prática. A Constituição não se limita a conferir aos municípios uma mera autonomia administrativa, ou seja a capacidade de praticar actos jurídicos, nomeadamente actos administrativos definitivos e executórios, apenas sujeitos ao controlo judicial. Ela conferiu-lhes a natureza de estruturas de poder político periférico – o Poder Local, regulando-o na sua Parte III, dedicada à organização do Poder político, em título distinto daquele em que é tratada a Administração pública.

A natureza política do Poder Local não resulta apenas da hermenêutica do texto constitucional. Esta nova característica dos municípios resulta da autonomia que lhes é atribuída, em especial nas suas formas de auto-administração e autodeterminação. A *auto-administração*, a que Vital Moreira chama *autogoverno*[219], caracteriza-se pela existência de órgãos representativos eleitos e não nomeados por entes exteriores à autarquia, enquanto que a *autodeterminação*, que J. Casalta Nabais designa por *autonomia política*[220], é inerente à capacidade das autarquias determinarem, através dos seus órgãos representativos, as orientações da sua actividade administrativa e de escolherem as formas de as realizarem, sem subordinação a outros comandos que não os legais. Sem embargo da dogmática constitucional, parece pacífico que a negociação e concertação que envolvem a actividade dos municípios nos dias de hoje acentuam a componente política da gestão municipal, afastando-a da esfera puramente administrativa.

---

[219] Moreira, Vital (1997), *Administração Autónoma e Associações Públicas*, Coimbra Editora, p. 172.

[220] Nabais, J. Casalta (1993), «A Autonomia Local», in *Estudos em homenagem ao Prof. Doutor Afonso Rodrigues Queiró*, p. 187.

3. A descentralização e a crise do Estado Providência

No novo regime democrático a estrutura dos poderes municipais foi organizada segundo o sistema dos *blocos de competências*: os poderes dos municípios são distintos dos do Estado e são exercidos com autonomia em relação a este, satisfazendo interesses colectivos que a lei reserva à actividade municipal. Contrariamente ao que se verifica noutros países, os municípios portugueses não exercem competências delegadas pelo governo. Este sistema ganhou maior nitidez com a aprovação do diploma (Dec. Lei n.° 77/84) que delimitou os sectores de investimento a cargo dos municípios e, por exclusão, a cargo do Estado. Porém, o dinamismo da sociedade e das instituições alterou os pressupostos do sistema dos blocos de competências e conduziu ao estabelecimento de mecanismos de cooperação financeira e técnica entre o Estado e os municípios na realização de investimentos de interesse comum. Os regimes do financiamento estatal dos investimentos intermunicipais e dos contratos-programa entre os municípios e o Estado, podendo ter viabilizado a arbitrariedade e o favoritismo no apoio a alguns municípios, introduziram uma nova prática na relação destes com o Estado. Daí que o sistema dos blocos de competências não se apresente hoje com a rigidez do passado, face à consagração nas novas leis de atribuições e competências das autarquias (Leis n.° 159/ /99 e 169/99) dos *princípios da subsidiariedade* e *da cooperação* entre o centro e a periferia.

As leis de 1999 ampliaram o leque das atribuições municipais, mas não estão ainda definidas as competências que irão permitir a sua implementação. Prevê-se que a intervenção dos municípios se alargue a novos sectores: energia, património, saúde, habitação social, defesa dos consumidores, polícia municipal e cooperação externa. Aquelas leis estabeleceram também que o orçamento do Estado fixe anualmente os recursos a transferir para o exercício de novas competências pelos municípios no montante e nas condições que tenham sido acordadas entre elas e o governo. Estamos, portanto, perante um novo regime de transferência de poderes para os municípios, baseado num processo de *descentralização contratualizada*, que, no futuro, dará origem à diferenciação das competências dos vários municípios.

Este novo modelo de *descentralização "à la carte"* surge-nos numa fase de menor intervenção directa do Estado-Providência na produção de bens e serviços e encontra nesta alteração estrutural a sua fundamentação política. As intenções governamentais, recentemente anunciadas, de descentralizar para o nível municipal competências nos sectores da administração das escolas, da conservação do património, da acção social, entre outros, são um reflexo da retracção do Estado-Providência na esfera da produção de bens e serviços.

O novo paradigma postula a reestruturação do Estado, o seu redimensionamento e retraimento, segundo mecanismos de desintervenção que associam a privatização, a liberalização e a desregulação. A desintervenção do Estado no sector económico tem sido acompanhada da concessão e do arrendamento de serviços públicos a agentes privados, da empresarialização dos serviços públicos sob variadas formas e da criação de diferentes tipos de organismos públicos de direito privado e com natureza empresarial. Por efeito da reorganização do Estado-Providência, instalou-se o Estado *pluralista,* repartindo a função administrativa por uma vasta constelação de agentes públicos, privados e sociais, não sufragados pelos cidadãos e sem a necessária legitimidade democrática. Esta transformação coloca em causa os fundamentos do Estado social de direito e deixa a sociedade desprovida do sentido de equidade que ele comporta. Daí a importância estratégica que a descentralização e a administração territorial autónoma assume nos nossos dias, como reserva de afirmação do serviço público e da cidadania e como resposta política à globalização e à cultura do «mundo só económico» que ela alimenta. No entanto, deve assinalar-se a ausência continuada de vontade política de todos os governos no sentido da descentralização de funções da administração do Estado nas autarquias locais. Do cotejo do actual regime com o que vigorou até 1974 conclui-se que são pontuais e residuais os novos poderes formalmente conferidos à administração autárquica nos últimos 28 anos. Paralelamente, mantém-se sem alteração estruturante o sistema de financiamento municipal. Sempre dependente de uma reforma fiscal que tarda em ser feita, esse sistema continua a sujeitar a generalidade dos municípios a uma dependência do orçamento do Estado na ordem dos 50% das suas receitas.

4. O sistema de governo e o presidencialismo municipal

O actual sistema de governo dos municípios é um outro elemento caracterizador do novo modelo de gestão pública municipal, pela tensão política que desencadeia nos planos do controlo da actividade da autarquia pelo seu órgão deliberativo e da participação dos diferentes partidos no processo de decisão do órgão executivo colegial.

Vigora entre nós um sistema de governo municipal que reúne características do sistema parlamentar e do sistema presidencial, que mutuamente se contradizem e neutralizam. A assembleia municipal é eleita por sufrágio directo e universal – característica lapidar dos sistemas parlamentares, mas o seu poder de controlo sobre a câmara municipal é meramente simbólico, porque esta tem a mesma fonte de legitimação popular. Por seu lado, o presidente da câmara é eleito directamente pelos cidadãos eleitores – elemento central do sistema presidencial, mas a função executiva escapa-lhe nos vários sectores atribuídos ao órgão executivo colegial, que é ao mesmo tempo governo e parlamento e onde o presidente pode ser posto em minoria por coligações da oposição.

As contradições do sistema de governo municipal geraram efeitos políticos que se reflectiram no funcionamento da estrutura política municipal. O efeito mais relevante é representado pela crescente acentuação do *presidencialismo camarário*. O modelo presidencial foi instituído logo em 1976, através da eleição directa e da profissionalização dos presidentes das câmaras e da irresponsabilidade política do órgão executivo perante o deliberativo. As várias revisões do regime jurídico das competências dos órgãos municipais, realizadas em 1984, 1991 e 1999, têm em comum o reforço do presidencialismo. O continuado alargamento da competência própria do presidente da câmara e, especialmente, o poder que lhe foi conferido pela legislação de 1999 de decidir sobre a existência de vereadores em regime de permanência afiguram-se desenvolvimentos excessivos do presidencialismo que, quando conjugados com uma prolongada sucessão de mandatos, podem implicar alguns riscos. Nalguns países da Europa esta situação conduziu ao patamar do *cesarismo municipal*, com efeitos negativos na própria imagem pública da gestão local.

O papel central que o presidente da câmara desempenha na organização municipal pode aferir-se pela amplitude das suas funções, repartidas por quatro esferas de acção: na primeira integra-se o funcionamento da câmara e a negociação política entre os seus membros; a segunda refere-se à organização e superintendência dos serviços e dos funcionários municipais; a terceira tem por objecto a relação com os cidadãos e o atendimento das suas queixas e preocupações; finalmente, na quarta concentram-se as ligações e contactos com a rede de agentes exteriores à organização municipal, incluindo os departamentos governamentais, de cujo apoio depende a realização de muitos projectos municipais. Em cada uma destas esferas, o presidente da câmara tem uma intervenção pessoal e por vezes exclusiva. Sendo quase sempre o único membro da câmara que intervém simultaneamente em todas elas, ele é por isso mesmo o membro da organização municipal que pode reunir mais informação e que está em melhor posição para preparar e conduzir o processo de decisão.

Os municípios têm no presidente da câmara a sua imagem de marca. A centralização personalizada, acentuada pela ausência de limite do número de mandatos dos presidentes das câmaras, é um fenómeno que caracteriza o novo paradigma da gestão municipal. O presidencialismo municipal, com a forte expressão que tem entre nós, dificulta o aparecimento e a afirmação de novas elites políticas locais e entrava a normal renovação do poder político municipal, sobretudo nos casos em que o presidente da câmara é simultaneamente o presidente da estrutura local do partido político dominante. Não deixa de ser paradoxal que a construção do Poder Local e o processo de descentralização, a pretexto da aceleração do processo de decisão municipal, tenha apertado o círculo do poder em torno de um número tão reduzido de eleitos locais. Este fenómeno poderá talvez explicar que tenhamos ao longo do país presidentes de câmaras fortes ao serviço de um Poder Local fraco.

5. A expansão das estruturas administrativas e o incremento da tecnicidade

Nos últimos vinte e oito anos, os serviços municipais não pararam de crescer. Este fenómeno tem razões de ordem política e de ordem técnica. Entre as primeiras assume particular relevância a função empregadora que muitos municípios têm desempenhado, atenuando os níveis de desemprego em várias zonas do país. Em muitos concelhos a câmara municipal é a principal empregadora local, o que gera nalguns sectores da população óbvios efeitos de dependência face ao presidente da câmara, a quem compete a gestão do pessoal do município. As razões de ordem técnica respeitam, por um lado, ao acréscimo da actividade dos municípios e, por outro, à necessidade de criar postos de trabalho de nível médio e superior para colocação de pessoal técnico.

206 *A Autonomia Local e a evolução do modelo da Gestão Pública Municipal*

A antiga estrutura administrativa simples e unitária, que os municípios mantiveram até 1974, deu lugar nos anos seguintes a uma estrutura sectorizada e muito mais complexa. Esta estrutura, que nos seus elementos nucleares se repete de norte a sul do país, é o resultado, por um lado, da criação de novas unidades correspondentes a novos campos de intervenção municipal, em especial a área social e, por outro, do sucessivo desdobramento de unidades tradicionais originárias da antiga estrutura administrativa segundo um critério de especialização técnica. A expansão da estrutura orgânica tem como efeito a admissão de efectivos que implementem as novas unidades orgânicas, mas também se verifica o efeito inverso de criação de novas unidades em função de efectivos já admitidos. Em muitos municípios do interior do país, sem capacidade de atracção de quadros técnicos, a admissão de um técnico ou de um técnico superior e o interesse em o manter determina frequentemente a criação de uma unidade orgânica que, pela sua especialidade, possa ser chefiada por ele.

Partindo da análise dos quadros de pessoal dos vários municípios que foram objecto do nosso estudo, podemos concluir que as suas dotações aumentaram, em média, 46% ao longo da década de 1990, verificando-se num desses municípios um acréscimo de 95% nesse período. Foi nos grupos de pessoal técnico superior e técnico profissional que se verificou o maior aumento percentual das dotações dos quadros, sendo o incremento da tecnicidade uma outra característica do novo modelo da gestão pública municipal. Ele não resulta apenas do reforço dos quadros com pessoal técnico e técnico superior, mas também, de forma muito acentuada, do recurso cada vez mais frequente e generalizado das câmaras municipais ao mercado da consultoria, nas suas diferentes especializações (economia, direito, arquitectura, marketing, jornalismo) e à contratação externa dos mais variados estudos e projectos.

Estas transformações tiveram também o efeito de reforçar a qualificação da estrutura administrativa e de acentuar o peso da tecnoestrutura na vida da organização municipal, uma vez que é ela que dispõe do *know- -how* e da informação técnica necessária à preparação das decisões políticas. O processo de decisão municipal tem uma dimensão pública e participada cada vez maior. Nas sessões públicas os eleitos locais expõem-se à pressão dos cidadãos; os *media* e as associações locais colocam questões e expõem anseios a que é necessário dar resposta; sobre várias matérias a lei exige a realização de inquéritos públicos que potenciam o debate com as populações sobre as decisões a tomar. Através de todos estes momentos a estrutura técnica municipal é envolvida no processo de decisão. O incremento da tecnocracia é, afinal, um reflexo do desenvolvimento e da modernização do país, e constitui um elemento caracterizador do paradigma da gestão pública municipal que se vem instalando nos últimos vinte anos.

6. A politização dos altos funcionários municipais

A crescente exposição e visibilidade da estrutura técnica na gestão municipal conferiu-lhe um papel de relevo no processo político local, incrementando a sua autonomia face à estrutura política e acentuando a politização do alto funcionalismo municipal. Em todo o processo de governação a nível local os técnicos municipais acederam a uma função de mediação entre os eleitos e os cidadãos, assessorando os políticos locais, preparando as suas opções e, mesmo, justificando as decisões por eles tomadas. Esta actividade de mediação e assessoria levou os funcionários de topo a penetrarem na esfera política e a cultivarem uma nova sensibilidade política que se manifesta no seu quotidiano, seja no conteúdo dos seus pareceres técnicos, seja no relacionamento com investidores ou simples munícipes.

O fenómeno da politização dos altos funcionários municipais é o reflexo da multiplicação dos actores e dos centros de poder no âmbito do processo de decisão e da aceleração do ritmo da vida pública local, na qual «a política e a gestão devem articular-se sem entrarem em conflito»[221]. Este processo de politização dos quadros superiores da administração municipal, que podemos designar por «assalto dos funcionários ao poder»[222], provoca três tipos de efeitos: confere maior relevo à posição dos altos funcionários na gestão municipal; gera condições para o surgimento de um *spoils system* local baseado na confiança neles depositada pelos políticos em funções; coloca os altos funcionários em posição de destaque na área de recrutamento do pessoal político para funções municipais e até nacionais.

Reflexos da interpenetração dos campos político e burocrático são, por um lado, a recente legislação que permite aos presidentes das câmaras

---

[221] Huron, David e Jacques Spindler (1998), *Le management public local*, Paris, L.G.D.J., p. 87.

[222] Baecque, Francis de (1980), Revista *Pouvoirs*, n.º 40, pp. 61-80.

208 A Autonomia Local e a evolução do modelo da Gestão Pública Municipal

delegarem competências suas nos dirigentes dos serviços[223] e, por outro, a funcionalização dos políticos absorvidos pela gestão corrente de muitos dossiês municipais em detrimento da acção política. A gestão pública municipal assenta na interacção entre política e administração e no «fenómeno migratório»[224] que ambos os sectores alimentam, acentuando a relativa autonomia do segundo face ao primeiro. No dizer de Jacques Chevallier, "os dois parceiros formam, em suma, um conjunto indissociável: a burocracia administrativa está organicamente colada ao executivo eleito, uma vez que os governantes estão colocados à *testa* da administração; a relação entre os eleitos e a administração não é, portanto, de exterioridade nem mesmo de contiguidade, mas antes de *imbricação* ou de *aderência*"[225].

7. O fim do isolacionismo municipal e o contratualismo vertical e horizontal

Durante séculos os municípios viveram fechados sobre si próprios, provendo cada um, pelos seus meios, à satisfação das necessidades dos seus habitantes. A ideia do município como parcela de território limitada pelo seu *termo* é um paradigma histórico do isolacionismo em que decorria a vida municipal. Este *ambiente administrativo* está a alterar-se profundamente. Em razão dos problemas que actualmente se colocam à comunidades urbanas e da complexidade das suas soluções técnicas, financeiras e gestionárias, muitas das atribuições dos municípios são prosseguidas num quadro de contratualismo que os liga verticalmente ao Governo e a instituições locais e horizontalmente aos municípios vizinhos e os torna deles dependentes. A dependência dos municípios gerada e incrementada pelo contratualismo nos nossos dias é, paradoxalmente, o reverso de uma autonomia local nunca tão protegida como hoje.

Os procedimentos contratuais são uma constante na actual gestão pública municipal, fenómeno que não é exclusivo do nosso país. Reportando-se à situação francesa, Pierre Mauroy refere-se-lhe como expressão do princípio da cooperação, cuja incidência não deve prejudicar a autono-

---

[223] Art. 70.º da Lei n.º 169/99, de 10 de Setembro.
[224] Huron, David e Jacques Spindler (1998), *ibidem*, pp.88-89.
[225] Chevallier, Jacques (1994), *Science administrative*, Paris, PUF, p. 264.

Conclusão 209

mia municipal relativamente ao Estado e a autarquias de grau superior[226]. Também Jaime Rodriguez-Arana considera como um desafio do futuro imediato dos municípios espanhóis a adopção de mecanismos de cooperação que, mediante técnicas de negociação e contrato, permitam uma maior eficácia e eficiência pública, ao mesmo tempo que garantem o princípio da responsabilidade[227].

O contratualismo *vertical* tem por principal finalidade a concretização de projectos e investimentos municipais com apoio financeiro do Estado ou, numa perspectiva descendente, com a colaboração institucional de agentes económicos e sociais instalados no concelho. As relações contratuais que os municípios estabelecem com o Estado são em regra formalizadas através de contratos-programa e acordos de cooperação, visando o financiamento de obras que em muitos casos são também financiados pelo FEDER ou pelo Fundo de Coesão. Os procedimentos contratuais entre os municípios e o Estado têm por objecto uma vastíssima gama de investimentos e é esta característica que os expõe à crítica. Na verdade, o contratualismo financeiro entre o Estado e os municípios deveria circunscrever-se aos investimentos municipais de grande relevância regional e local ou que se inserissem no âmbito de políticas ou de programas nacionais orientados para a realização de objectivos comuns, como já se verificou no passado com os programas da leitura pública (que financiou a construção e equipamento de bibliotecas municipais), do desporto escolar (construção de ginásios e pavilhões gimnodesportivos) e da cultura (recuperação e construção de salas de espectáculos). Porém, ao abrigo da cooperação técnica e financeira com os municípios, o Estado tem financiado todo o tipo de investimentos municipais, ainda que decididos e realizados numa lógica estritamente local, convertendo o contratualismo num instrumento de domínio do Estado e num meio de distribuição discricionária de dotações complementares que atenuem a crónica insuficiência financeira de muitos municípios.

Nos últimos vinte anos os municípios abriram-se também uns aos outros, não só interessando-se pelas experiências e realizações mútuas,

---

[226] Relatório "Refonder l'action publique local", apresentado em 17–10–2000 ao primeiro-ministro francês Lionel Jospin por Pierre Mauroy, presidente da Comissão para o Futuro da Descentralização.

[227] Muñoz, Jaime Rodríguez-Arana (2001), «El futuro del régimen local en España», in *Revista de Administração Local*, n.os 182 e 183, Lisboa.

210 A Autonomia Local e a evolução do modelo da Gestão Pública Municipal

mas também competindo entre si na captação de investimentos e de financiamentos. O *contratualismo horizontal* que se desenvolveu entre municípios reveste formas variadas de cooperação, umas legais, outras voluntárias. As formas de cooperação legal decorrem de sistemas normativos reguladores da integração dos municípios em estruturas administrativas cuja gestão e financiamento reclamam a sua participação financeira e a coordenação das suas vontades. É o caso da integração dos municípios nos agrupamentos de municípios que têm por núcleo os gabinetes de apoio técnico (GAT's) e nos sistemas multimunicipais dos sectores da água, dos efluentes e dos resíduos sólidos. A cooperação voluntária, também chamada cooperação intermunicipal, reveste a forma mais comum de associações de municípios de direito público, as quais, através da produção de bens e serviços, realizam algumas atribuições dos municípios associados em sectores tão variados como a recolha e tratamento de resíduos sólidos, a promoção turística e cultural ou a produção de instrumentos de ordenamento do território. O contratualismo horizontal está actualmente a adoptar a forma de empresas intermunicipais que nalguns casos sucedem às tradicionais associações de municípios de fim específico.

8. A fraca participação dos cidadãos

A superioridade estratégica do Poder Local reside na sua proximidade dos cidadãos. Isso permite aos políticos um contacto mais directo e imediato com os problemas da sociedade e uma intervenção, em princípio, mais eficaz e económica por parte da administração. Mas contrariamente ao que poderíamos à partida ser tentados a pensar essa proximidade não se tem traduzido em níveis de participação minimamente significativos.

Não se conclua daqui que os munícipes ignoram os órgãos municipais e o relevo da sua actividade na satisfação das suas necessidades. A questão é que a relação dos cidadãos com os órgãos locais está centrada numa única motivação: as suas necessidades directas e pessoais. Quando os munícipes comparecem nas reuniões públicas da assembleia e da câmara municipal ou quando são recebidos pelo presidente da câmara nos períodos que este destina ao atendimento do público não é, em regra, para debaterem problemas da comunidade ou para sugerirem soluções para a sua resolução. É para se informarem sobre os seus processos pendentes de decisão municipal ou para exporem preocupações relativas a interesses pessoais.

Conclusão 211

O estudo empírico realizado revela-nos que o baixo nível de participação cívica resulta, em larga medida, da subordinação do seu exercício a procedimentos formais impregnados de uma excessiva racionalidade jurídico-administrativa. É isso que podemos concluir da análise, por exemplo, do procedimento de consulta pública de um plano municipal de ordenamento do território. O mesmo pode dizer-se da extraordinária e inexplicável complexidade do processo dos referendos locais que dificulta a sua concretização ao ponto de até hoje apenas terem sido realizados dois.

À ausência de mecanismos simples e expeditos de consulta dos munícipes sobre a gestão pública associa-se em muitos casos a ausência de vontade dos políticos locais de promoverem meios de participação informal dos cidadãos, em que estes se sintam realmente envolvidos na definição dos destinos da autarquia. É que se, por um lado, a participação cívica reduz a margem de livre decisão dos políticos locais, por outro, retarda o processo de tomada de decisão e a celeridade deste tem sido muitas vezes confundida com uma gestão eficaz...

O certo é que o afastamento a que os cidadãos se sentem votados do processo político local tem como manifestação mais visível e preocupante a elevada percentagem de abstenção nas eleições autárquicas (36,2%, em Dezembro de 2001).

9. As redes e a *governance* local

O conceito de rede como qualificativo de um determinado paradigma de gestão pública, central ou local, ilustra a «cadeia de relações sociais» ou, dito de outro modo, «o sistema de afinidades mais ou menos duráveis fundado em interesses de qualquer forma comuns»[228] que influencia e determina a actividade do governo numa sociedade democrática e multipolar. Nesta perspectiva a acção do Estado ou, no plano local, de um município não dispensa a mediação dos interesses e das intervenções de grupos e agentes autónomos diferenciados cuja actividade penetra o «edifício social, constituindo desse modo e à partida, formas privilegiadas de resolução de determinados problemas quer de ordem individual, quer mais colectiva»[229].

---

[228] Ruivo, Fernando (2000), *O Estado Labiríntico*, Porto, ed. Apontamento, p.36.
[229] Ruivo, Fernando (2000), *Poder Local e Exclusão Social*, Coimbra, ed. Quarteto, p. 29.

O desenvolvimento da sociedade associado à redução da intervenção do Estado na produção de bens e na prestação de serviços proporcionou o incremento de uma vasta constelação de actores económicos e sociais cuja acção interage, no plano local, com a actividade dos municípios e complementa-a na satisfação de interesses colectivos. Este fenómeno conduziu à transformação da antiga administração municipal centralizada e magestática numa administração pluralista e participada formal e informalmente por uma rede de agentes e instituições com interesses conflituais entre si e nem sempre coincidentes com a representação que os órgãos municipais fazem do interesse público. As interacções socio-políticas que se geram na sociedade local retiraram aos órgãos do município o monopólio da acção político-administrativa e conduziram à perda de influência da estrutura municipal. O poder tornou-se difuso e repartiu-se por vários subsistemas sociais autónomos com intervenção a nível local (estruturas partidárias, empresários, sindicatos, organizações não municipais – ONM's, *media*), acentuando-se a acção conjunta dos sectores público, privado e social, diluindo a responsabilidade pública e retirando legitimidade democrática à gestão local.

Gestão em rede

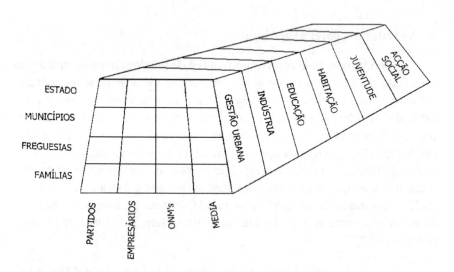

Conclusão

A análise teórica deste novo contexto da actividade administrativa trouxe para o léxico da gestão pública o vocábulo *governance* de origem anglo-saxónica, cuja tradução para português ainda é mais difícil do que a apreensão do seu conceito[230].

No centro do conceito de *governance* local está a substituição do processo de decisão vertical por uma relação horizontal de interdependência no exercício do poder. Quer acentuemos na definição do conceito «o sistema de interacções entre actores públicos e privados»[231], quer o entendamos como «um processo de coordenação de actores»[232], ou ainda como numa nova fórmula para gerir políticas públicas através de redes múltiplas[233], a todos estes elementos conceptuais subjaz a ideia de «contemplação da realidade social como um complexo de subsistemas sociais que se interrelacionam, o que é decisivo quando deve actuar-se sobre vários deles»[234].

A *governance* local é uma característica do novo modelo da gestão pública dos municípios portugueses dos nossos dias. O antigo processo de decisão vertical tornou-se impossível, dando lugar a um processo de decisão horizontal caracterizado pela intervenção de múltiplas organizações autónomas na *policy making*, cabendo aos eleitos locais uma função de mediação e arbitragem de interesses sectoriais na busca das soluções que possam traduzir o interesse público *possível*. No entanto, paradoxalmente, numa época em que alguns sustentam a superioridade da gestão privada relativamente à gestão pública, a *governance* dos nossos dias assume-se como um elemento de valorização da acção do sector público e de distinção entre ele e o sector privado.

Tendo presente as características do actual paradigma de gestão pública local que deixamos enunciadas, podemos sintetizar da seguinte forma os vários elementos da modernização e da *governance* municipais:

---

[230] Do mesmo modo que se tem considerado dispensável traduzir para português a expressão francesa *acquis communautaire* ou a inglesa *accountability*, dispensamo-nos de ensaiar a tradução de *governance*.

[231] Chevallier, Jacques (2002), *Science Administrative*, Paris, ed. PUF, p. 63.

[232] Commaille, Jobert (1998), «La régulation politique: l'émergence d'un nouveau régime de connaissance?», in *La régulation politique», Paris, L.G.D.J., p. 28*.

[233] Maillat, D. (1995), «Les milieux innovateurs», in *Sciences Humaines*, horssérie, n.º 8 (fev.mar.), p. 41.

[234] Alcázar, Mariano Baiena del (2000), *Curso de Ciência de la Administración*, 4ª ed., Madrid, Tecnos, p. 119.

214 A Autonomia Local e a evolução do modelo da Gestão Pública Municipal

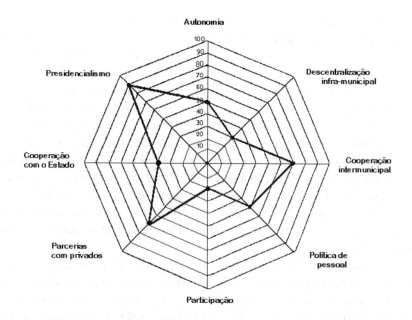

10. Do Município Providência ao Município Regulador

O município é uma organização inserida na sociedade e recebe dela impulsos e influências que moldam e alteram o seu funcionamento e as suas formas de relação com a comunidade. No plano político, o município é um elemento do Estado e tende a reproduzir, à escala local, o paradigma das relações Estado-sociedade. O Estado Novo representou o paradigma do Estado-Nação forte e soberano, apoiado numa administração profissional, estável e concentrada. Como vimos em capítulo anterior (Parte II, Cap. IV), durante a 2ª República os municípios foram dotados de uma estrutura administrativa profissional, simples e unitária que era a projecção a nível local da estrutura profissional, simples e unitária da administração do Estado Novo, durante os seus primeiros vinte anos.

A partir de então, a estrutura administrativa central foi-se ampliando progressivamente e ganhando complexidade, por efeito não só do aumento sucessivo do número de ministérios, secretarias e subsecretarias de Estado, mas também da criação de serviços de carácter industrial e comercial, pri-

Conclusão   215

meiro, e de empresas públicas, mais tarde, à medida que o Estado foi reforçando a sua intervenção na produção de bens e na prestação de serviços. O Estado Providência, fundado nos princípios democráticos da 3ª República, intensificou aqueles fenómenos na razão directa do incremento da cidadania e da expansão do intervencionismo estatal. Idêntica evolução ocorreu no campo dos municípios. Desde 1975, assistiu-se a uma intensa intervenção da organização municipal na produção de bens e na prestação de serviços necessários à satisfação de múltiplas necessidades públicas. Durante os primeiros doze anos de vida local democrática, o peso dos investimentos municipais passou de 17% do PIB, em 1974, para 85%, em 1986. E tal como ao nível da administração estatal também o incremento do intervencionismo municipal foi acompanhado da expansão das suas estruturas administrativas.

A partir dos primeiros anos da década de 70 os alicerces do Estado Providência formam abalados à escala mundial por profundas alterações na economia. Os efeitos das crises petrolíferas, a liberalização dos mercados internacionais, o desenvolvimento da integração económica e monetária na Europa, a globalização e a competitividade entre os Estados são fenómenos que vieram pôr em crise a manutenção do modelo intervencionista estatal e alteraram o paradigma das relações Estado-sociedade civil. As mutações na matriz do Estado Providência roubaram unidade e homogeneidade à sua intervenção no processo económico. O Estado, que antes se limitava a expandir a sua administração directa tradicional, foi-se desmembrando em novas entidades públicas e privadas sujeitas à sua tutela e criando no seu seio uma constelação de novos centros de poder com interesses e lógicas distintas, muitos deles concorrendo entre si. A desmultiplicação do Estado Providência conduziu o Estado para um modelo pluralista, caracterizado por uma dupla legitimação formal representativa e funcional-corporativa, pela intermediação de parcerias e redes de governação e por um défice de legitimidade política e de cidadania[235].

Mais uma vez este processo de transformação do Estado Providência encontra correspondência no campo dos municípios. O Município Providência, fundado em 1975/76, foi adaptando a sua organização à política intervencionista que adoptou, através da ampliação da sua estrutura administrativa, criando novos serviços e recrutando mais pessoal. Mas a

---

[235] Mozzicafreddo, Juan (1997), *Estado-Providência e cidadania em Portugal*, Oeiras,ed. Celta, p. 31.

216   A Autonomia Local e a evolução do modelo da Gestão Pública Municipal

par da expansão da sua administração tradicional os municípios têm também criado ou participado na criação nos últimos anos de novas entidades públicas e privadas, de que são exemplos as fundações e as empresas públicas, as sociedades de economia mista, as sociedades de desenvolvimento local e as associações de todo o tipo com objectivos muito variados, para além de nalguns casos também delegarem funções em instituições locais já existentes.

Reportando-se à transformação do paradigma da organização do Estado Providência, consideram alguns autores que ela revela uma nova forma de intervenção do Estado na sociedade que, sem diminuir o seu protagonismo, se traduz «numa actividade de regulação e de orientação macro-económica e de autonomização da esfera privada»[236]. Trata-se no fundo do modelo que Giandomenico Majone baptizou por Estado Regulador, resultante da «concatenação de várias estratégias básicas: privatização, liberalização e desregulação, retracção fiscal, integração económica e monetária e várias inovações associadas ao paradigma gestionário da *new public management*»[237]. O Estado Regulador caracterizar-se-ia pela redução da função operativa do Estado e pela acentuação da sua vertente institucional, que combina a desregulação de formas de intervenção estatal com a re-regulação, ou seja a imposição de regras públicas sobre actividades privadas de especial sensibilidade comunitária, das quais o Estado se retirou[238].

A análise dos novos mecanismos de intervenção dos municípios na sociedade local, que acima descrevemos, revela-nos uma tendência constante não só para a criação de formas de administração indirecta, mas também para o incremento da sua relação com entidades privadas e sociais que, em parceria com o município ou sob delegação deste, satisfazem interesses públicos através de actividades de tipo administrativo. Ora, o desenvolvimento desta tendência poderá provocar o declínio do município positivo ou intervencionista, acentuando a sua vertente institucional e os pro-

---

[236] Mozzicafreddo, Juan (1997), *Estado-Providência e cidadania em Portugal*, Oeiras,ed. Celta, p. 17.

[237] Majone, Giandomenico (1997), «From the Positive to the Regulatory State: causes and consequences of changes in the mode of governance», in *Journal of Public Policy*, 17 (2), pp. 139-167.

[238] Canotilho, J.J. Gomes (2000), «Paradigmas de Estado e paradigmas de Administração pública», in *Moderna gestão pública*, Oeiras, INA, pp. 21-34.

cedimentos de regulação e controlo da acção dessas instituições. Mais uma vez à semelhança do processo de transição do Estado Providência, o desenvolvimento e multiplicação das formas de intervenção do Município Providência pluralista, associados ao desdobramento da sua estrutura tradicional, parecem orientar a sua lenta evolução para o novo paradigma de Município Regulador.

BIBLIOGRAFIA

Albertini, Jean-Benoit (1997), *La déconcentration – l'administration territoriale dans la réforme de l'État*, Paris, Economica.

Alcázar, Mariano Baiena del (2000), *Curso de Ciência de la Administración*, 4ª ed., Madrid, Tecnos.

Almeida, João Ferreira de *et al.* (1994), *Regiões periféricas: Que desenvolvimento?*, Lisboa, CAIS e CIES.

Amaral, Diogo Freitas do (1983), *Direito Administrativo*, vols. I e II, Lisboa, FDUL.

Amaral, Diogo Freitas do (1987), «Direitos fundamentais dos administrados», in *Nos Dez Anos da Constituição*, Lisboa, INCM.

Amorim, João Pacheco de (2000), *As empresas públicas no direito português, em especial as empresas municipais*, Coimbra, Almedina.

Antunes, Maria Isabel Cabaço (1988), *A autonomia financeira dos municípios portugueses*, Lisboa, DGAA.

Auby, Jean-Bernard e Jean-François Auby (1998), *Droit des collectivités locales*, Paris, PUF.

Baecque, Francis de (1980), «Les fonctionnaires à l'assaut du pouvoir», in Revista *Pouvoirs*, n.º 40, Paris, PUF.

Baguenard, Jacques (2002), *La décentralisation*, Paris, PUF.

Baguenard, Jacques e Jean-Marie Becet (1995), *La démocratie locale*, Paris, PUF.

Balducci, Massimo e Ermano Forni (1996), *L'incentivacione della produttività e i nouvi contratti collettivi del comparto enti locali*, Rimini, Maggioli.

Baptista, A. J. Mendes (1984), *Processo de regionalização – concepção e implementação*, Lisboa, NEUR.

Bernot, Jacques (1996), *La répartition des compétences*, Paris, L.G.D.J.

Biarez, Sylvie (1989), *Le Pouvoir Local*, Paris, Economica.

Blanc, Jacques (1997), «Analyse comparative des finances locales dans les états-membres de l'Union Européenne: éléments pour une méthode», in *Annuaire des Collectivités Locales 1997*, Paris, CNRS/ GRALE.

Bodineau, Pierre e Michel Verpeaux (1997), *Histoire de la décentralisation*, Paris, PUF.

Bourdelais, Patrice *et. al.* (1996), *État-providence – arguments pour une réforme*, Paris, Gallimard.

Bourdieu, Pierre (2001), *O Poder simbólico*, Algés, Difel.

Bourdin, Alain (2000), *La question locale*, Paris, PUF.

Bovaird, Tony e Elke Löffler (2002), «Passer des modèles d'excellence de fourniture de

220   *O Processo de Mudança na Gestão Pública Municipal*

services locaux à l'établissement de repères pour une bonne gouvernance locale», in *Revue Internationale des Sciences Administratives*, vol. 68, n.° 1 (mars), Bruxelles, IISA.

Braibant, Guy (1997), «L'avenir de l'Etat», in *Études en l'honneur de Georges Dupuis*, Paris, L.G.D.J.

Bruycker, Philippe de e Marc Nihoul (1996), «L'impact de la régionalisation sur l'autonomie locale», in *Annuaire des Collectivités Locales 1996*, Paris, CNRS/ /GRALE.

Caetano, Marcello (1972), *Manual de Ciência Política e Direito Constitucional*, tomo II, Lisboa.

Caetano, Marcello (1994), *Estudos de História da Administração Pública Portuguesa*, Coimbra,Coimbra Editora.

Caetano, Marcelo (1980), *Manual de Direito Administrativo*, vols. I e II, Coimbra, Almedina.

Campos, Renato (1999), *Autonomia e Financiamento das Autarquias Locais*, Lisboa, CEDREL.

Canotilho, J.J. Gomes (2000), «Paradigmas de Estado e paradigmas de Administração pública», in *Moderna gestão pública*, Oeiras, INA.

Canotilho, J.J. Gomes e Vital Moreira (1993), *Constituição da República Portuguesa Anotada*, Coimbra, Coimbra Editora.

Caupers, João (1994), *A Administração Periférica do Estado – Estudos de Ciência da Administração*, Lisboa, Aequitas, Notícias.

Chaty, Lionel e Carlo Girlanda (2002), «Vers une administration électronique? Les systèmes d'information territoriaux on la web modernisation de l'administration locale», in *Revue Internationale des Sciences Administratives*, vol. 68, n.° 1 (mars), Bruxelles, IISA.

Chevallier, Jacques (1997), «L'accélération de l'action administrative», *in Revue Française d'Administration Publique*, n.° 84, Paris, IIAP.

Chevallier, Jacques (1997), «Les agences: effet de mode on révolution administrative?», in *Études en l'honneur de Georges Dupuis*, Paris, L.G.D.J.

Chevallier, Jacques (2002), *Science Administrative*, 3e ed., Paris, PUF.

Cluny, António (2000), «Atribuições e competências das autarquias locais», in *Revista de Administração Local*, n.°180 (Nov.-Dez.), Lisboa.

Comissão de Coordenação da Região Norte (1998), *Modelos associativos inter-institucionais com a participação dos municípios – Síntese*, Porto, CCRN.

Commaille J. (1998), «La régulation politique: l'émergence d'un nouveau régime de connaissance?» in *La régulation politique*, Paris, L.G.D.J.

Conseil de l'Europe (1999), *La participation politique et sociale des immigrés à travers des mécanismes de consultation*, Strasbourg, Conseil de l'Europe.

Conseil de l'Europe (1986), *Charte Européenne de l'Autonomie Locale et rapport explicatif*, Strasbourg, Conseil de l'Europe.

Conseil de l'Europe (2001), *5ème rapport général sur le contrôle de la mise en œuvre de la Charte Européenne de l'Autonomie Locale*, Strasbourg, Conseil de l'Europe.

Constant, Fred (2000), *La citoyenneté*, Paris, Montchrestien.

Corte-Real, Isabel *et al.* (1999), *Les administrations en mouvement*, Maastricht, Institut Européen d'Administration Publique.

Council of Europe (1994), *Regionalization in Europe: evaluation and perspectives*, Strasbourg, Council of Europe.

Covas, António (1997), *Integração europeia, regionalização administrativa e reforma do Estado-Nacional*, Oeiras, INA.

Covas, António (1999), *A União Europeia – do Tratado de Amesterdão a um projecto de Carta Constituinte para o século XXI*, 2ª ed., Oeiras, Celta.

Crozier, Michel (1991), «Le changement dans les organisations», in *Revue Française d'Administration Publique*, n.º 59 (juil.-sept.), Paris, IIAP.

Crozier, Michel e Erhard Friedberg (1977), *L'acteur et le système. Les contraintes de l'action collective*, Paris, Seuil.

Davezies, Laurent e Christian Lefèvre (1994), «Les coalitions public-privé dans le développement urbain», in *Territoires de l'Europe*, vol. V, ed. Junta de Castilla Y Leon e CEDRE.

Debbasch, Charles (1980), *Science administrative*, 4ème éd., Paris, Dalloz.

Debbasch, Charles, coord. (1979), *L'administration et les transformations économiques et sociales en Europe*, Paris, CNRS.

Delcamp, Alain (1991), *Le Senat et la Décentralisation*, Paris, Economica.

Delcamp, Alain (1994), *Les collectivités décentralisées de l'Union Européenne*, Paris, La documentation française.

Delcamp, Alain (1997), «Le modèle français de libre administration face aux autres modèles européens», in *Annuaire des Collectivités Locales 1997*, Paris, CNRS/GRALE.

Deporcq, Dominique e Philippe Schmidt (2001), *Collectivités territoriales et associations*, Paris, Berger-Levrault.

Deves, Claude e Jean-François Bizet (1991), *Les societés d'économie mixte locales*, Paris, Economica.

Dowley, Tim (org.-1995), *A História do Cristianismo*, Lisboa, Bertrand.

Dreyfus, Françoise (1997), «La nouvelle gestion publique, nouvel instrument du clientélisme?», in *Études en l'honneur de Georges Dupuis*, Paris, L.G.D.J.

Duran, Patrice (1999), *Penser l'action publique*, Paris, L.G.D.J.

Duverger, Maurice (1994), *A Europa dos cidadãos*, Porto, Asa.

Esping-Andersen, Gosta (1991), *Les trois mondes de l'État-Providence*, Paris, PUF.

Ewald, François, *Histoire de l'État providence*, Paris, Grasset.

Fernandes, António Teixeira (1997), *Poder autárquico e poder regional*, Porto, Brasília.

Ferrera, Maurizio, Anton Hemerijck e Martin Rhodes (2000), «La refonte des États-providence européens» in Revista *Pouvoirs*, n.º 94 (sept.), Paris, Seuil.

Franco, António de Sousa (1990), *Finanças Públicas e Direito Financeiro*, 3ª ed., Coimbra, Almedina.

Giddens, Anthony (1992), *As consequências da modernidade*, Oeiras, Celta.

Giddens, Anthony (1999), *Para uma terceira via*, Lisboa, Presença.

Gomes, João Salis (2000), «Qualidade da regulação jurídica e redefinição estratégica da gestão pública», in *Revista de Administração Local*, n.º 179 (Set.-Out.), Lisboa.

Gomes, João Salis (2001), «Perspectivas da moderna gestão pública em Portugal», in *Administração e Política*, Oeiras, Celta.

222 O Processo de Mudança na Gestão Pública Municipal

Gontcharoff, Georges (1998), *Guide du partenariat des associations et des pouvoirs publics locaux*, Paris, l'Harmattan.

Habermas, Jurgen (2000), *La constelación posnacional*, Barcelona, Paidós.

Hardy, Jacques (1998), *Les collectivités locales*, Paris, La Découverte.

Huron, David e Jacques Spindler (1998), *Le management public local*, Paris, L.G.D.J.

Institut International des Sciences Administratives (2002), «La conduite de l'action publique au XXIème siècle: nouvelles logiques, nouvelles techniques» – *Actes du XXVème Congrès International des Sciences Administratives* (Atenas, Julho 2001), Bruxelles, IISA.

Instituto de Gestão da Base de Dados dos Recursos Humanos da Administração Pública (1999), *2.º Recenseamento Geral da Administração Pública*, Lisboa, I.G.B.D.R.H.A.P.

Instituto Superior de Ciências Sociais e Políticas (1996), *Regionalização e Desenvolvimento – Forum 2000*, Lisboa, I.S.C.S.P.

Kernaghan, Kenneth (2000), «L'organisation post-bureaucratique et les valeurs du service public», in *Revue Internationale des Sciences Administratives*, vol. 66, n.º 1 (mars), Bruxelles, IISA.

Lachaume, Jean-François (1997), *L'administration communale*, Paris, L.G.D.J.

Lagrée, Jean-Charles e Patricia Loncle (2001), *Jeunes et citoyenneté*, Paris, La documentation française.

Laroche, Michel (2000), «L'administration de l'Etat-providence», in Revista *Pouvoirs*, n.º 94 (sept.), Paris, Seuil.

Leandro, J. M. Marques e Vasco Valdez Matias (1990), *Manual de Gestão Financeira Autárquica*, Lisboa, Sedes.

Longhi, Christian e Jacques Spindler (2000), *Le développement locale*, Paris, L.G.D.J.

Lopes, António Simões (1995), *Desenvolvimento regional*, Lisboa, Fundação Calouste Gulbenkian.

Luchaire, François e Yves Luchaire (1989), *Le droit de la décentralisation*, Paris, PUF.

Luchaire, Yves (1991), «Les modes de gestion des grands services publics locaux», in *Revue Française d'Administration Publique*, n.º 60 (Oct. – Déc.), Paris, IIAP.

Mabileau, Albert (1992), «L'élu local: nouveau professionnel de la politique», in Revista *Pouvoirs*, n.º 60, Paris, PUF.

Machado, J. Baptista (1982), *Participação e descentralização, democratização e neutralidade na Constituição de 76*, Coimbra, Almedina.

Machete, Rui Chancerelle de (1988), «O Poder Local e o conceito de autonomia institucional», in *Estudos de Direito Público e Ciência Política*, Lisboa, Fundação Oliveira Martins.

Machete, Rui Chancerelle de (1991), «A Administração pública» in *Estudos de Direito Público e Ciência Política*, Lisboa, Fundação Oliveira Martins.

Machete, Rui Chancerelle de (2002), «Um novo paradigma nas relações Estado-Sociedade», in *Revista Nova Cidadania*, n.º 12 (Abr./Jun.), ano III, Lisboa.

Maillat, D. (1995), «Les milieux inovateurs», in *Sciences Humaines*, n.º 8 (Fev.-Mar.), hors-série.

Majone, Giandomenico (1997), «From the Positive to the Regulatory State: Causes and Consequences of Changes in the Mode of Governance», in *Journal of Public Policy*, 17 (2).

Bibliografia

Marques, A. H. de Oliveira (1973), *História de Portugal*, vols. I e II, 2ª ed., Lisboa, Palas.

Marques, Maria Manuel Leitão e Vital Moreira (1999), «Desintervenção do Estado, privatização e regulação de serviços públicos», in *Revista Economia e Prospectiva*, vol. II, n.º 3 (Out. 98-Mar. 99), Lisboa, Ministério da Economia.

Martins, Mário Rui (2001), *As autarquias locais na União Europeia*, Porto, Asa.

Martorell, Felio J. Bauzá (1999), *Aproximación a la Ciencia de la Administración*, Madrid, Dykinson.

Mauroy, Pierre (2000), *Refonder l'action publique locale*, Paris, Commission pour l'Avenir de la Décentralisation.

Meny, Yves (1997), «La corruption: question morale ou problème d'organisation de l'Etat» in *Revue Française d'Administration Publique*, n.º 84 (oct.-déc.), Paris, IIAP.

Metcalfe, Les (2000), «Etablissement de liens entre les différents niveaux de gouvernance: intégration européenne et mondialisation», in *Revue Internationale des Sciences Administratives*, vol. 66, n.º 1 (mars), Bruxelles, IISA.

Ministério do Equipamento, do Planeamento e da Administração do Território (1998), *Descentralização, Regionalização e Reforma democrática do Estado*, Lisboa, MEPAT.

Ministério da Reforma do Estado e da Administração Pública (2000), *O perfil da Administração pública*, Lisboa, D.G.A.P.

Miranda, Jorge (1998), *Manual de Direito Constitucional*, Tomo II, 4ª ed., Coimbra, Coimbra Editora.

Montalvo, António Rebordão (1988), «El Poder local y la participacion de los ciudadanos» in *Revista de Estudios Politicos*, Madrid, Centro de Estudios Constitucionales.

Montalvo, António Rebordão (1988), «L'évolution des collectivités locales au Portugal», in *La Revue Administrative*, n.os 246 e 247, Paris, Pédone.

Montalvo, António Rebordão (2000), «La coopération intercommunale au Portugal» in *Annuaire des Collectivités locales 2000*, Paris, CNRS.

Montalvo, António Rebordão e António Rosa Montalvo (1985), *O novo regime das autarquias locais*, Coimbra, Almedina.

Montalvo, António Rebordão e João Salis Gomes (1996), *Estudo prospectivo do modelo institucional das regiões administrativas portuguesas*, Lisboa, CEDREL.

Montalvo, António Rosa (2000), «Notas breves sobre administração autárquica», in *Revista de Administração Local*, n.º 176 (Mar.-Abr.), Lisboa.

Montalvo, António Rosa e António Rebordão Montalvo (1980), *Poder local e direitos dos cidadãos*, Lisboa, Petrony.

Monteiro, Nuno Gonçalo (1993), «Os Concelhos e as Comunidades», in *História de Portugal*, 4.º vol., dir. José Mattoso, Lisboa.

Moreira, José Manuel (2000), «Ética, democracia e função pública», in *Revista de Administração Local*, n.º 176 (Mar.-Abr.), Lisboa.

Moreira, Vital (1976), *A ordem jurídica do capitalismo*, Coimbra, Centelha.

Moreira, Vital (1997), *Administração Autónoma e Associações Públicas*, Coimbra, Coimbra Editora.

Moreira, Vital (1997), *Auto-Regulação profissional e Administração pública*, Coimbra, Almedina.

224 *O Processo de Mudança na Gestão Pública Municipal*

Moron, Miguel Sanchez (1980), *La participación del ciudadano en la administración pública*, Madrid, Centro de Estudios Constitucionales.

Mozzicafreddo, Juan (1997), *Estado-Providência e Cidadania em Portugal*, Oeiras, Celta.

Mozzicafreddo, Juan (1999), «Políticas locais e níveis de decisão política», comunicação apresentada no *1.º Curso sobre Identidades Locais e Globalização*, Organizado pela MARCA-Associação de Desenvolvimento Local e a Câmara Municipal de Montemor-o-Novo.

Mozzicafreddo, Juan (2000), «Cidadania e reforma do Estado e da administração pública em Portugal», comunicação apresentada no colóquio *A Reforma da Administração Pública na Europa e nos Estados Unidos* (30 de Novembro), Lisboa, ISCTE.

Mozzicafreddo, Juan (2001), «Modernização da Administração Pública e Poder Político», in *Administração e Política*, Oeiras, Celta.

Mozzicafreddo, Juan *et al*, *Gestão e legitimidade no sistema político local*, Lisboa, Escher.

Mozzicafreddo, Juan, *et al.* (1988), «Poder Autárquico e Desenvolvimento Local», in *Revista Crítica de Ciências Sociais*, n.º 25/26 (Dez.1988), Coimbra, Centro de Estudos Sociais.

Muller, Martine Théveniaut (1999), *Le développement local: une réponse politique à la mondialisation*, Paris, Desclée de Brouwer.

Muller, Pierre e Yves Surel (1998), *L'analyse des politiques publiques*, Paris, Montchrestien.

Muñoz, Jaime Rodriguez-Arana (1993), *Principios de ética publica – corrupción o servicio?*, Madrid, Montecorvo.

Muñoz, Jaime Rodriguez-Arana (2001), «El futuro del régimen local en Espãna», in *Revista de Administração Local*, n.os 182 e 183, Lisboa.

Nabais, José Casalta (1993), «A Autonomia Local», in *Estudos em homenagem ao Prof. Doutor Afonso Rodrigues Queiró*, Coimbra, Coimbra Editora.

Nemery, Jean-Claude (1991), «L'interventionisme économique des collectivités territoriales», in *Revue Française d'Administration Publique*, n.º 60 (oct.-déc.), Paris, IIAP.

OCDE (1995), *La gestion publique en mutation*, Paris, OCDE.

Oliveira, António Cândido de (1993), *Direito das Autarquias Locais*, Coimbra, Coimbra Editora.

Oliveira, César (dir. 1996), *História dos Municípios e do Poder Local*, Lisboa, Círculo de Leitores.

Oliveira, Luís Valente de (1996), *Regionalização*, Porto, Asa.

Osborne, Davis e Ted Gaebler (1995), *Reinventando o governo: como o espírito empreendedor está transformando o sector público*, Brasília, Comunicação.

Pecqueur, Bernard (1989), *Le développement local: mode ou modèle?*, Paris, Syros Alternatives.

Pertek, Jacques (1992), *Formes nouvelles d'action administrative*, Paris, La documentation française.

Petiteville, Franck (1995), *La coopération décentralisée*, Paris, l'Harmattan.

Pires, Luis Madureira (1998), *A política regional europeia e Portugal*, Lisboa, Fundação Calouste Gulbenkian.

Bibliografia

Pors, Anicet Le (2000), *La citoyenneté*, Paris, Montchrestien.

Pougnaud, Pierre (1991), *Collectivités locales: comment moderniser?*, Paris, Berger-Levrault.

Prud'homme, Remy (1996), «Décentralisation et développement», in *Annuaire des Collectivités Locales 1996*; Paris, CNRS/ GRALE.

Quelhas, Ana Paula Santos (2001), *A refundação do papel do Estado nas políticas sociais*, Coimbra, Almedina.

Quermonne, Jean-Louis (1991), *L'appareil administratif de l'État*, Paris, Seuil.

Rémond, Bruno e Jacques Blanc (1992), *Les collectivités locales*, Paris, Presses de la Fondation Nationale des Sciences Politiques e Dalloz.

Rocha, J.A. Oliveira (2000), «Modelos de gestão pública», in *Revista Portuguesa de Administração e Políticas Públicas*, n.º 1, Braga.

Rocha, J.A. Oliveira (2002), «O perfil dos dirigentes da função pública», in *Revista de Administração Local*, n.º 187 (Jan.-Fev.), Lisboa

Rosanvallon, Pierre (1986), *A crise do Estado-Providência*, Lisboa, Inquérito.

Rosenbaum, Allan (1998), «Governance et décentralisation – Leçons de l'expérience», in *Revue Française d'Administration Publique*, n.º 88 (oct.-déc.), Paris, IIAP.

Roâteutscher, Sigrid (2000), «Democracia associativa: as instituições voluntárias como campo de treino para a democracia?», in *Cidadania, Integração, Globalização*, Oeiras, Celta.

Ruivo, Fernando (1990), «Local e Política em Portugal: o Poder local na mediação entre centro e periferia», in *Revista Crítica de Ciências Sociais*, n.º 30 (Jun.), Coimbra, Centro de Estudos Sociais.

Ruivo, Fernando (2000), *O Estado Labiríntico: O poder relacional entre Poderes Central e Local em Portugal*, Porto, Afrontamento.

Ruivo, Fernando (2000), *Poder local e exclusão social*, Coimbra, Quarteto.

Sadoun, Marc (2000), «L'individu et le citoyen», in Revista *Pouvoirs*, n.º 94 (sept.), Paris, Seuil.

Santos, Boaventura de Sousa (2002), «Democracia e Participação – o caso do orçamento participativo de Porto Alegre», Porto, Afrontamento.

Santos, Vítor (2001), «A Globalização e o futuro do Estado», in *Globalização, Políticas Públicas e Competitividade*, Lisboa, Celta.

Saraiva, José Hermano (1957), *A evolução histórica dos municípios portugueses*, Lisboa.

Schmitter, Philippe C. (1993), «Organizations and Social Movements», in *Sociology and the Public Agenda,* Sage publications.

Sergent, Lucien H. (1991), «Les finances locales», in *Revue Française d'Administration Publique*, n.º 60, Oct.-Déc. 1991, Paris IIAP

Sousa, António Francisco de (1993), *Direito Administrativo das Autarquias Locais*, Lisboa, Lusolivro.

Sousa, Marcelo Rebelo de (1987), «A revisão constitucional e a partidarização do sistema de governo», in *Dez Anos da Constituição*, Lisboa, INCM.

Sousa, Marcelo Rebelo de (1997), «O sistema do governo municipal», in *Que reforma eleitoral? Fórum eleitoral: intervenções e debates*, Lisboa, Comissão Nacional de Eleições.

226   *O Processo de Mudança na Gestão Pública Municipal*

STAPE (1994), *Eleições autárquicas 1976/93 – Atlas Eleitoral*, Lisboa, STAPE.

Tavares, José (1996), *Estudos Jurídico-Políticos*, Lisboa, UAL.

Tavares, José (2000), *Administração Pública e Direito Administrativo*, 3ª ed., Coimbra, Almedina.

Terrazzoni, André (1992), *L'administration territoriale en Europe*, Paris, L.G.D.J.

Thoenig, Jean-Claud (1996), «La décentralisation du pouvoir local», in *Annuaire des Collectivités Locales 1996*, Paris, CNRS/ GRALE.

Thoenig, Jean-Claud (1998), «La gestion des services communaux», in *Annuaire des Collectivités Locales 1998*, Paris, CNRS/ GRALE.

Tocqueville, Alexis de (1989), *O antigo regime e a revolução*, Lisboa, Fragmentos.

Trosa, Sylvie (1994), «Décentralisation, service public local et rôle de l'Etat», in *L'Etat moderne et l'administration*, Paris, L.G.D.J.

Trosa, Sylvie (1995), *Moderniser l'administration – comment font les autres?*, Paris, Les Éditions d'Organisation.

Urio, Paulo (1984), *Le rôle politique de l'administration publique*, Lausanne, L.E.P.

Vandelli, Luciano (1991), *Pouvoirs locaux*, Paris, Economica.

Warin, Philippe (1997), «La ville: contractualisation de la politique et participation des habitants», in *Quelle modernisation des services publics*, Paris, La Découverte.

Weber, Max (1971), *Économie et Societé*, Paris, Plon.

Weber, Max (1982), *Ensaios de Sociologia*, Rio de Janeiro, Zahar.

Weber, Max (1991), *Histoire Économique*, Paris, Gallimard.

Wright, Vincent (1997), «Redefiniendo el Estado: las implicaciones para la Administración Pública» in *Gaceta de Administración y Politicas Públicas*, n.º 7-8 (Sep. 1996/Abril 1997).

ÍNDICE ANALÍTICO*

A

Abstenção – 184, 186, 211

Acto Único – 65

Administração central – 32, 45, 47, 89, 91, 92, 116, 140, 141, 145, 146, 157, 163, 170, 200

Administração directa – 177, 178

Administração indirecta – 31, 35, 55, 96, 118, 177, 200, 216

Administração local –30, 80, 91, 117, 118, 124, 136, 145, 146, 169, 170

Administração municipal – 24, 26, 31, 80, 105, 163, 168, 177, 188, 192, 212

Administração pública – 26, 28-31, 40, 47, 51, 56, 82, 145, 159-162, 173, 176, 177, 183, 191, 194, 200, 208

Administração regional – 80, 116

Administrador do concelho – 32, 34

Agências – 50, 51, 52

Agrupamentos de municípios – 210

Alemanha – 73, 75, 96, 115, 141, 154

Antigo Regime – 17, 26, 30

Antropocentrismo – 27

Assembleia Constituinte – 79

Assembleia da República – 125, 139, 141 (v. Parlamento)

Assembleia das Regiões da Europa – 66

Assembleia municipal – 24, 56, 82, 146--149, 151, 152, 157, 204

Associações – 42, 155, 157, 183, 187-191, 193, 194, 206, 216

Associações de autarquias – 61

Associações de municípios – 89, 210

Associações públicas – 116

Atribuições – 35, 97, 98, 100, 102, 103, 105, 187, 202

Austrália – 51

Áustria – 141, 186

Autarquias locais – 17, 35, 42, 55, 56, 59, 60, 75, 96, 116, 117, 130, 132, 186, 189, 194, 200, 203

Auto-administração – 57, 58, 201

Auto-limitação do Estado – 56

Autonomia administrativa – 17, 58, 59, 96, 177, 178, 201

Autonomia financeira – 17, 33, 58, 59, 115, 117, 125, 131, 132, 137, 177, 178

Autonomia jurídica – 57

Autonomia local – 17, 29-31, 33-35, 47, 56--61, 72, 95-97, 99, 100, 141, 201, 208

Autonomia municipal – 23-25, 29, 31, 34, 208

Autonomia normativa – 58

Autonomia política – 201

Autoridades administrativas independentes – 50

Avaliação – 48, 49

B

Balcão único – 113

Banco Europeu de Investimento – 65

---

* Os números remetem para as páginas. O índice tem apenas valor exemplificativo. Conceitos como *Estado, Governo* e *Município* não estão incluídos, dado o elevadíssimo número de referências que lhes são feitas.

228 O Processo de Mudança na Gestão Pública Municipal

Banco Mundial – 48
Bélgica – 49, 147, 186
Bill of Rights – 28
Bloco de Esquerda – 149, 150, 153
Blocos de competências – 91, 97, 100, 202
Brasil – 28
Burguesia – 24-28, 30, 96
Burocracia – 40, 160, 161, 164, 168, 185, 208

C

Câmara municipal – 29, 31, 33-35, 56, 99, 146-152, 163, 167, 170, 177, 193, 195, 204, 205
Campanha do trigo – 45
Candidatos independentes – 150, 152, 153
Capitalismo – 39, 41
Carisma – 154
Carta Europeia de Autonomia Local – 58- -63, 76, 91, 99
Casas do Povo – 45
Centro Democrático Social – 79-81, 149, 150
Chefe da secretaria municipal – 145, 164- -167
Chefes de família – 34
Chipre – 110, 186
Cidadania – 38-42, 45-47, 50, 152, 184, 199, 203
Classe operária – 39, 40
Cláusula geral de atribuições – 98, 99
Clero – 26, 27
Clientes – 48, 51
Código Administrativo de 1936-40 – 34, 90, 98, 101-104, 118, 119, 124, 143, 145, 153, 165, 178
Códigos (do Liberalismo) – 30
Códigos Administrativos – 31-34
Comissão Coordenadora das Obras Públi- cas do Alentejo – 123
Comissários das paróquias – 32
Comissões administrativas municipais – 35, 146
Comissões de Coordenação Regional – 87, 88

Comissões de fábrica das paróquias – 118
Comissões de melhoramentos – 118
Comissões de moradores – 155, 185
Comissões de trabalhadores – 168
Comissões Regionais de Planeamento – 87
Comissões reguladoras – 50
Comité das Regiões – 66-68
Comité de Peritos Independentes do Con- selho da Europa – 61
Comparticipações do Estado – 121, 123, 139, 140, 141
Competências – 89-93, 95, 98-101, 104, 106
Comunidade Económica Europeia – 64, 101, 106
Comunismo – 75, 96
Concertação social – 39, 40, 46
Congresso dos Poderes Locais e Regionais da Europa – 60, 61
Conselho Consultivo das Regiões e Muni- cípios – 66, 67
Conselho da Europa – 59-61, 106, 110
Conselho das Comunas e Regiões da Eu- ropa – 66
Conselho municipal – 35, 56, 144
Constituição de 1822 – 28, 29
Constituição de 1911 – 33
Constituição de 1933 – 34, 117
Constituição de 1976 – 17, 41, 55, 56, 58, 74, 82, 90, 99, 146, 185, 194, 201
Contrato social – 52
Contratos-programa – 88, 111, 139, 140, 202, 209
Contratualismo – 208-210
Cooperação Estado-municípios – 88, 102, 139, 140, 141, 200, 202, 209
Cooperação intermunicipal – 88, 89, 101, 200, 210
Cooperação interregional – 66
Cooperação público-privado – 192, 193
Corporações – 24, 30
Corporativismo – 25, 55, 201
Corpos intermédios – 24, 25, 30, 31
Corregedores – 24
Cristo – 27

Índice Analítico

D

Declaração de Direitos – 28
Declaração dos Direitos do Homem e do Cidadão – 28
Delegação de competências – 141, 194, 202, 208, 216
Delegados sindicais – 168
Democracia associativa – 190
Democracia directa – 187
Democracia local – 56, 59, 73, 173, 187
Democracia representativa – 152, 187
Descentralização – 31, 33, 49, 56, 57, 59- -61, 71-77, 81, 85, 89-93, 96, 99, 115, 116, 194, 195, 200, 202, 203, 205
Desconcentração – 49, 71, 115, 194
Desemprego – 38, 40, 84, 205
Desenvolvimento regional – 64, 83-87, 139, 193
Despesas municipais – 73, 127
Desregulação – 51, 203, 216
Deus – 27, 75, 76
Dinamarca – 147
Direito à greve – 39
Direito comunitário – 76, 192
Direito divino – 26
Direito foraleiro – 24, 25
Direitos sociais e políticos – 40-42, 45
Distritos – 56, 81
Ditadura – 57, 96, 162
Divisão administrativa – 56, 81, 85-87
Dom Diniz – 24
Dom Duarte – 24
Dom Manuel – 24
Doutrina social da Igreja – 76

E

Economia local – 75, 157, 193
Economia regional – 84, 86
Eleição directa – 34, 57, 81, 146, 149, 150, 185
Empresas intermunicipais – 179, 180
Empresas municipais – 178-181
Empresas públicas – 40, 50, 178-181, 191, 215, 216

Enunciação taxativa de atribuições – 35, 97, 98
Equidade – 184, 191, 203
Escola de Chicago – 51
Escrituras – 27
Eslovénia – 186
Espanha – 49, 65, 115, 141, 147, 185
Estado absolutista – 26, 29
Estado assistencial – 42
Estado colectivista – 47
Estado corporativo – 17
Estado federal – 115
Estado *franchising* – 47, 51
Estado individual – 50, 51
Estado liberal – 28-31, 39, 42, 43, 58, 96, 191
Estado moderno – 23, 26, 28, 31
Estado Nação – 29, 47, 214
Estado Novo – 33-35, 43-46, 56, 79, 90, 102, 114, 117, 118, 126, 128, 139, 140, 143, 153, 164, 166, 176, 192, 214
Estado pluralista – 50, 51, 203, 215
Estado protector – 30, 39
Estado Providência – 17, 37-42, 44, 46-51, 56, 190-192, 200-203, 215-217
Estado regional – 81, 115
Estado regulador – 52, 179, 216
Estado social – 43, 47, 52, 203
Estado unitário – 17, 73, 74, 95, 115, 116
Estados Unidos da América – 115
Estónia – 186
Estrangeirados – 28
Ética – 50, 184
Evangelho – 27
Expansão urbana – 130

F

Fábrica da Igreja – 32
FEDER – 64, 65, 69, 130, 209
FEOGA – 65
Federalismo – 49, 73
Finanças locais – 115, 117, 124-134
Finlândia – 141, 147
Forais – 24

França – 28, 49, 147, 185, 191
Freguesias – 32, 77, 79, 92, 103, 105, 110, 118, 134, 141, 148, 157, 194, 195
Funcionários – 74, 157, 160, 161, 164, 165, 168-170, 174, 204
Funcionalização dos políticos – 153, 176
Fundações – 50, 178, 216
Fundo de Coesão – 209
Fundo Monetário Internacional – 48
Fundo Social Europeu – 65, 69

G

Gabinetes de apoio técnico (GAT) – 88, 176, 210
Garantia administrativa – 34, 35
Gestão privada – 48, 174, 180, 213
Gestão pública – 17, 18, 48, 50, 75, 78, 89, 97, 106, 180, 183, 184, 187, 189, 193, 199, 200, 208, 213
Globalização – 52, 57, 203, 215
Governador civil – 34, 144
Governance – 211, 213
Grande depressão – 40
Grécia – 49
Grémios – 24, 30
Greve – 39

H

Holanda – 186
Hungria – 147, 186

I

Idade Média – 25, 26, 109
Idade Moderna – 25
Igreja católica – 26, 27, 42, 76
Iluminismo – 25
Individualismo – 27, 75, 188, 191
Informática – 113
Inglaterra – 27, 28, 96
Instituições particulares de solidariedade social – 103, 109, 189
Institutos – 50, 116, 177
Integração europeia – 17, 64, 130
Interesses difusos – 42

Intervencionismo do Estado – 39, 40, 44, 45, 52, 189, 212, 215
Intervencionismo municipal – 42, 47, 101, 171, 189, 199, 215
Invasões francesas – 28
Investimentos intermunicipais – 89, 104
Itália – 49, 73, 75, 96, 139, 147, 185, 186

J

Japão – 73
Jean Monnet – 64
Jesuítas – 25
Jorge Sampaio – 73, 87
Juízes de fora – 24
Junta de freguesia – v. Freguesias

K

Keynesianismo – 40, 52

L

Legitimidade – 41, 42, 47, 50, 96, 97, 183, 187, 188, 190, 191, 193, 212, 215
Letónia – 186
Liberalismo – 28-31, 38, 43, 44, 115, 143
Luís XIV – 26
Luxemburgo – 147, 186

M

Macedónia – 147
Magistrados administrativos – 31, 34, 35, 144
Maioria absoluta – 151, 153
Mandato – 50
Manageralismo – 51, 174
Maquiavel – 25, 105
Marcello Caetano – 45
Margaret Thatcher – 48, 51
Marketing público – 52
MDP/CDE – 79, 81
Mercado – 30, 37, 40, 52, 192
Mesteirais – 24
Mesteres – 24, 30
Ministérios – 32, 44, 45
Misericórdias – 103, 109, 157
Modernização administrativa – 48, 112, 115, 169

Moeda única – 77
Monarquia absoluta – 25, 32
Mouzinho da Silveira – 29
Movimento Partido da Terra – 153
Município de Abrantes – 104, 107, 111, 112, 114, 121, 122, 156, 171
Município de Alcobaça – 107, 111
Município de Cascais – 104
Município de Chamusca – 107, 113
Município de Constância – 113
Município de Ferreira do Zêzere – 111, 156
Município de Fundão – 108
Município de Gavião – 104
Município de Lisboa – 104, 108, 144, 165
Município de Loures – 108
Município de Marinha Grande – 108
Município de Nisa – 107, 111, 112, 114, 121, 122, 135, 136, 156
Município de Oeiras – 104, 107, 111, 115, 135, 136, 156, 171
Município de Oliveira do Bairro – 107, 110, 135, 156
Município de Ourém – 111
Município de Portalegre – 109
Município de Porto – 109, 144, 165
Município de Sardoal – 104
Município de Sintra – 110
Município de Vila Nova da Barquinha – 113, 156
Município Providência – 157, 174, 190, 215, 217
Município regulador – 217

N

Nascionalizações – 40
Neo-liberalismo – 48, 52, 192
New Public Management – 48, 51, 174, 216
Next steps – 51
Nobreza – 24, 25
Nova Zelândia – 51

O

OCDE – 48, 84
Operações integradas de desenvolvimento – 64

Orçamento do Estado – 88, 91, 92, 118, 126-128, 130-132, 134, 135-137, 140, 200, 202, 203
Orçamento municipal – 132-134, 138
Orçamento participativo – 187
Ordenações Afonsinas – 24
Ordenações Filipinas – 103
Ordens – 24, 30
Organização administrativa – 49, 55, 56, 59, 143, 158, 164, 166, 168, 171, 173, 206
Organograma – 163, 172, 174

P

Papa – 26
Papa João XXIII – 77
Papa Leão XIII – 76
Papa Pio XII – 76
Parceria – 91, 101, 103, 107, 175, 187, 189, 193, 195, 199, 215, 216
Parceria contratual – 192
Parceria estratégica – 192, 193
Parlamento – 28, 92, 162
Parlamento Europeu – 65, 66
Párocos – 32
Paróquias civis – 32
Participação – 42, 47, 82, 89, 101, 183-187, 190, 200, 210, 211
Partido Comunista – 79, 80, 149, 153
Partido Popular Democrático – 79-81
Partido Social Democrata – 149, 150
Partido Socialista – 79, 80, 153
Partidos políticos – 39, 41, 42, 79, 81, 146, 152, 168, 173, 204, 205
Pelouros – 173
Planos de Fomento – 44, 83
Poder central – 49, 56, 79, 81, 93, 102, 200
Poder local – 17, 18, 47, 55, 56, 100-102, 132, 140, 141, 146, 147, 154, 199, 200, 205, 210
Poder tributário – 117, 126, 131, 132
Poderes expressos – 90, 100
Poderes implícitos – 90, 100
Policentrismo administrativo – 50, 51
Política – 71, 85, 105, 158-163, 173, 176, 177, 208

232 O Processo de Mudança na Gestão Pública Municipal

Política regional – 83, 84, 86, 88
Políticas públicas – 105, 106, 108, 110-
-112
Politização do alto funcionalismo – 175, 200, 207
Portugal – 65, 73, 75
Prefeitura de Porto Alegre – 187
Presidencialismo – 143, 148, 149, 156, 158, 200, 203-205
Presidente da câmara – 35, 88, 144, 147-
-155, 157, 166, 167, 176, 204, 205
Primeira Grande Guerra – 34, 38, 40
Primeira República – 33, 43, 145
Princípio da autonomia local – 72, 99
Princípio da conexão – 93
Princípio da cooperação – 91, 202, 208
Princípio da descentralização administra-
tiva – 59, 99
Princípio da generalidade das atribuições –
90, 97, 98
Princípio da igualdade – 74
Princípio da legalidade – 28
Princípio da separação de poderes – 28, 29, 159
Princípio da solidariedade horizontal – 136
Princípio da subsidiariedade – 59, 68, 74, 76-78, 91, 190, 194, 202
Princípio da suficiência – 60
Princípio da unidade do Estado – 116, 125
Princípio democrático – 72, 161
Privatização – 51
Procuradores dos mesteres – 24
Protestante – 26, 27
Provedor – 31
Provedor de Justiça – 185
Provedor municipal – 114
Public choise – 48

Q
Quadro de pessoal – 163, 169, 170, 200
Quadro geral administrativo – 164, 165, 167, 168
Quadros Comunitários de Apoio – 66, 88

R

Receitas municipais – 58, 119, 120, 124, 127-134, 136
Rede social – 110
Redes – 211-213, 215
Referendo – 85, 87, 186, 211
Reforma – 26, 27
Reforma administrativa – 49, 174 (v. Modernização administrativa)
Reforma dos concelhos – 31, 32
Reforma dos forais – 24
Reforma dos fundos comunitários – 65
Regime de permanência – 153-157
Regime de tutela – 35, 144
Regimento dos oficiais das cidades, vilas e lugares – 25
Regiões – 52, 56, 78, 84, 194
Regiões administrativas – 56, 79, 80-82, 85, 86
Regiões autónomas – 77, 79, 116
Regiões da Europa – 64-69
Regiões de turismo – 106
Regiões fronteiriças – 86
Regiões *ghetto* – 85, 87
Regiões naturais – 86
Regiões-plano – 82, 87
Regionalização – 49, 73, 78, 79, 82, 85
Registo civil – 32
Rei – 25-28
Reino Unido – 51, 186
Renascimento – 26, 27
Rendimento mínimo garantido – 110
Revolução de 1383 – 24
Revolução de 1820 – 28
Revolução de 1974 – 42, 47, 55, 124, 145
Revolução francesa – 28
Revolução industrial – 39, 86
Revolução inglesa – 27, 96
Roménia – 147

S
Salazar – 75, 96
Sector privado – 48, 52, 183, 192, 193, 199, 212, 213
Sector público – 48, 52, 116, 117, 199, 212, 213

Índice Analítico 233

Sector social – 52, 193, 199, 212
Segunda Grande Guerra – 40, 44, 73
Segunda República – 43, 122, 214
Segurança social – 38, 40, 41, 45, 46, 48, 116
Separação de poderes – v. Princípio da separação de poderes
Serviço público – 50, 52, 183, 191, 192, 203
Serviços desconcentrados – 101, 157
Serviços municipais – 102, 157, 158, 163, 164, 168, 169, 172, 174, 175, 204, 205
Serviços municipalizados – 178, 179
Sindicatos – 39, 105
Sistema da cláusula geral – v. Cláusula geral de atribuições
Sistema da enunciação taxativa – v. Enunciação taxativa de atribuições
Sistema de carreira – 49, 170
Sistema de emprego – 49, 170
Sistema de governo municipal – 147, 149, 151, 152, 203, 204
Sistemas multimunicipais – 210
Soberania – 27, 41, 82, 116
Sociedade civil – 17, 30, 39, 46, 50, 55, 64, 75, 101, 103, 105, 157, 176, 177, 179, 183, 187, 190, 199, 212, 215
Sociedades de desenvolvimento regional – 193, 216
Sociedades de economia mista – 181, 193, 216
Spoils system – 175, 207
Subsidiariedade – v. Princípio da subsidariedade
Subsídios do Estado – 33, 35, 47, 121, 123, 127, 128, 139-141

Subsídios municipais – 118, 157, 187-189
Suécia – 73, 141, 147, 185
Suíça – 185
Sufrágio directo – 33, 34, 97, 146, 147, 152, 199, 204
Sufrágio orgânico – 34, 118, 144
Sufrágio universal – 39, 41, 146, 147, 204

T

Tecnicidade – 115, 169, 206
Teocentrismo – 27
Terceira República –42, 83, 90, 96, 124, 128, 130, 145, 146, 167, 176, 215
Terceiro estado – 28
Terceiro sector – 192
Turquia – 147, 186
Tutela – 31, 33, 35, 56, 60

U

Ucrânia – 147
União Europeia – 64, 66, 76-78
Universidade – 25

V

Vereadores – 35, 144, 145, 149-151, 153, 155-157, 166, 168, 174
Vice-presidente da câmara – 144, 167
Virgem Maria – 27, 76
Voto obrigatório – 186

Z

Zona comercial – 107
Zona industrial – 106, 193